あなたのプチぼ...
ミニ情報をいっぱい...

どの
ぼうけんに
しようかな？

これは何のピッツァですか？
クエスタ・ケ・ピッツァ・エ？ Questa che pizza e?
マルゲリータを1枚ください。
ウナ・ピッツァ・マリナーラ・ペル・ファヴォーレ
Una pizza Marinara, per favore.
生ビールを2杯ください。
ドゥエ・ビッレ・アッラ・スピーナ・ペル・ファヴォーレ
Due birre alla spina, per favore.

地元の人とのちょっとしたコミュ
ニケーションや、とっさに役立つ
ひとこと会話を、各シーンにおり
こみました☆

ローマピッツァとナポリピッツァの違い
ローマ風は、めん棒を使って生地全体
を薄く伸ばして焼いた、パリパリのピッ
ツァ。一方、ナポリ風は、手で伸ばした
生地で、縁が厚くモチモチしている。

ローマ　　ナポリ

知っておくと理解が深まる情報、
アドバイス etc. をわかりやすく
カンタンにまとめてあります☆

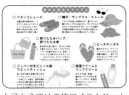

女子ならではの旅アイテムや、ト
ラブル回避のための情報もしっか
りカバー☆

大部分の傑作...
106　夏休みに...
名がついた... 107

右ページのはみだしには編集部か
ら、左ページのはみだしには旅好
き女子のみなさんからのクチコミ
ネタを掲載しています☆

カフェを飲もう

TOTAL
15分

オススメ時間　8:30〜　　予算　€4

朝バールに挑戦！
通勤前にバールでサクッとブリオッシュ＆
カフェの朝食。せっかくなら現地のスタイ
ルをマネしたい。混んでいてもみんな短
時間で出ていくので少し待ってみて。

プチぼうけんプランには、予算や
所要時間の目安、アドバイスなど
をわかりやすくまとめています。

■発行後の情報の更新と訂正について
発行後に変更された掲載情報は、『地球の
歩き方』ホームページ「更新・訂正情報」
で可能なかぎり案内しています（ホテル、
レストラン料金の変更などは除く）。ご旅
行の前にお役立てください。
URL www.arukikata.co.jp/travel-support/

物件データのマーク

🏛 … 住所		料 … 料金、入場料、予算		室 … 客室数	
📞 … 電話番号		Card … クレジットカード		🚹 … アクセス	
FAX … ファクス番号		A.アメリカン・エキスプレス、		M … 地下鉄	
問合 … 日本での問い合わせ先		D.ダイナース、J.ジェーシービー、M.マスター、V.ビザ		V … ヴァポレット	
営 … 営業時間、開館時間		予 … 予約の必要性		URL … URL	
休 … 休館日、定休日		日 … 日本語会話可能		✉ … E-Mail アドレス	
		英 … 英語会話可能		日 … 日本語メニューあり	
				英 … 英語メニューあり	
				Wi-Fi … Wi-Fi	

料 … 料金、入場料、予算
日 … 日本語会話可能
英 … 英語会話可能

別冊 MAP のおもなマーク

◉ … 見どころ、観光スポット		Ⓢ … ショップ	
Ⓡ … レストラン		Ⓗ … ホテル	
Ⓒ … カフェ、バール		▼ … ナイトスポット、エノテカ	
Ⓔ … 劇場、オペラハウス			

本書は2023年6月の取材に基づいていますが、ご旅行の際は必ず現地で最新情報をご確認ください。
また掲載情報による損失などの責任を弊社は負いかねますのであらかじめご了承ください。

イタリアでプチぼうけん！
ねえねえ、どこ行く？なにする？

本場のパスタも食べたいし、ワインも飲みたい。
美術館にも行きたいし、ショッピングだってハズせない！
やりたいことは山のようにあるのに、日数は決まってる。
帰国してから、あそこに行けばよかった……、
なんて後悔しないように、
ビビッときたものにはハナマル印をつけておいて！

都市ごとに
魅力が違うから
4倍楽しめちゃうね

4

新しいイタリアに出合うには、これはゼッタイやらなくちゃ!

みんながうらやましがる
イタリアの絶景コレクション
P.24 →

各都市のラッキースポットを
巡って幸せになっちゃお!
P.32 →

最旬イタリア
もしっかり
カバーしましょ♪

毎日ジェラートを食べたいから
オーダー方法をお勉強
P.30 →

マリトッツォに続く
トレンドスイーツを大予想!
P.34 →

このナポリピッツァのために
イタリア人が行列するんだって!
P.48 →

天空に浮かぶ村は
「これぞ絶景!」な姿でした
P.40 →

これが"カプリブルー"!
青の洞窟にただただ感動
P.52 →

とにかくかわいい〜♥
断崖絶壁の5つの村、チンクエテッレ
P.44 →

5

伝統料理も最旬グルメも
み〜んなまとめてボナペティート！

ダイエットは
帰ってからで
いいじゃん

ローマ発祥のパスタは
カルボナーラだけじゃない
P.88

安くておいしい！ トスカーナワイン
はやっぱり本場で飲むべし
P.120

うわ〜
おいしそ〜！

ローマのピッツァは
パリパリって知ってた？
P.90

新鮮なことがいちばんの味付け！
ヴェネツィアで実感できるよ
P.150

肉食系女子ならガッツリ
ステーキだってペロリです！
P.118

日本でもおなじみのティラミス
本場の味ってどんなもの？
P.152

ミラノ料理を選ぶときは
"黄金色" がキーワード！
P.172

ひとめぼれ？ それは運命の出合い♥
チャンスを逃さず即ゲット

トレンドファッションをまねして
ミラネーゼの仲間入り？　P.180 →

ナチュラルコスメで
素肌美人をめざしましょ♥　P.128 →

ヴェネツィアならではの
おみやげもかわいくなくちゃ　P.156 →

職人の町に来たなら
手作りのものはマストでしょ　P.130 →

ヴェネツィアングラスは
やっぱり本場に行って探したい　P.160 →

あれもこれも！！
全部欲しくなるイタリアン雑貨　P.96 →

aruco 女子は
ホテル選びだって手を抜かない

全部すてきで
選べなくなる
のよね〜

バケ買いでも必ずおいしいのが
美食の国のすばらしさ　P.178 →

女子のホテル選びは
やっぱりお部屋のかわいさ？　P.186 →

Contents

Let's go!

ヴェネツィア 135 　海の上に造られたユニークな町に興味津々☆

ミラノ 165 　おしゃれ女子がいっぱい！　イタリアのトレンド発信地

便利だね！

"取りはずせる"
別冊MAP

●主要都市の地図／市内交通情報
●かんたんイタリア語＆英語会話
●指さしOK！イタリア料理図鑑
●イタリアの代表的なワイン＆チーズ など

 見どころ　　おさんぽ　　グルメ　　ショッピング　　泊まる　 情報

ざっくり知りたいイタリア基本情報

これだけ
知っておけば
安心だね

お金のコト

通貨・レート **€1**(ユーロ) = 約**158**円 （2023年10月現在）

イタリアの通貨単位は€（ユーロ）、補助通貨単位はCent（セント）。
それぞれイタリア語読みは「エウロ」と「チェンテージモ（単数形）
／チェンテージミ（複数形）」。

両替 レートは場所によって異なる

円からユーロ現金への両替は、空港、主要鉄道駅、町なかの両替
所、一部ホテルで可能。レートや手数料は、場所によって異なる。
ATMでのキャッシングも可能（金利には留意を）。

チップ 感謝の気持ちとして

義務ではないが、こころよいサービスを受けたときや、必要以上
の手間を取らせたときは、気持ちとしてチップを渡そう。高級レ
ストランでは、料金にサービス料が含まれている場合もある。

物価 平均すると日本並み 都市によっても異なる

（例：🍷(500ml)＝€0.30〜0.80程度（スーパーで購入の場合）、
🚕＝最低料金€3程度　🚊＝€1〜1.50　🍴＝€15〜）

滞在税 滞在税の導入

ローマ、フィレンツェ、ヴェネツィア、ミラノをはじめ、多く
の都市で滞在税が導入されている。税率は1泊につきひとり€1
〜5程度で都市やホテルのランクによって異なり、ホテルの
チェックイン、またはチェックアウト時に支払う。

入島料 入島料の導入

オーバーツーリズム対策としてヴェネツィアは入島料€5を徴収することに。2024年春か
ら夏の連休や週末など約30日間に試験的に導入される。対象は14歳以上の日帰り旅行者。
支払いはネットにて行われる予定。

お金について詳細はP.200をチェック！

ベストシーズン 4〜7月、9〜10月頃

夏は日差しが強く乾燥し、冬は比較的雨が多め。1年
のなかでも4〜5月は過ごしやすい。夏は気温が30℃
を超えることもあるが、昼夜の寒暖差があるので上着
があると便利。9月から涼しくなり10月下旬には朝晩
冷え込む。冬は、南部は比較的暖かく北部は寒い。

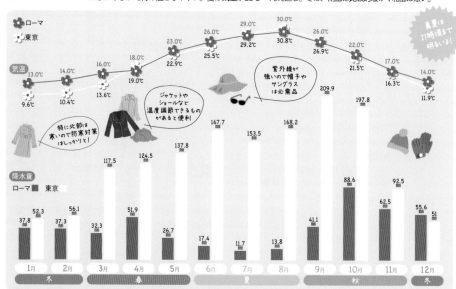

データ：気温は最高気温の月平均値　東京：気象庁　イタリア：FORECA

日本からの飛行時間
直行便で
約**12時間30分**

ビザ
90日以内の観光は**必要なし**

パスポートの残存有効期間はイタリアを含むシェンゲン協定加盟国出国時より90日以上必要。

時差
−8時間 (サマータイム実施期間は−7時間)※2024年：3/31〜10/27、2025年：3/30〜10/26

日本	8	9	10	11	12	13	14	15	16	17	18	19	20	21	22	23	0	1	2	3	4	5	6	7
イタリア	0	1	2	3	4	5	6	7	8	9	10	11	12	13	14	15	16	17	18	19	20	21	22	23
イタリア(サマータイム)	1	2	3	4	5	6	7	8	9	10	11	12	13	14	15	16	17	18	19	20	21	22	23	0

言語
イタリア語

旅行期間
**4都市周遊なら
7泊9日は必要**

交通手段
都市によって異なる

ローマでは地下鉄、バス、トラム、ミラノでは地下鉄、ヴェネツィアではヴァポレットが便利。フィレンツェは基本的に徒歩で回れる。

詳細は別冊P.2〜

2024年の祝祭日

1月1日	元旦	Capodanno
1月6日	御公現の祝日	Epifania
3月31日	復活祭 Pasqua	※2025年：4月20日
4月1日	復活祭翌日の月曜 Pasquetta	※2025年：4月21日
4月25日	イタリア解放記念日	Anniversario della Liberazione d'Italia
5月1日	メーデー	Festa del Lavoro
6月2日	共和国建国記念日	Festa della Repubblica
8月15日	聖母被昇天祭	Ferragosto
11月1日	諸聖人の日	Tutti Santi
12月8日	聖母無原罪の御宿りの日	Immacolata Concecione
12月25日	クリスマス	Natale
12月26日	聖ステファノの日	Santo Stefano

4都市の守護聖人の日

4月25日	ヴェネツィア ★
6月24日	フィレンツェ ★
6月29日	ローマ ★
12月7日	ミラノ ★

なるほど〜
各都市で休みの日が違うんだね〜

イタリアはキリスト教に関する祝日が多く、年によって異なる移動祝祭日（※）がある。移動祝祭日は毎年変わるので注意！ また、★はナショナルホリデーではなく、その都市のみが休みとなる。

英語は通じる？
おもな観光スポットやその近くのレストラン、みやげ店、ホテルなどでは英語が通じる所が多いが、小さな店などでは通じないことも。あいさつや数字など、簡単なイタリア語を覚えておくと便利。

日付の書き方
イタリアと日本では年月日の書き方が異なるので注意しよう。日本と順番が異なり、「日・月・年」の順で記す。例えば、「2024年10月5日」の場合は、「5/10/2024」と書く。「8/11」などと書いてあると、日本人は8月11日だと思ってしまうが、これは11月8日のこと。

祝祭日と8月に注意
イタリアでは祝祭日や8月に数週間休業するショップやレストランが多い。すべての祝祭日を休む店もあれば、一部のみ休業という店もある。年中無休とうたっている場合でも、年末年始には休むこともあるので、必ず行きたい店がある人は、旅行期間中の営業日を確認しておくと安心。

イタリアの詳しいトラベルインフォメーションは、P.189〜をチェック！

3分でわかる！
イタリアかんたんエリアナビ

長靴のように南北に長いイタリアは、かつては、大小の国家が栄枯盛衰を繰り返していた。そのため、地域ごとに独自の文化が発展し、19世紀に国家が統一された今もなお、個性的な魅力がそのまま集まった国になっている。世界遺産は59件（2023年10月現在）、世界最多の登録数を誇る。

陽気なボクたちが待ってるよ〜

トリノ
Torino

ミラノ
Milano

ヴェローナ
Verona

ヴェネツィア
Venezia

ジェノヴァ
Genova

ボローニャ
Bologna

ピサ
Pisa →P.134

サンマリノ共和国

→P.134

チンクエテッレ
Cinque Terre
→P.44

→P.44

フィレンツェ
Firenze

A ローマ

イタリア共和国の首都

ローマ Roma →P.61

世界遺産

永遠の都、ローマ。古代ローマの遺跡から、ルネッサンス、バロックの芸術と、それぞれの時代の文化遺産が集中している。キリスト教の総本山であるヴァティカン市国も、ローマ市内にある。

おもな見どころ
- サン・ピエトロ大聖堂 …… P.66 世界遺産
- ヴァティカン博物館 …… P.70 世界遺産
- コロッセオ …… P.78 世界遺産
- フォロ・ロマーノ …… P.80 世界遺産
- トレヴィの泉 …… P.32
- スペイン広場 …… P.76

→P.61 / P.66 / P.70 / P.78 / P.80 / P.32 / P.76

コルシカ島
（フランス領）

オルヴィエート
Orvieto
→P.42

→P.42

チヴィタ・ディ・バニョレージョ
Civita di Bagnoregio
→P.40

→P.40

ローマ
Roma
ヴァティカン市国

ヴァティカンにもいらっしゃい

B フィレンツェ

ルネッサンス文化の中心 →P.99

フィレンツェ Firenze

世界遺産

フィレンツェを中心に権力をふるったメディチ家が多くの芸術家のパトロンとしてルネッサンス文化開花への貢献を果たす。町の歴史地区は世界遺産にもなっており、見どころが集まっている。

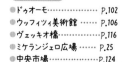

メディチ家の財宝探して♪

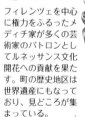

サルデーニャ島
Sardegna

カリアリ
Cagliari

N

おもな見どころ
- ドゥオーモ …… P.102
- ウッフィツィ美術館 …… P.106
- ヴェッキオ橋 …… P.116
- ミケランジェロ広場 …… P.25
- 中央市場 …… P.124

→P.99 / P.102 / P.106 / P.116 / P.25 / P.124

ジェラートうまそ〜

G ミラノ Milano
世界的なトレンド発信地 →P.165

ルネッサンスの時代には、ヴィスコンティ家とスフォルツァ家の下で黄金期を迎え、数々の文化的建造物や芸術作品が残るミラノ。現在は、イタリア第2の都市として、ファッションと経済の中心地になっている。

おもな見どころ

●ドゥオーモ‥‥‥‥‥‥‥‥‥‥‥‥‥‥‥‥‥‥‥‥‥‥P.168
●サンタ・マリア・デッレ・グラツィエ教会（『最後の晩餐』）‥‥P.169 世界遺産
●ヴィットリオ・エマヌエーレ2世のガッレリア‥‥‥‥‥‥P.27
●ブレラ絵画館‥‥‥‥‥‥‥‥‥‥‥‥‥‥‥‥‥‥‥P.168
●スフォルツァ城‥‥‥‥‥‥‥‥‥‥‥‥‥‥‥‥‥‥P.171

D ヴェネツィア Venezia
ロマンティックな水の都 →P.135 世界遺産

運河が張り巡らされているヴェネツィアは6世紀に本土の住民がラグーナ（干潟）に移り住んだのが始まり。15世紀にはヴェネツィア共和国として栄華を誇った。今も残る見どころの数々がその繁栄ぶりを伝える。

おもな見どころ

●サン・マルコ大聖堂‥‥‥‥‥‥P.138
●ドゥカーレ宮殿‥‥‥‥‥‥‥‥P.139
●アカデミア美術館‥‥‥‥‥‥‥P.145
●ゴンドラ‥‥‥‥‥‥‥‥‥‥‥P.140

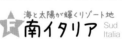

運河を
ス～イスイ

Io ♥ ITALIA

E 南イタリア
Sud Italia

ナポリ Napoli
ポジターノ Positano
アマルフィ Amalfi
カプリ島 Capri
バーリ Bari

F 南イタリア Sud Italia
海と太陽が輝くリゾート地 →P.48

「ナポリを見て死ね」とまでいわれるナポリ、青の洞窟で有名なカプリ島、世界一美しい海岸線のひとつと評されるアマルフィ海岸、南イタリアには絶景を楽しめる町が数多くある。

おもな見どころ

●ドゥオーモ（ナポリ）‥‥‥‥‥‥‥‥‥‥P.48
●卵城（ナポリ）‥‥‥‥‥‥‥‥‥‥‥‥‥P.49
●青の洞窟（カプリ島）‥‥‥‥‥‥‥‥‥‥P.52
●アマルフィ海岸‥‥‥‥‥‥P.56、58 世界遺産

海がキレイ♪

パレルモ Palermo

シチリア島 Sicilia

キーワードで読み解く

実は若い国って知ってた？
イタリア歴史ダイジェスト

長い歴史のあるスポットが多いイタリアだけれど、現在のイタリア共和国が建国されたのはほんの150年前のこと。

紀元前から続くイタリアの歴史、日本との関わりなど知っているともっと旅が楽しくなるはず。
キーポイントとなる歴史と人物を簡単につかんでおこう。

ローマ建国

ローマ建国の祖となったのは、狼に育てられた伝説の双子の兄弟ロムルスとレムス。ふたりが決闘を行い、勝利したロムルスが紀元前753年にパラティーノの丘にローマを建国、初代王になったといわれている。以後、貴族から選ばれた王による政治が行われ、第7代王のタルクイニウスまで続いた。

カピトリーニ美術館に展示されるロムルスとレムスのブロンズ像。レプリカはカンピドーリオ広場（→P.77）にある

領土の拡大とローマ帝国

紀元前509年、タルクイニウスが追放され、ローマは共和制に。紀元前272年にはイタリア半島の統一を果たした。勢力拡大を図ったローマは現在のチュニジアに拠点を置くカルタゴとの3度のポエニ戦争を経て、ヨーロッパ大陸だけでなく中近東、北アフリカにまで領土を広げ巨大国家となる。しかし、拡大し過ぎたローマでは反乱が頻発。国内の混乱を治め、帝政への下地をつくったのがユリウス・カエサル。紀元前27年にはアウグストゥスが初代ローマ皇帝となり、帝政を開始。アウグストゥスから五賢帝時代の約200年間を「ローマの平和」を意味するパクス・ロマーナと呼ぶ。五賢帝時代が終わるとローマ帝国は衰退の一途をたどり、395年には東西に分裂、476年、ゲルマン人の侵攻により西ローマ帝国が滅亡し、古代ローマは終焉を迎えた。

この時代に活躍した人
ユリウス・カエサル→P.81
アウグストゥス帝→P.81

共和政時代の政治の中心、フォロ・ロマーノ（→P.80）。帝政時代には皇帝の権威や財力を誇示する場所に

ルネッサンスと小都市国家

13世紀、銀行業で財をなしたメディチ家らがパトロンとなり、建築、絵画、彫刻が盛んに。宗教中心の思想から人間性を重視したギリシアやローマの古典文化を復興しようという運動、ルネッサンスがフィレンツェを中心に起こり、15世紀に最盛期を迎えた。中世後期になると、北部ではヴェネツィア、ジェノヴァ、ミラノ、フィレンツェなどが地中海商業で富を得て都市国家（コムーネ）を形成。中部は教皇領となり、南部ではナポリをフランス、シチリアをスペインが支配していた。

この時代に活躍した人
ロレンツォ・イル・マニフィコ→P.110
3大巨匠（ミケランジェロ、レオナルド・ダ・ヴィンチ、ラファエロ・サンティ）→P.71

ドゥカーレ宮殿（→P.139）前のサン・マルコ小広場。有翼の獅子はヴェネツィア共和国のシンボル

五賢帝
ネルヴァ、トラヤヌス、ハドリアヌス、アントニヌス・ピウス、マルクス・アウレリウス・アントニヌスの5人の皇帝が治めた時代がローマ帝国の最盛期とされる。

ヴェネツィア共和国
5世紀頃貴族の侵入を避けるため陸地から人々がラグーナ（潟）に移り住んだのがヴェネツィアの起源。地中海貿易の中継地として発展し、ナポレオンに侵略されるまで1000年にわたり栄えた海洋都市国家。

壮大なロマンを感じるね

有名なあの人もイタリア人！知っておきたい偉人

ダンテ・アリギエーリ

Dante Alighieri 1265-1321

フィレンツェ出身の詩人、政治家。書物はラテン語で書かれていた時代に初めて「俗語」であるトスカーナ方言で叙事詩「神曲」を執筆。イタリア王国成立時、標準イタリア語を作る基盤となったのが、そのトスカーナ方言だったため「イタリア語の父」と呼ばれている。

クリストファー・コロンボ（コロンブス）

Cristoforo Colombo (Columbus) 1451頃-1506

大航海時代の探検家、航海者、商人。世界球体説を知り西回りの航海をすればアジアに到達すると信じ、スパイスのあるインドへ向けて出発したものの、1492年、ヨーロッパ人として初めてアメリカ海域に到達するという結果に。しかし、本人はそこをアジアだと信じて疑わなかったという。

日本とイタリアの関わりは？

13世紀末に元を訪れたマルコ・ポーロが『東方見聞録』のなかで『黄金の国ジパング』と日本のことを初めてヨーロッパの人々に紹介。しかし、マルコは日本を訪れたことはなく、人から聞いた話をもとにしたという。1615年には慶長遣欧使節団が日本初の公式使節団としてローマに派遣された。1873年には岩倉使節団がローマ、フィレンツェ、ヴェネツィアなど各地を訪問。後の日本の文明開花に貢献した。

マルコ・ポーロ

13世紀、元へ渡り皇帝フビライ・ハンに仕えたヴェネツィア共和国出身の商人。故国に戻るとアジアで見聞きしたことを『東方見聞録』に口述筆記。コロンブスにも大きな影響を与えた。

ナポリのヴェスーヴィオ山の眺め（→P.48）。岩倉遣節団の報告書『米欧回覧実記』にも絵が描かれている

イタリア統一

1494年、ナポリの覇権をめぐってフランスが侵攻し、神聖ローマ帝国とのイタリア戦争が勃発するなど、小国に分かれていたイタリアは外国から介入を受けた。北イタリアはオーストリア帝国の支配下にあったが、1796年にはフランス革命政府が派遣したナポレオンのイタリア遠征軍がオーストリア軍に勝利。ナポレオンがフランス皇帝になると1805年北東部から中部にかけてイタリア王国を樹立し、国王となった。しかし、ナポレオンがワーテルローの戦いで負けて没落するとイタリアは再び小国が乱立する状態に戻る。各地で統一国家を求める声が上がり、サヴォイア家が君主のサルデーニャ王国が中心となって進める。イタリア統一戦争を経て1861年にヴィットリオ・エマヌエーレ2世がイタリア王国を成立した。

首都が置かれたトリノの町並み。首都としての寿命は短く、3年後にフィレンツェに遷都された

サルデーニャ王国

1720年に成立した首都をトリノとする小国。北イタリア、ピエモンテ地方を支配していたサヴォイア家が、サルデーニャ島も支配してからサルデーニャ王国という名称になった。

地方色が豊かなのね

イタリア共和国誕生

1943年、第2次世界大戦の戦況悪化により反ファシズム、反戦の抵抗運動が増える。独裁政治を行っていた首相ムッソリーニはクーデターにより失脚。1946年には国民投票により王政が廃止され、イタリア共和国が誕生、現在にいたる。

6月2日は共和国記念日。航空ショーが行われ、ヴィットリオ・エマヌエーレ2世記念堂（→P.24）の上空をトリコローレが彩る

この時代に活躍した人

ヴィットリオ・エマヌエーレ2世

サルデーニャ王国8代国王、後のイタリア王国初代国王。父である7代国王カルロ・アルベルトの遺志を継ぎ、首相カヴールの補佐のもと統一運動を進めた。

カンパニリズモ

1861年に統一されるまで、多様な文化をもつ大小の都市国家に分かれていたイタリア。そのため今でも自分が生まれ育った土地へのカンパニリズモ（愛郷心）が強く、ほかの地方への対抗心が高まる。サッカーでイタリア人が熱狂するのもカンパニリズモのひとつ。

ニッコロ・マキャベッリ

Niccolò Machiavelli 1469-1527

フィレンツェ出身の政治思想家、外交官、外交・内政・軍事の官僚政治家として国内外で活躍。さまざまな君主と交渉を行った経験から誠意だけでは問題が解決しないことを学ぶ。しかし、政変により追放処分に。失意のなか君主とはどうあるべきかを説いた『君主論』を執筆する。

ガリレオ・ガリレイ

Galileo Galilei 1564-1642

物理学者、天文学者、哲学者。オランダで望遠鏡が発明されたと聞くと30倍の倍率のものを組み立て、木星の衛星や環、月の凸凹などを発見。その業績から「天文学の父」とも呼ばれている。コペルニクスの地動説は正しいと提唱し、宗教裁判で2度有罪になった。

aruco イタリア 最旬 TOPICS

知っておきたいイタリア情報が盛りだくさん！

ROMA

クリエイターが手がける
おしゃれなご当地
みやげ が増加中！

サン・ピエトロ広場の泉とトレヴィの泉の置物。各€10

カルボナーラなど伝統料理のキャンドルは材料の香りを使っている。各€32.90

ローマの町のシルエットがマグネットに。€18.90

昔ながらのカードゲームをローマゆかりの内容にアレンジ。€29.90

観光名所だけでなく、ローマの方言や料理などローマを象徴するさまざまなものが雑貨に。オーナーのカロリーナさんのアイデアを形にするグラフィックデザイナーや経営関係者含めスタッフは全員ローマ人だそう。

ローム・イズ・モア Rome Is More
Map 別冊P.4-B3 テスタッチョ

🏠 Via Mastro Giorgio 31 ☎06-97278712 ⏰10:30～13:00、14:00～19:00（土11:00～）休日・一部の祝 **Card** M.V. 🚇B線Piramide駅から徒歩9分 🌐www.romeismore.com

ローマ弁の単語が書かれたショッピングバッグ€11.90

VENEZIA

ゴンドラや鐘楼を描いたショッピングバッグ各12.50

グラフィックや店舗内装などを手がけるデザイン集団が、アートとしても楽しめるヴェネツィアみやげを作りたいとスタート。デザインからプリントまですべてヴェネツィア内で行っている。コラボアイテムも多く扱う。

フィーリン・ヴェニス Feelin' Venice
Map 別冊P.18-B2
カンナレージョ

🏠Cannaregio 4194（Strada Nova）☎なし ⏰10:00～19:30（土・日9:30～20:00）休祝の午後 **Card** A.M.V. 🚇1番Ca' d'Oro駅から徒歩2分 🌐feelinvenice.com 🏠Calle de la Mandola店

ゴンドラの"フェーロ"がデザインされたネックレス€49.90

古い建物の梁をイメージしたウッディな香りの香水€29.90

ヴェネツィアらしいイラストのマグネット€10（3個）

アートプリントもあるよ

FIRENZE

町中に小窓がいっぱい

400年の時を超え"ワインの小窓"が復活

フィレンツェの町を歩いていると見かける小さな窓の跡。これはワインを生産していた貴族がワインを直接客に売るために使われていたもの。コロナ禍でソーシャルディスタンスを保ったままドリンクを提供できると再び使われ始めた。

ブケッテ・デル・ヴィーノ協会 Associazione Buchette del Vino
🌐buchettedelvino.org

小窓は底に藁を巻いたボトル、フィアスコが通るほどの大きさ。フィレンツェの旧市街だけでも150ヵ所も残っているという

飲み物を提供するワインの小窓（一部）

ババエ Babae
Map 別冊P.14-A3 サント・スピリト
🏠Via Santo Spirito 21r

オステリア・ベッレ・ドンネ Osteria Belle Donne
Map 別冊P.14-B1 チェントロ
🏠Via delle Belle Donne 16r

イル・ラティーニ Il Latini
Map 別冊P.14-B2 サンタ・マリア ノヴェッラ
🏠Via dei Palchetti 6r

16

観光スポットの注目ニュースや話題のニューオープンなど
主要4都市をはじめとするイタリアの最旬情報をお届けします！

MILANO

今、注目のトレンドフードは グルメ・ピッツァ

ピッツェリア兼ベーカリーだよ

こだわりの具材をトッピングするグルメ・ピッツァ。パン職人とピッツァ職人が開いたクロスタでは、軽くてしっとりしたピッツァ・アッラ・パーラと外がカリカリ中が柔らかいピッツァ・トンダの2種類の生地を使っている。

ストラッチャテッラとローストしたプチトマトのピッツァ€15、白ワイン、アンタイトルド€28/ボトル

温かいピッツァの上でラルドがとろける。€12.50

豚肉、パインがのったはメキシコ料理からインスパイア。€16

カンパーニアとプーリアのトマトをローストしてのせたマリナーラ€8

クロスタ Crosta

Map 別冊P.27-D3　ポルタ・ヴェネツィア

🏠Via Felice Bellotti 13　☎02-38248570
🕐8:00～24:00（日9:00～）、パスティッチェリア8:00～10:00、ピッツァ・アッラ・パーラ10:00～18:00、ピッツァ・トンダ18:00～L.O.22:30　🚫1/1、復活祭・復活祭翌日、8/14～20、12/24・25・31　ランチ€12～、ディナー€15～　Card M.V.　要予約　WiFi 無料　🚇M1号線 Palestro 駅・Porta Venezia駅から徒歩8分　URLwww.crosta.eu

---

高級ブランド、グッチのウォールアートはコルソ・ガリバルディ通りにある大きな広告。絵は2ヵ月ごとに替えられているという

グッチのウォールアート
Murale Artistico di Gucci

Map 別冊P.26-B2　ガリバルディ

🏠Corso Garibaldi 111　🚇M2号線Moscova駅から徒歩1分

作品がそのまま描かれた壁に注目！

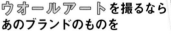

写真のみで構成されるアート雑誌『トイレットペーパー・マガジン』。その事務所と同じ通りの建物にアートが描かれている

トイレットペーパーのウォールアート
Murale Artistico di Toiletpaper

Map 別冊P.25-D2　ポルタ・ヴェネツィア

🏠Via Giuseppe Balzaretti　🚇M2号線Piola駅から徒歩9分

ウォールアートを撮るなら あのブランドのものを

フォトジェニックな写真が撮れると世界中で人気のウォールアート。アーティストの作品が一般的だけれど、ミラノでは有名ブランドが手がけているものを見ることもできちゃう。

OTHER TOPICS

機体は鮮やかなブルー

ITAエアウェイズが 羽田―ローマ線を開設

2021年に誕生したITAエアウェイズが2022年、羽田―ローマ線を就航。現在は週5往復、2024年3月より毎日運航する。日本とイタリアを結ぶ唯一の直行便だ。

ITAエアウェイズ URLwww.ita-airways.com/ja_jp

2026年、ミラノと コルティナ・ダンペッツォで 冬季オリンピックが開催

イタリアではコルティナ1956 、トリノ2006と2度の冬季五輪が開催され、今回で3度目。期間は2026年2月6日から22日まで、開会式はミラノのサン・シーロ・スタジアムで行われる。

選手の活躍が楽しみ～！

イタリア料理が 世界遺産に!?

おいしいからなるといいね

イタリア政府はイタリア料理を世界無形文化遺産登録に申請。イタリア料理は愛する人との絆を強めるために食事を作り、一緒に食べるという伝統を反映しているという。審議結果は2025年12月までに発表予定。

イタリア7泊9日 ^{aruco的} 究極プラン

プチぼうけん
しちゃうぞ!

目指すは7泊9日で4都市をとことん満喫すること!
あれもこれもぜ〜んぶしてみたいという欲ばりさんのために、
arucoのイタリア究極プランをご紹介!

Day 1
日曜日

ローマに到着!
ピッツァで明日からの旅に備える

せっかくのイタリア旅。夜着でも夕食を食べに出かけたい!
ピッツェリアなら遅くまで開いているので安心。

[20:25] 直行便でローマ・
フィウミチーノ空港着

レオナルド・
エクスプレス
30分

[22:00] 移動の便利なテルミニ駅近く
「B&Bカフェ・エ・クッシーノ」
にチェックイン
P.186

駅に
近くて
超便利!!

地下鉄
15分

[22:30]

パリパリ
だよ

「リ・リオーニ」
でピッツァディナー
P.91

疲れていたら
ホテルで
ゆっくり休んでね

アレンジ
Plan
1

+2〜3日あれば
南イタリアへ

ナポリはローマから列車で1時間ほど。2〜3日あれ
ば、青い空と海が輝く南イタリアの町をゆっくり巡
ることも可能。ナポリを拠点にすればカプリ島、ポ
ジターノ&アマルフィは日帰りでも楽しめちゃう。
リゾート地のため、オフシーズンは閉まっている店
が多いので注意して。

- **ナポリ** P.48
- **カプリ島** P.52
- **ポジターノ** P.56
- **アマルフィ** P.58
- **ポンペイ** P.60

一度は
青の洞窟を
見てみたい!

Day 2
月曜日

まるでタイムスリップ
古代ローマとバロック時代を巡る

ローマに来たらまず見たいのは、迫力満点の
古代遺跡。バロック芸術と夜景も楽しんで!

[9:30]

ローマの
シンボル的
存在だよ

コロッセオで
古代ローマの
世界を体験
P.78

フォロ・ロマーノも
さくっと観光 P.80

徒歩
7分

[13:00]

「ラ・タヴェルナ・デイ・
フォーリ・インペリアーリ」
でローマ名物ランチ P.87

徒歩
8分

[14:30]

ヴィットリオ・
エマヌエーレ2世
記念堂から
ローマの町を
眺める P.24

ローマの町
を360度
見渡せる!

徒歩
10分

[15:30] **トレヴィの泉で** ローマ再訪を願う P.32

また来られ
ますように!

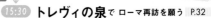

徒歩
8分

[16:15]

スペイン
広場で
ローマの休日気分
P.76

徒歩
6分

[17:00] 「クチーナ」で
キュートな雑貨を
ゲット! P.97

友達にも
喜ばれる

徒歩
2分

18

鉄道で約2時間30分
ミラノ
Day7~8
ヴェネツィア
Day5~7
フィレンツェ
Day3~5
鉄道で
約2時間15分
ローマ
Day1~3
鉄道で
約1時間35分

🐦 **旅のアドバイス 1** 日本から予約をして行こう！

●ヴァティカン博物館（ローマ）
●ウッフィツィ美術館（フィレンツェ）

当日のチケット購入でも入れるが、いつも入口に長蛇の列があり、並ぶなら2～3時間待ちは覚悟して。
ヴァティカン博物館→P.70／ウッフィツィ美術館→P.106

●『最後の晩餐』（ミラノ／サンタ・マリア・デッレ・グラツィエ教会）

朝いちばんで行って空きがあれば入れるというが、ほとんど無理。絶対に観たいなら予約はマスト。→P.169

18:00 「タッツァ・ドーロ」で
老舗の味を楽しむ　P.29

コーヒーをどうぞ

バス25分

13:00 「スップリツィオ」で
ストリートフードランチ　P.87

14:30 鉄道で約1時間30分
ホテルで荷物を受け取って**フィレンツェへ**

ライトアップされた噴水がキレイ！

徒歩13分

18:30

トラム20分

ナヴォーナ広場
の夜景を見る　P.75、83、85

16:30 ホテルにチェックインしたら
「サント・フォルノ」
ドルチェをチェック
P.34、35、122

甘いものでエネルギー補充

徒歩3分

17:30 ヴェッキオ橋
を歩く　P.116

19:30 「トラットリア・ダ・エンツォ・アル・29」で
ローマ発祥パスタを味わう　P.88

昔ながらの味だよ

フィレンツェといえばこの橋！

徒歩20分

アレンジPlan 2 ローマから日帰りで
チヴィタ・ディ・バニョレージョへ　P.40

ローマからチヴィタ・ディ・バニョレージョへは2時間30分ほど。余裕があればローマのあとにオルヴィエートに1泊。チヴィタ・ディ・バニョレージョとともに楽しんでからフィレンツェに移動するのもいい。

一度は見てみたい絶景だよ

18:30 ミケランジェロ広場からフィレンツェの町を見下ろす　P.25

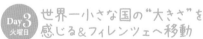

美しい夕景をぜひ

徒歩17分

20:00 「リストランテ・デル・ファジョーリ」で
ビステッカディナー　P.118

Day3 火曜日 世界一小さな国の"大きさ"を
感じる＆フィレンツェへ移動

ヴァティカンを見学したら、午後は2都市目フィレンツェへGO！

こんなに大きいんですよ

徒歩15分

21:30 「ホテル・サンタ・マリア・ノヴェッラ」にステイ
P.186

9:00 サン・ピエトロ大聖堂＆広場を見学
P.66、68

ミケランジェロデザインの制服です

徒歩15分

ぼくたちギリシア時代の彫刻です

10:30 ヴァティカン　P.70
博物館を堪能

バス20分

アレンジPlan 3 フィレンツェから日帰りで
チンクエテッレへ　P.44

世界遺産に登録されているよ

フィレンツェから3時間ほどで行けるチンクエテッレ。効率よく回れば切り立つ絶壁に点在する美しい5つの村を1日で制覇できる。ゆっくり回りたければ宿泊がおすすめ。

Day4 水曜日 ルネッサンスにどっぷり浸る
フィレンツェ巡り

まるまる1日フィレンツェ観光。
買い物も名所巡りも朝からぎっしり！

10:00 ウッフィツィ
美術館で鑑賞
P.106

チケット
予約は
お済み？？

徒歩
3分

12:30 「スペツィエリエ・パラッツォ・
ヴェッキオ」で
ショッピング
P.128

メディチ家
御用達
だったよ

徒歩
12分

13:00 「トラットリア・
マリオ・ダル
1953」でランチ　P.119

ガッツリ
肉料理を
食べて！

徒歩
5分

14:00 「イータリー・フィレンツェ店」で
オリーブオイルと
バルサミコ酢を調達　P.127

徒歩
2分

15:00 「エドアルド・イル・ジェラート・
ビオロジコ」
でひと息　P.123

上から
ドゥオーモを
眺めちゃお

すべて
ビオだよ

徒歩
2分

15:30 ジョットの
鐘楼に上る　P.105

徒歩
1分

16:15 ドゥオーモ＆洗礼堂
を見学　P.102〜105

夕暮れが
オススメ！

洗礼堂も
必見

徒歩
10分

19:00 エノテカ「レ・ヴォルピ・
エ・ルーヴァ」で
軽めのディナー　P.121

早く
飲んで！

Day5 木曜日 市民の台所でグルメみやげを
まとめ買い＆ヴェネツィアに移動

フィレンツェの味を満喫したら、ヴェネツィアへ！
憧れのゴンドラでゆったり夢気分♥

9:00 中央市場で朝食＆おみやげ購入
P.124

朝から
お客さん
いっぱいだ♪

徒歩
7分

10:00 ホテルで荷物をピックアップして
ヴェネツィアへ

鉄道で
約2時間

12:30 ホテルに荷物を置いたら
「アイ・クアットロ・　P.151
フェーリ・ストルティ」でランチ

徒歩
5分

14:00 「ピエダテッレ」で
ヴェネツィアみやげをゲット
P.157

徒歩
1分

14:30 リアルト橋
を見学　P.144

徒歩
15分

15:00 「パスティッチェリア・トノーロ」
で絶品ティラミスを
食べる　P.152

徒歩
11分

17:00 ドルソドゥーロでアート鑑賞
P.145, 146

徒歩
5分

19:00 「トラットリア・ダ・フィオーレ」で
シーフードディナー　P.151

徒歩
20分

21:00 「オルトレ・イル・
ジャルディーノ」
にステイ　P.187

20

伝統とモダン
ヴェネツィアで今昔体験

ヴェネツィア本島を抜け出して
ブラーノ島にも行っちゃおう！

9:00 ブラーノ島へプチトリップ　P.162

本物の
ヴェネツィアングラス
が欲しいなら
ムラーノ島 P.158 へ

絵本みたい
にかわいい
島だよ

ヴァポレット
50分

14:30 ゴンドラで運河を巡る　P.140

溜息の橋を
くぐるルート
だよ

徒歩
1分

15:30 サン・マルコ広場内をぐるっと観光＆
「カフェ・フローリアン」でひと休み　P.139、145

ゴージャスな
内装です

徒歩
8分

17:30 「ジャコモ・リッツォ・
パスティフィーチョ」
のパスタをおみやげに　P.155

イタリアン
カラーも
あるよ

徒歩
5分

18:30 バーカロをはしご　P.148

オンブラを
どうぞ

ミラノに移動＆旅のラストスパート
1日でやりたいことを全部やる！

ミラノは滞在日数が短いので
今日は1日フルスロットル！

鉄道で
約2時間
30分

8:00 ヴェネツィア・サンタ・ルチア駅からミラノへ

10:30 ミラノに到着。宿泊は
「ルーム・メイト・ジュリア」。　P.187
荷物を預けてGo！

何もかも
オシャレ！

徒歩
2分

11:00 ドゥオーモに上る　P.168

マドン
ニーナが
待ってるよ

徒歩
5分

12:15 ヴィットリオ・
エマヌエーレ2世
のガッレリア
で願掛け　P.27、33

クルッと
回って

徒歩
2分

行列ができる
パニーノ店
なんです

12:30 「GBバール」で
パニーノランチ　P.173

徒歩
11分

14:00 ヴィンテージファッション
をショッピング　P.181
「マダム・ポリーン・ヴィンテージ」

おしゃれを
楽しんで

徒歩
17分

21

16:00 サンタ・マリア・デッレ・グラツィエ教会で『最後の晩餐』を鑑賞

P.169

見学時間が短いので目に焼き付けて

トラム10分

17:30

「テッラッツァ・アペロール」でアペリティーボ P.177

♪

アペロール・スプリッツはマストです！

地下鉄20分

20:00 「ロステリア・デル・トレノ」でミラノ料理に舌鼓 P.172

最終日は何を食べる？

Day 8
日曜日

いよいよ最終日
イタリアを出発し日本へ

楽しかったイタリアの旅もこれで終了。
たくさんの思い出を胸に帰国しよう。

午前 ミラノ・リナーテ空港からローマ経由で日本へ。
フライトまでの時間でお菓子や雑誌などのおみやげを買い足し！

定番のお菓子みやげです！

☆ ☆ ☆

Day 9
月曜日

日本着

ビューン

旅づくりのヒント

1 ハイシーズンとローシーズン

観光のハイシーズンは4〜10月、ローシーズンは11〜3月（クリスマスやカーニバルは除く）。バカンスは8月で、休みになる店も多い。セールは年に2回。夏は7月上旬〜8月上旬、冬は1月上旬〜2月下旬。

2 サマータイム

3月の最終日曜〜10月最終日曜まで、イタリアではサマータイムが実施される。夏は日が長くなり、真夏は21時頃まで明るい。活動時間も長くなるので、ディナー後に夕焼けを見にいく、なんてこともできちゃう。

3 ツアーと個人旅行

個人旅行は自由だが旅行費用が高め。1週間ほどであれば、ホテル＋航空券のツアーのほうが安くなることが多い。複数都市を周遊するツアーも多く、個人旅行よりリーズナブルに利用できる。予算ややりたいことを考えて決めよう。

4 期間限定のイタリアを楽しむ

クリスマス、復活祭、そして、ヴェネツィアのカーニバル（→P.143）などは、町じゅうがスペシャルな雰囲気に変わる。せっかく行くならそのときにしかできないことを。

旅のアドバイス 2　荷物預かり所

ホテルのチェックイン前、チェックイン後に観光をする場合、鉄道駅の荷物預かり所を利用しよう。ホテルに預けても大丈夫。

- テルミニ駅（ローマ）　5時間まで €6
- サンタ・マリア・ノヴェッラ駅（フィレンツェ）5時間まで €6
- ミラノ中央駅（ミラノ）　5時間まで €6
- ヴェネツィア・サンタ・ルチア駅（ヴェネツィア）
  5時間まで €6

ミニ会話

トランクを預けたいのですが。
ヴォリアーモ・ラッシャーレ・イ・バガーリ
Vogliamo lasciare i bagagli.

荷物預かり所はどこにありますか？
ドヴェ・イル・デポーズィット・バガーリ？
Dov'è il deposito bagagli?

絶対もっと
好きになる！

意外に知らない
イタリアの遊び方☆
プチぼうけんでた～っぷり！

みんなが好きなイタリアだから、
"私だけのイタリア"を見つけたいと思わない？
そんなあなたにarucoが教えるとっておき。
ちょっぴりディープなイタリア体験はこちら！

感動のパノラマビューがお待ちかね
見たい！撮りたい！④都市絶景対決

世界遺産数最多を誇るイタリアは、絶景の宝庫！
ローマ、フィレンツェ、ヴェネツィア、ミラノの
必訪ビュースポットにご案内。

おすすめ
時間帯
夕方

テヴェレ川沿いから見た
サンタンジェロ城

ライトアップされたサンタンジェロ城と橋がテヴェレ川の川面に映ってキレイ！

Map 別冊P.11-C2Ⓐ

シェアせずにはいられない
感動ビューを自慢しちゃおう♪

最近、SNSで見た写真の場所を探して旅する人が増えているとか。あなたの撮った写真を見てイタリアを旅する人もいるかも!?「いいね！」がもらえる絶景へ！

各都市ならではの絶景を撮るには

町を象徴するモチーフを選ぼう
ローマは古代遺跡やヴァティカン、フィレンツェとミラノはドゥオーモ周辺、ヴェネツィアは運河やゴンドラが狙い目。みやげ店の絵はがきも参考にしてみて。

ホテル・アトランテ・スターから
見たサン・ピエトロ大聖堂

おすすめ
時間帯
午前

遺跡と共存する町を見下ろす

ヴィットリオ・エマヌエーレ2世記念堂
Monumento a Vittorio Emanuele Ⅱ

イタリア王国初代国王の偉業をたたえて建てられた記念堂。屋上からはローマの町を360度見渡せ、南東には雄大な古代ローマの遺跡が！

美しい白亜の建物もフォトジェニック

Map 別冊P.8-A1 コロッセオ周辺

ビジターOKの穴場ホテルバー
ホテル・アトランテ・スターの
ルーフトップ・バー
Terrazza Les Etoiles

360度町を見渡せるルーフトップ・バー。遮るものがないのでサン・ピエトロ大聖堂もよく見える。

Map 別冊P.10-B2 ヴァティカン市国周辺

🏠 Via G. Vitelleschi 34　☎06-686386
🕐 夏季10:00〜翌1:00、冬季10:00〜23:00
🗓無休　💰€15〜　CardA.J.M.V.　👔不要
👔　Wi-Fi無料　🚇M A線Ottaviano駅から徒歩9分　URLwww.atlantehotels.com

カメラマンが見つけた

「いいね！」な風景📷

サンタンジェロ城から見たサンタンジェロ橋

サンタンジェロ城 ➡P.77

🏠Piazza Venezia　☎06-69994211　🕐9:30〜19:30
（入場は閉場45分前まで）　🗓1/1、12/25　💰無料（エレベーター€7）　🚇M A・B線Termini駅から40・64番バスでPiazza Venezia下車、徒歩2分　URLvive.cultura.gov.it

ヴィットリオ・エマヌエーレ2世記念堂から見た古代ローマ遺跡

おすすめ
時間帯
午前

ROMA

サンタ・トリニタ橋から見たヴェッキオ橋

おすすめ時間帯 日中

フィレンツェ市街を望む絶景スポット

ミケランジェロ広場
Piazzale Michelangelo

フィレンツェがイタリア王国の首都となった1865年に建設された広場。町を見下ろす丘の斜面にあり、見晴らしのよさから観光客のみならず地元民にも人気のスポットだ。

Map 別冊P.13-D3

ミケランジェロ広場
....
🏠Piazzale Michelangelo
🚌Santa Maria Novella駅から12番バスで30分、ヴェッキオ橋から徒歩17分

ミケランジェロ広場から見たフィレンツェの町並み

おすすめ時間帯 夕方

見たい！撮りたい！4都市絶景対決
プチぼうけん 1

箱を積み重ねたような独特の姿を撮るなら、日中がおすすめ。橋の東側を撮りたい場合は午前、西側を撮りたい場合は午後を狙おう

Map 別冊P.15-C3

夜景もキレイ★

ロマンティック〜♥

カメラマンが見つけた「いいね！」な風景

茶色の屋根が並ぶ町を一望

ヴェッキオ宮の砲台穴から見たドゥオーモのクーポラ

ヴェッキオ宮→P.110

おすすめ時間帯 午後

ヴェッキオ宮から見たドゥオーモ

ドゥオーモ→P.102

フィレンツェのシンボル！

ヴェッキオ宮の塔に上ると、ドゥオーモを真横から見ることができる

VENEZIA

T・フォンダコ・デイ・テデスキ・バイ・DFSから見た大運河

鐘楼から見た
サン・マルコ広場

おすすめ
時間帯
午前

広場がよく
見えるよ

ラグーナと町を一望できる見晴らし台。
広場側からは運河やサンタ・マリア・
デッラ・サルーテ教会も見られる

鐘楼→P.139

おすすめ
時間帯
午前

新たな絶景ポイントが誕生
T・フォンダコ・デイ・テデスキ・バイ・DFS
T Fondaco dei Tedeschi by DFS　**Map** 別冊P.21-C1 リアルト橋周辺

13世紀に建てられた元ドイツ商
人館がDFSのラグジュアリース
トアに。展望台からは大運河が
望める。

🏠Calle del Fontego dei Tedeschi　☎041-
3142 000　⏰展望台10:15〜19:15(4・5・9・
10月〜19:30、6〜8月〜20:15)　休1/1　料無
料　Card M.V.　予必要　交V1・2番Rialto駅か
ら徒歩2分　URLhttps://www.dfs.com/en/venice

唯一の木製
橋です

カメラマンが
見つけた

「いいね！」な風景 📷

カーニバル時期の
カフェ・フローリアンには
仮装した人が多くて絵になる

DATA→P.139

おすすめ
時間帯
午前

アカデミア橋から見た大運河

橋の真ん中に立つと、大運河と丸い
クーポラのサンタ・マリア・デッ
ラ・サルーテ教会の美しい組み合わ
せを見ることができる

大運河に架かる木製の橋
アカデミア橋
Ponte dell'Accademia

Map 別冊P.20-A3　サン・マルコ／ドルソドゥーロ

🏠Ponte dell'Accademia
交V1・2番Accademia駅から徒歩1分

おすすめ
時間帯
夜

運河に架かる橋から見た
ナヴィリオ運河

カメラマンが
見つけた
「いいね！」風景 📷

センピオーネ公園の平和の門
越しに見たスフォルツァ城
Map 別冊P.26-A2©

夜のナヴィリオ運河沿
いは街灯が灯され、オ
レンジに彩られる。バ
ーが多く立ち並ぶの
で、美しい風景のなか
で飲んでみるのもいい
Map 別冊P.28-B3®

美しい建物とモザイクのあるアーケード
ヴィットリオ・エマヌエーレ2世のガッレリア
Galleria Vittorio Emanuele Ⅱ
Map 別冊P.29-C1 ドゥオーモ周辺

🏛Galleria Vittorio Emanuele Ⅱ　☎なし　🕐店により異なる
（ガッレリアの通り抜けは24時間可）　💰店により異なる
🚇M1・3号線Duomo駅から徒歩1分

ライトアップされたヴィットリオ・
エマヌエーレ2世のガッレリア

おすすめ
時間帯
午前

ドゥオーモの屋上から見た
近未来的な町並み

たくさんの聖人が町を見守るような風景。空気が澄む午前中に
ドゥオーモに上れば、アルプス山脈が見える可能性大

ドゥオーモ →P.168

おすすめ
時間帯
夜

こちらも
チェック！ →P.33

ガッレリアの違う顔を見るなら夜
がおすすめ。ライトアップされ、
まるで宝石箱のよう。空がまだ青
い時間帯がシャッターチャンス

📷 絶景撮影のアドバイス

1
時間帯を考える
撮りたい建物が東向きなら午前、西
向きなら午後に撮影を。光が当たり、
影なくキレイに撮れる

日照時間を確認
2

夕暮れ時間の目安	
春	17:30
夏	20:00
秋	17:00
冬	16:00

ヨーロッパは夏と
冬で日照時間にか
なりの差がある。
夕景や夜景を撮り
たい人は、日没時
間をネットで事前
に調べておこう

3

夜景は早めに
待機しよう
夜景は、マジックアワーと呼
ばれる日没後すぐの空が青い
タイミングを狙うほうがきれ
いに撮れる。ぜひお試しを！

MILANO

絶対本場で味わいたい！
バール＆ジェラテリア使いこなしHow To

1日5杯
は飲むわ

イタリア人の生活には切っても切り離せないバールとジェラテリア。
ちょっとオーダーが難しい？　いえいえ、方法さえわかっていれば
とっても簡単！　今日からあなたも地元っ子の仲間入りです。

バール編
地元っ子気分で
サクッとカフェを

"mio bar＝私のバール"
という言葉があるよう
に、地元っ子には自分
の行きつけのバールが
ある。彼らのように毎
日通ってみては？

カフェを飲もう

TOTAL 15分

オススメ時間 8:30〜　予算 €4

💡朝バールに挑戦！
通勤前にバールでサクッとブリオッシュ＆
カフェの朝食。せっかくなら現地のスタ
イルをマネしたい。混んでいてもみんな短
時間で出ていくので少し待ってみて。

コーヒーの
いい香り

イタリア人的バールの使い方

朝
ブリオッシュ（コ
ルネット）＋カプ
チーノが基本！　現地
の人と一緒にカウンターで
いただこう。

昼
簡単な昼食なら、パニー
ノとドリンクで。食
後はエスプレッソで締
めるのがイタリア式。

夜
仕事後の一杯はバールで。
バールによってはアペリ
ティーボ（→P.176）をや
っているお店もある。

HOW TO ORDER

カフェを
1杯ください
ウン・カッフェ・
ペル・ファヴォーレ
Un caffè,
per favore.

はい！

1 レジ (Cassa) で飲み物を告げ、会計する。

これをお願いします
プレンド・クエスト
Prendo
questo.

ありがとう！
グラッツェ！
Grazie!

2 もらったレシートをカウンターへ出す。

どうぞ
プレーゴ
Prego.

3 カフェを受け取り、カウンターで飲む。

イタリア★カフェ図鑑

Caldo (カルド) 温かい

カフェ
Caffè
圧縮抽出した濃厚コー
ヒー、エスプレッ
ソ。イタリアで「カ
フェ」といえばこれ

カプチーノ
Cappuccino
エスプレッソに泡立て
たミルクをたっぷり入れ
たもの。イタリアでは朝
食時に飲むのが基本

カフェ・ラテ
Caffè Latte
エスプレッソに温め
たミルクを入れたも
の。日本でもおなじ
みの味

カフェ・マキアート
Caffè Macchiato
エスプレッソに泡立てた
ミルクを大きさ1杯分ほ
ど加えたもの。マキア
ートは「しみ」の意味

カフェ・マロッキーノ
Caffè Marocchino
エスプレッソに泡立
てたミルク、カカオ
を加えたカプチーノ
の濃縮版

Freddo (フレッド) 冷たい

カフェ・シェケラート
Caffè Seccherato
シェーカーを使って
カクテル風に作るア
イスコーヒー。夏の
定番

グラニータ・ディ・カフェ
Granita di Caffè
エスプレッソの風味と
香りが豊かな氷菓子。
イタリアの夏に欠かせ
ないスイーツ

イタリアを代表する老舗バールはココ！

ROMA
親しみやすい居心地のよさ
タッツァ・ドーロ Tazza d'Oro

70年以上続くバールは一歩入ると自家焙煎の芳ばしい香りが広がる。定番カフェのほか、生クリームがのったモナケールやグラニータも人気。

パウンドケーキのようなチャンベッローネ€1.20とカフェ€0.90

Map 別冊P.6-A3、11-D3　ナヴォーナ広場周辺

🏠Via degli Orfani 84 ☎06-6789792 🕐7:00〜20:00（日10:30〜19:30）📅1/1、復活祭、8/15、12/25・26 💰€2〜 **Card**A.M.V. 予不要 WiFiなし 交ナヴォーナ広場から徒歩2分 URLwww.tazzadorocoffeeshop.com

ローマのおすすめバール ➡P.94

FIRENZE
シニョリーア広場内の好立地
リヴォワール Rivoire

1872年創業の老舗カフェ・バール。もとはチョコレート専門店だったため、チョコ系メニューに定評がある。広場に面したテラス席もおすすめ。

ホットチョコレート€9.50、カフェ€4.50、チョコケーキ€9

クラシックなお店です！

Map 別冊P.15-C2　チェントロ

🏠Via Vacchereccia 4r ☎055-214412 🕐7:30〜23:00（4〜8月8:00〜24:00）📅月、1/1・16〜30、8/15 💰€15〜 **Card**A.D.J.M.V. 予不要 WiFi無料 交ヴェッキオ橋から徒歩3分 URLwww.rivoire.it

フィレンツェのおすすめバール ➡P.122

VENEZIA
コーヒーへの情熱と愛があふれる
トッレファツィオーネ・カンナレージョ
Torrefazione Cannaregio

1930年にオープン、今ではヴェネツィアで唯一焙煎から行うバールとして一目置かれている。豆の販売もしているのでおみやげにどうぞ。

Map 別冊P.18-B1　カンナレージョ

🏠Cannaregio 2804（Fondamenta dei Ormesini）☎041-716371 🕐8:00〜13:00（土〜15:00、日9:00〜16:00、L.O.閉店30分前）📅12/25・26 💰€3〜 **Card**A.M.V. 予不要 英▶ WiFi無料 交Ⅴ1・2番S. Marcuola駅から徒歩6分 URLwww.torrefazionecannaregio.it

エスプレッソ€1.30（カウンター）〜、€1.70（テーブル）〜ブリオッシュ€1.60（カウンター）、€2.20（テーブル）

ヴェネツィアのおすすめバール➡P.152

MILANO
カンパリソーダ発祥のカフェ
カンパリーノ・イン・ガッレリア Camparino in Galleria

ガッレリアにある有名店は、1900年初めのモザイク壁が残りクラシックな雰囲気たっぷり。カフェからお酒まで楽しめる。

ティラミス€10とカフェ・マロッキーノ€4.50

カンパリソーダです！

Map 別冊P.29-C1　ドゥオーモ周辺

🏠Galleria Vittorio Emanuele angolo Piazza Duomo 21 ☎02-86464435 🕐8:30〜23:00（月・水〜24:00）📅月、復活祭・復活祭翌日、8月、年末年始 💰€7〜 **Card**A.J.M.V. 予不要 英▶ WiFiなし 交M1・3号線Duomo駅から徒歩1分 URLwww.camparino.com

ミラノのおすすめバール ➡P.174

ジェラテリア編

みんな大好き♥ ジェラートを食べよう

Ci piace il gelato!

老若男女問わずジェラートが大好きなイタリア人。なかには毎日食べる人もいるんだって。それだけおいしいってことだよね。

キャ〜おいしぃ〜

おじさまも食べるよ

ジェラートを食べよう

TOTAL 30分

オススメ時間 15:00〜　予算 €3〜

アイスクリームより低カロリー
ジェラートは乳脂肪分が4〜8%で、一般的なアイスクリームよりも低カロリーでヘルシー。同じフレーバーでもお店によって味が違うので食べ比べてみて。

地元っ子からのアドバイス

みんなわかった？

夏はグラニータ
夏の風物詩グラニータgranitaは、イタリア版のかき氷。フレーバーはフルーツ系、ナッツ系、コーヒーなど。

フレーバーの相性
クリーム系×クリーム系、フルーツ系×フルーツ系という組み合わせが一般的。例外として、チョコレートにイチゴやオレンジを合わせるのもおすすめ。

パンナをのせよう
パンナpannaとは生クリームのことで、日本のものよりもあっさりしている。クリーム系、チョコ系に合わせることが多い。

ジェラテリアデートだよ♥

HOW TO ORDER

どのジェラテリアでも、カップかコーンかを選べ、値段、または大（grande＝グランデ）、中（medio＝メーディヨ）、小（piccolo＝ピッコロ）などのサイズで表示されている。

コーンは
コーノ cono

カップは
コッペッタ coppetta

1 カップ、コーンを決める

各店10〜30種ほどのフレーバーがあり、Mサイズで2〜4種ほど入れられるので、いろいろ味わってみよう。夏はフルーツ系、冬はクリーム系が多くなる。

2 フレーバーを決める

カップ、コーン、サイズを決め、レジで会計をしてからジェラートをオーダーする先払いと、カウンターでオーダーし、ジェラートを受け取るときに支払う後払いのタイプがある。

3 支払い方法は2とおり

お役立ちイタリア語

2.50ユーロのコーンをください。
ウン・コーノ・ダ・ドゥエ・エウロ・エ・チンクワンタ・ペル・ファヴォーレ
Un cono da 2.50 euro, per favore.

中サイズのカップをください。
ウナ・コッペッタ・メーディア・ペル・ファヴォーレ
Una coppetta media, per favore.

コーンにヨーグルトとレモンをください。
ウン・コーノ・ヨーグルト・エ・リモーネ・ペル・ファヴォーレ
Un cono, yogurt e limone, per favore.

生クリームをのせてください。
コン・パンナ・ペル・ファヴォーレ
Con panna, per favore.

（指をさして）これ。クエスト Questo.

フレーバー 単語

オレンジ　アランチャ arancia
イチゴ　フラゴーラ fragola
レモン　リモーネ limone
ブラックチェリー　アマレーナ amarena
ラズベリー　ランポーネ lampone

クリーム　クレーマ crema
チョコレート　チョッコラート cioccolato
ヘーゼルナッツ　ノッチョーラ nocciola
ピスタチオ　ピスタッキオ pistacchio
チョコレートチップ　ストラッチャテッラ stracciatella

行かなきゃ！

バール＆ジェラテリア使いこなしHow To

人気ジェラテリアのタイプ別必食フレーバー

4都市のおすすめ店

ROMA

ローマいちの老舗店

ジョリッティ
Giolitti

1900年から続くローマで最も古い有名店。フレッシュな素材を使ったジェラートは60種近くあるから、どれにするか迷っちゃいそう！

Map 別冊 **P.6-A3、11-D2**
ナヴォーナ広場周辺

⌂ Via Uffici del Vicario 40
☎06-6991243 ◷夏季7:00
～翌1:30、冬季7:00～24:00
(12/25 7:00～13:00、16:00～
24:00、12/31は～24:00) ◷無休 €3～ **Card**A.D.J.M.V.
不要 英▶ Wi-Fi無料
Ⓜ A線Spagna駅から徒歩10
分 URL www.giolitti.it
⌂ Viale Oceania店

ローマのおすすめ店 ➡P.94

FIRENZE

毎日替わるから毎日食べたい

ペルケ・ノ！
Perché No!

早朝から仕込み、毎日新鮮なジェラートがいただける老舗。人工油脂や砂糖を使用しないジェラート、旬のフルーツと水だけで作るソルベットなど、常時30～40種類を用意している。

Map 別冊 **P.15-C2**
チェントロ

⌂ Via dei Tavolini 19r
☎055-2398969 ◷3～10
月11:00～20:00(木～土 ～
23:00)、11～2月12:00～20:00
◷火、12/25 €3～
Card D.J.M.V. 不要 英▶
英▶ Wi-Fi無料 Ⓜドゥオーモ
から徒歩2分

フィレンツェのおすすめ店 ➡P.123

VENEZIA

アイデア満点の味

スーゾ
Suso

柔らかくクリーミーなジェラートが評判。ひとつの味にこだわらず、素材を組み合わせたフレーバーやイタリアンスイーツからヒントを得たものなど、ケースの中にはオリジナルがたくさん並んでいる。

Map 別冊 **P.21-C1**
サン・マルコ

⌂ San Marco 5455/A
(Calle della Bissa) ☎041-
2412275 ◷10:00～23:00
◷無休 €2.50～ **Card**不
可 不要 英▶ Wi-Fi無料
Ⓜリアルト橋から徒歩2分
URL suso.gelatoteca.it

ヴェネツィアのおすすめ店 ➡P.153

MILANO

100年以上続く店

ジェラテリア・パガネッリ
Gelateria Paganelli

おじいちゃんの代から続くクラシックなものから毎年メニュー開発する新しい味まで、フレーバーの数も多い。素材の味を生かしたフレッシュな甘さが残らない繊細さが特徴。

Map 別冊 **P.27-C1**
レプッブリカ

⌂ Via Adda 3 angolo via G.
Fara ☎02-42441183
◷11:30～20:30 (土は12:30
～) ※季節により変動あり
◷日 €3～ **Card**不可
不要 英▶ Wi-Fiなし
Ⓜ2号線Gioia駅・3号線
Repubblica駅から徒歩4分

ミラノのおすすめ店 ➡P.174

こってり

パンナのせも◎

マロングラッセ
Marron Glacé
マロン・グラッセ
濃厚なマロン・グラッセには、栗の粒が入っている。€3

毎朝5時から仕込むのよ

コーヒー
Caffè
カッフェ €3
苦味までしっかり再現された驚きの味わい。

モーロ・ディ・ヴェネツィア×マダガスカル
Moro di Venezia×Madagascar
モーロ・ディ・ヴェネツィア×マダガスカル
コーヒー＆チョコレートとマダガスカル産のバニラ。€5.50

口の中に広がる大人の味わい

バーチョ×マラガ
Bacio×Malaga
チョコチップ入りのチョコ＆ヘーゼルナッツとラムレーズン。€3.50

さっぱり

マンゴー×ヨーグルト **Mango×Yogurt**
マンゴー×ヨーグルトドゥ
しっかりした味わいのマンゴーとさわやかなヨーグルト。€4.50

旬の果物を使用！

ブルーベリー×レモン **Mirtillo×Limone**
ミルティッロ×リモーネ
食後のお口直しにぴったりのフルーツソルベット。€3

色もきれいでしょ？

ミックスベリー×チョコミント
Frutti di Bosco×Menta Ciok
フルッティ・ディ・ボスコ×メンタ・チョク
すっきりミントと濃厚ベリーはビターチョコ＆炭のコーン。€6.20

ミックスベリー×柑橘類
Frutti di Bosco×Agrumi di Sicilia
柑橘類はマンダリン、レモン、グレープフルーツのミックス。€3.50

変わり種

いろんな味を試してみてね

ラズベリー×オレンジ
Lampone×Arancia
ランポーネ×アランチャ
イートインではグラス入りのパフェタイプも。€7

大粒のチョコが入っているよ

ティラミス
Tiramisu ふわふわムースのような
ティラミス なジェラート。€3

ワインの味がそのまま

トルティーノ
Tortino トルティーノはチョコ
トルティーノ レートケーキの味。€3

ワイン
Vino
赤、白、ロゼワインを使った香り豊かなソルベット。€6

イタリア人はゲン担ぎが大好き！
ラッキースポットを巡って 幸運をお持ち帰り☆

イタリアには、古くから伝わる "幸せになれる場所" がある。そのうわさは、旅行者にも広まり今では人気の観光名所に。さあ、ハッピーを探す旅へ出かけよう！

ROMA

lucky action

コインを投げる❤
1枚投げるとローマへの再訪、2枚は好きな人と一生一緒に、3枚は恋人や結婚相手との別れがかなうといわれる。

これもやってみよう！
カップルで愛の水を飲む❤
泉の右側にある水飲み場で、恋人や夫婦で水を飲むと永遠に別れないという言い伝えも。

修復してキレイになったよ♪

また来られますように！

私たちずっと一緒ね♪

建築、彫刻、水の芸術作品
トレヴィの泉 Fontana di Trevi
18世紀にニコラ・サルヴィの設計により造られたバロック様式の噴水。勝利のアーチを背景に海神ネプチューン、トリトンなどの彫刻がある。

Map 別冊P.6-B3
スペイン広場周辺
🔺Fontana di Trevi Ⓜ Ⓐ
線Barberini駅から徒歩8分

つらい恋をしているならココへ
ルクレツィアの像
Madama Lucrezia
かつて権力者への悪口などが貼られていた "もの申す像" のひとつで、像の名はルネッサンス期に活躍した名門貴族ボルジア家のルクレツィアに由来。

あの失恋を忘れさせて～

lucky action
胸を触る❤
3mあるルクレツィアの像の胸を触ると、恋の痛みを忘れられるといわれている。

Map 別冊P.8-A1
ナヴォーナ広場周辺
🔺Piazza San Marco
Ⓜ ナヴォーナ広場から徒歩12分

FIRENZE

ハッピーをちょうだいね

lucky action

鼻をなでる❤
イノシシ像の鼻をなでると幸運が訪れるといわれ、多くの人になでられた鼻はピカピカ。

私の願いはかないますか？

これもやってみよう！
舌の上に置いたコインを落とす❤
イノシシ像の舌の上にコインを置き、手を放す。格子を通り抜けて下に落ちれば祈願成就。

幸せを求めて世界中の人が訪れる
イノシシの像 Il Porcellino
新市場のシンボルであるイノシシ像はレプリカで、ピエトロ・タッカ作の本物は、バルディーニ美術館にある。列ができるほどの人気ぶり！

Map 別冊P.15-C2
チェントロ
🔺Piazza Mercato Nuovo
Ⓜ ドゥオーモから徒歩5分

私の願いは届くかな？

lucky action
ベアトリーチェ宛の手紙に願いを書く❤
ベアトリーチェの墓前にあるカゴには、いつしか願いを書いた手紙が入れられるように。

ダンテゆかりの教会で願い事
サンタ・マルゲリータ教会
Santa Margherita
ダンテが最愛の人、ベアトリーチェと出会った教会。ベアトリーチェの墓もあり、ダンテや『神曲』のファンにとって必訪スポットになっている。

Map 別冊P.15-D2 チェントロ
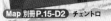
🔺Via Santa Margherita 📞なし ⏰10:00
～20:00 ※日により異なる 🗓月・日
💰無料 Ⓜ ドゥオーモから徒歩5分

4都市で語り継がれる
幸せスポットを総チェック！

地元の人なら誰もが知っている御利益スポットをご紹介。場所がわからないときは、写真を見せて尋ねてみて。きっと親切に教えてくれるはず。

ラッキースポットを巡って幸運をお持ち帰り☆

VENEZIA

大理石で造られた美しい橋
溜息の橋
Ponte dei Sospiri

ドゥカーレ宮殿と牢獄をつないだ橋。地元の言い伝えは映画『リトル・ロマンス』で世界的に有名になった。

DATA →P.139

LUCKY action

橋の下でキス💗
日没時に恋人同士がゴンドラに乗って橋の下でキスをすると永遠に結ばれるという。

MILANO

LUCKY action

思ってたより
難しいわ〜

かかとで1周回る💗
ガッレリアの交差点部分にある雄牛のモザイク。かかとで1周回れると願いがかなうとか。

DATA →P.27

み〜んなクルクル回ってます！
ヴィットリオ・エマヌエーレ2世のガッレリア
Galleria Vittorio Emanuele II

元々は娼婦たちが、たくさんお客さんを取れますようにと願って回ったのが始まり、という説もある。現在では、それが転じてミラノで大人気の願掛けスポットに。ぜひ挑戦を！

地元っ子に親しまれる商人
リオバの彫刻 Scultura di Lioba

ヴェネツィア共和国時代の商人のシンボル、リオバ。もともとすべて石の彫刻だったが、1800年代に鼻だけ盗まれ鉄製に。

Map 別冊P.18-B1
カンナレージョ

🚶Campo dei Mori 番San Marcuola駅から徒歩7分

頭が盗まれたこともあるんだ

LUCKY action

像に触る💗
像に触れると豊かになれる。鼻に触れると幸せになれるなどという言い伝え。

見つけたらゲットすべし！
イタリアのLUCKYチャーム

ザクロ
実が詰まったザクロは、その姿から豊穣や子宝を意味するアイコンに

てんとう虫
体にとまると幸せが訪れるとされ、「幸せを運ぶ虫」とも呼ばれる

赤い角
女王の王冠が付いた赤い角「コルノ」はナポリの伝統のお守り

とうがらし
口に入れると辛いことから、悪いことを受け付けないとされる

市民の生活に根付いたジンクス
ソトポルテゴ・デル・トラゲットの金具
Staffa di Sotoportego del Traghetto

小さな橋のたもとにある鉄の金具。かつてこの場所に船着場があり、本島とムラーノ島、ブラーノ島を結んでいたという。

Map 別冊P.21-C1
カンナレージョ

🚶Sotoportego del Traghetto
🚤リアルト橋から徒歩5分

LUCKY action

金具に触る💗
触って揺らすと幸運がもたらされるといわれ、地元っ子が通りがかりによく触れている。

花のつぼみ
「プーモ」という名の陶器。プーリアでは幸せを呼び込むといわれる

赤い下着
赤い下着を身に着けて大晦日のパーティに行き、新年の幸運を手に入れる

新たなトレンドを見つけたい！
ネクストスイーツを先取りチェック

マリトッツォに続いてブレイクするのは何？　おいしいドルチェを食べ比べて予想してみよう！

A

朝から夜まで食べたい味に出合える
フォルノ・モンテフォルテ
Forno Monteforte

さまざまな人が楽しめる場所を作りたいと、パンだけでなくドルチェ、コーヒー、ワインも味わえるベーカリーカフェをオープン。ショーケースには定番の味や季節のフルーツを使ったケーキなど目でも楽しめるドルチェが並ぶ。

Map 別冊P.11-C3 ローマ

🏠 Via del Pellegrino 129　☎06-25399550　🕐7:30～21:00　📅8/15、12/25　💶€3～　**Card** A.M.V.　予不要　英無　WiFi無料　🚇ナヴォーナ広場から徒歩6分　URLfornomonteforte.com

B

1943年オープンの人気バール
バール・クッチョロ
Bar Cucciolo

看板メニューはマンマの味を引き継いだボンボローニ。できたてのボンボローニが天井に沿ったパイプを通ってケースに落ちてくるのも名物になっている。手作りのピッツァやスキアッチャータなど軽食もある。

Map 別冊P.15-D2 フィレンツェ

🏠 Via del Corso 25r　☎055-287727　🕐夏季10:00～20:00、冬季9:00～20:00（変動あり）　💶€4～　**Card** A.M.V.　予不要　英あり　WiFiなし　🚇ドゥオーモから徒歩4分

34

カリカリ

フランスのパン屋さんのような店内よ

シチリア
カンノーロ
Cannolo Siciliano Goccia di Cioccolato
揚げた筒型生地の中にはリコッタクリームが入っている。€4

D

やっぱり食べたい
本場のマリトッツォ
ボリュームたっぷりながらパンと生クリームが軽いのでペロリと食べられる。アレンジしたものも多くある。€3（左）、€5（右）

ローマ
定番

ティラミス風味

ファロ・カフェ→P.95
スペシャルティ

シャンテリークリームのビニェ
Bigne di Chantilly
クリームたっぷりのイタリア版シュークリーム€1.40

クリームのコルネット A
Cornetto con Crema
"角"の名がついたパンの中にはバニラの香り豊かなクリーム。€1.50

パスティッチェリア→P.152
トノーロ

サント・フォルノ→P.122

ココア生地とクッキーのお菓子はサラミのような見た目。€8/kg

サラーメ・ディ・チョコラータ
Salame di Cioccolata

B
ボンボローニ
Bomboloni
揚げた発酵生地にヌテッラ（左）とアプリコットジャム（右）をたっぷり。各€1.20

シチリア
カッサティーナ・シチリアーナ
Cassatina Siciliana
リコッタクリームをマジパンで包んでいる。€1.80

サシャ・カフェ→P.94
1919

イタリア人は揚げ物が好きなんだよ

ヴェネト
ピラミデ
Piramide
アルケルメスリキュールに浸したスポンジを挟んだ三角のチョコケーキ€1.40

リコッタとチョコのクロスタータ A
Crostata di Ricotta e Cioccolato
ホロホロの生地にフィリングを入れて焼いたタルト€5/ピース

パスティッチェリア→P.152
トノーロ

しっとり

こってり

各店イチオシの ドルチェはこちら!

イタリア全土で食べられているものから郷土菓子、さらにはパンまで、自慢の品を紹介してもらいました!

おいしいドルチェを探そう!

TOTAL 1時間

プチ ぼうけん↓

オススメ 時間 8:30〜　予算 €7〜

🍴 コルネットとクロワッサン
フランスのクロワッサンよりもバターを多く使い、層が少なめでしっとり、卵を使っているのが特徴。北イタリアではブリオッシュと呼ばれている。

ネクストスイーツを先取りチェック

サクサク

カーニバルのお菓子もイチオシょ

扇の形をしたバターたっぷりのシンプルなパイ
€1.50 (小)

ローマ
ヴェンタリオ・ディ・ローマ
Ventaglio di Roma

A

カリカリ軽いメレンゲは泡立てた卵白と砂糖を焼いたもの。各€1.50

C
メリンガ
Meringa

D
モモとアマレットのブリオッシュ
Brioche Quadorotto
Pesca e Amaretto

たくさんのバターを折り込んだ柔らかい生地の真ん中はモモとカスタードクリーム。€3

ヴェネツィア
エッセ・ディ・ブラーノ
Esse di Burano

小麦粉、卵黄、砂糖、バターで作るブラーノ島発祥のクッキー €9.50 (1袋)

C

セミフレッド
Semifreddo

空気を含ませたクリームを凍らせたアイススイーツ。€6

チャンベッラ
Ciambella

B

イタリア版ドーナツ。発酵生地を揚げているので重くならない。€120

アイ・クアットロ フェーリ・ストルティ →P.151

ピスタチオのプラムケーキ
Plumcake Piscacchio di Bronte

ペーストにして生地に入れたピスタチオが濃厚。€2/ピース

A

ヴェネツィア
フォカッチャ・ヴェネツィアーナ
Focaccia Veneziana

ふわふわ食感のシンプルなパンは生ハムと合わせてもおいしい。€2

C

プラート
ペスカ・ディ・プラート
Pesca di Prato

アルケルメスリキュールに浸したスポンジでモモ形に仕上げる。€3

サント・フォルノ →P.122

ナポリ
ババ
Babà

スポンジにラム酒のシロップを染み込ませている。€4

C

僕はシチリア出身です

すべて手作りすることが信条
パスティッチェリア・ノービレ
Pasticceria Nobile

ピッツェッタ(小さなピッツァ)が有名なパスティッチェリア。地域の伝統を大切に、昔ながらのレシピを守りながら菓子作りをしている。旅行者のリクエストからほかの地方のものも手がけるようになった。

Map 別冊P.18-B1 ヴェネツィア

🏠 Cannaregio 1818 (Calle del Pistor) ☎041-720731 ⏰6:00〜20:30 休無休 €3.30〜 Card J.M.V. 不要 英Wi-Fiなし 1・2番 S. Marcuola駅から徒歩3分

行列が絶えないパスティッチェリア
マルラ・パスティッチェリア
Marlà Pasticceria

伝統のドルチェから見た目にも美しいオリジナルケーキまでを手がける店。イタリア中から人が集まる町だからこそ、その人たちの心に響くものを届けたいとさまざまな地方のお菓子も作っている。

Map 別冊P.25-D3 ミラノ

🏠 Corso Lodi 15 ☎02-36536410 ⏰8:00〜19:00 (土・日8:30〜) 休月、8月に3週間 €6〜 Card A.M.V. 不要 英Wi-Fi無料 M3号線 Porta Romana駅から徒歩3分 URL www.marlapasticceria.it

モチモチ

ローマ はドルチェが生まれた地域名

4都市対抗！スーパーマーケットで
€5以下のイチオシみやげを探せ

お買い得なメイド・イン・イタリーが見つかるスーパーマーケットには
イタリア料理に欠かせない品々からその土地の名物までがずら〜り。
€5以下でもおいしいものがいっぱいあるんです！

毎日でも通いたい
プチプラ食材の宝庫

ついついたくさん買っちゃうスーパー
マーケットは市内に支店が多いブラン
ドをピックアップ。まとめ買いをするな
ら宿泊先から近い店舗に行ってみて。

スーパーマーケットでお買い物

TOTAL 1時間

オススメ時間 10:00〜20:00
予算 €5〜

プライベートブランドにも注目
各スーパーマーケットにはリーズナブルな
ラインや高級系などオリジナル開発したさ
まざまな商品があるのでチェックして。

陳列された商品を見て回る
だけでもウキウキ

Roma

€2.72

サルデーニャ
のブランド

€1.90

€2.04

ポテチ
おいしそう

MUTTI
DOPPIO
CONCENTRATO
DI POMODORO

€2.45

アンチョビペースト
便利なチューブタ
イプのアンチョビ。
パスタやドレッシ
ングに

クラフトビール
ノンフィルター
ビールはボディ感
とコーンの甘味を
感じられる

ポテトチップス
ローマの名物料理
ポルケッタ風味の
ポテトチップス

€1.74

バラマキに
もおすすめ

トマトペースト
ソースのベースや
煮込み料理などに
入れるとうま味と
コクが増す

ペイストリー
ショートクラストの中に
は甘いイチジクが入って
いる

Cuor di Fico
€1.79

la Molisana
GRANO ITALIANO
MEZZI RIGATONI

リガトーニ
ローマでよく食べられる
太い筒状のショートパス
タ

Gentilini
OSVEGO

クッキー
モルトとハチミツ入り
のクッキーはローマの
メーカーのもの

€2.04
OSVEGO

€1.12

チックタック
ミントのタブレットは
小さいのでバラマキみ
やげにピッタリ
tic tac

ローカルプロダクトが多く揃う

Coop コープ

イタリア国内に約1200もの店舗を構える生
活協同組合コープ。プライベートブランドも
充実していて、オーガニックの「ヴィヴィ・
ヴェルデ」や郷土料理をベースにした「フィ
オール・フィオーレ」などのシリーズもある。

ローマ

Map 別冊 P.11-D3 ナヴォーナ広場周辺

🏠 Via Giustiniani 18/B ☎06-6833166
🕐8:30〜21:00 無休 Card A.D.M.V. 🚇ナ
ヴォーナ広場から徒歩3分 URLunicooptirreno.it

Firenze

カントゥッチ
アーモンド入りの硬いクッキー。甘口ワインやコーヒーに浸して食べて

エコバッグを持参しよう

スーパーのレジ袋は有料なのでマイエコバッグをひとつバッグに入れておくと便利。

歯ごたえ
しっかり

€3.69

€3.53

ピーチ
トスカーナ州の太いロングパスタ。ミートソースによく合う

€3.07

ミックススパイス
ピンクペッパー、レモンの皮、ニンニク、パセリなどが入っている

オリーブ
種抜きオリーブのオイル漬け。そのままでもパスタソースに入れても◎

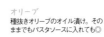

€4.90

€4.58

パスタはマスト！

€3.78

酢漬けチェリーペッパー
辛さと酸味がほどよいチェリーペッパーはおつまみに最適

トマトソース
トスカーナの材料のみを使用したソース。さまざまな料理に使える

ダヴィデが
目印！

€2.90

コーヒー豆
1898年創業のバールのコーヒーは、チョコレートの風味とバランスの取れた酸味が特徴

€3.25

€3.19

バルサミコクリーム
トロリとしたバルサミコクリームは酸味がまろやかで甘味を感じる

スプレッド
ビオのカカオとヘーゼルナッツのスプレッドはパンに塗って

チョコレート
ヘーゼルナッツがゴロゴロ入ったミルクチョコレート

€2.85

観光途中に立ち寄りやすい立地

Sapori & Dintorni Conad

サポーリ＆ディントルニ・コナード

ヴェッキオ橋近くの店舗にはトスカーナ産食材のコーナーがあるのでおみやげを選びやすい。「サポーリ＆ディントルニ」という地方の名産をシリーズ化した自社ブランドもある。

フィレンツェ

Map 別冊P.15-C3 サント・スピリト

🏠 Via de' Bardi 45/47　☎055-290388
🕐8:00～21:00（日9:00～）　休1/1
Card A.D.J.M.V.　ヴェッキオ橋から徒歩1分
URL www.conad.it ほか Borgo S. Lorenzo店ほか

Venezia

ちょっぴり太めのパスタ

€1.99

ビーゴリ
表面がザラザラしているのでソースがからみやすい。郷土料理、ビーゴリ・イン・サルサを作ってみて

€1.75

サヴォイアルディ
ティラミスに欠かせないフィンガービスケット。そのままでもおいしい

量り売りのチーズやハムを買うには

番号札がある場合は1枚取って、自分の番号が呼ばれたらオーダーを。「生ハムを100gください」はVorrei un etto di prosciuto crudo.（ヴォッレイ・ウン・エット・ディ・プロシュット・クルード）。会計はレジでしてもらう。

€1.75

ポレンタ
トウモロコシの粉で作るポレンタは1分で完成するインスタント

€4

缶入りクッキー
ヴェネツィアの伝統クッキーが4種類入ったオリジナル商品

バイコリ
薄くてカリカリの素朴なクッキーはヴェネツィアの伝統菓子

€1.90

バッカラ・マンテカート
牛乳で煮て攪拌した塩漬け干しダラ。ポレンタと一緒に食べたい

€3.39

直営農園のナッツを使用

ウエハース
1925年創業の菓子メーカー、ロアカーのウエハースはイタリアNo.1のシェア

名物料理を持ち帰り

€2.99

トルティーナ
ミルクチョコの中はウエハースでサンドしたヘーゼルナッツクリーム

€1.79

歴史ある建物の中でお買い物

Despar Teatro Italia

デスパール・テアトロ・イタリア

20世紀初頭の劇場をリノベしたスーパーは、ファサードや店内のフレスコ画、階段などがそのまま残されていて雰囲気満点。店舗オリジナルパッケージの商品はおみやげにピッタリ。

ヴェネツィア

Map 別冊P.18-B1 カンナレージョ

🏠Cannaregio 1939（Campiello de l'Anconeta）☎041-2440243 ⏰8:00～21:00（日・祝8:30～）●一部の祝 Card A.D.J.M.V. ♦V1・2番S. Marcuola駅から徒歩3分 URLwww.desparitalia.it ♦リアルト店ほか

Milano

オリーブオイル
機内持ち込みOK
は100mlボトル入
りのエキストラ
ヴァージンオイル

€1.39

€1.19

15分で
できちゃう

リゾット
水と鍋があれば簡
単にミラノ風リ
ゾットができる。
1袋2人分

プチ
ぼうけん♪

€5以下のイチオシみやげを探せ

会計方法は?

ベルトコンベア式のレジの場合は、
カゴから商品を取り出して自分で並
べる。次の客の商品と混在しないよ
うに仕切りを置こう。小さい店舗は
日本と同様にレジ台にカゴを置くス
タイルが
多い。セ
ルフレジ
のある店
舗も増え
ている。

€4.50

D.O.P.の
バジルだよ!

ジェノヴェーゼ
・ペースト
パスタのほ
か、パンやサ
ラダにも使え
るペースト。
ニンニクなし
タイプもある

バーチ
ヘーゼルナッツを贅沢に使った
チョコは"キス"という名前

€4.89

塩
ダ・ヴィンチの『最後の
晩餐』がパッケージに描
かれた塩

€1.59

オッフェッレ
小麦粉、バター、卵、
砂糖で作る昔ながらの
クッキーはロンバルディ
ア州パローナのもの

€2.45

€2.47

ビスコクレーマ
チョコクリーム入りクッ
キー。上にのったミルク
クリームの星がかわいい

ポテトチップス
1936年にミラノ
のロティサリーか
らスタートした
メーカーのチップ
スは硬めで食べ
応え抜群

€1.99

レトロな
パッケージ

チョコレート
ムースの素
イタリア人に
とっての子供
の頃を思い出
す懐かしい
味。バニラ味
やプリンもあ
る

€0.99

いっぱい
買っちゃった♪

北部でおなじみのスーパー

Esselunga エッセルンガ

ミラノで有名な大型チェーンのスーパーマー
ケット。ヴィアーレ・ブラート店は広くて取
扱商品が多い。品質がよくてお手頃なオリジ
ナルアイテムが狙い目。中心部に多く展開す
るLa Esse（ラ・エッセ）は系列店。

ミラノ

Map 別冊P.27-C3 ポルタ・ヴェネツィア

🏠 Viale Piave 38/B ☎02-2047871
🕖7:30〜22:00（日8:00〜20:00）無休
💳A.D.M.V. 🚇1号線Porta Venezia駅か
ら徒歩3分 🌐www.esselunga.it 🏠Viale
Luigi Sturzo店ほか

憧れの絶景が目の前に！

天空の村 **チヴィタ・ディ・バニョレージョへ**

渓谷の断崖絶壁の丘の上にたたずむチヴィタ・ディ・バニョレージョ。
全長300mの橋のみで結ばれる陸の孤島を一度はこの目で見てみたい！

CIVITA DI BAGNOREGIO

天空の村へデイトリップ

TOTAL 8時間

オススメ
時間 8:00〜16:00　　予算 €50

絶景をカメラに収めよう
橋を入れた村の全景を撮影するなら
Alberto Ricci駐車場近くのスポット
Map 別冊P30-A1❶ がおすすめ。村に入
るには入場料€5がかかる。

時間帯や気候によって
神秘的な表情を見せる

青空に映えるチヴィタ・ディ・バ
ニョレージョもすてきだけれど、
夕焼けと同じ色に照らされる姿、
朝焼けの霧に包まれる姿も幻想的。

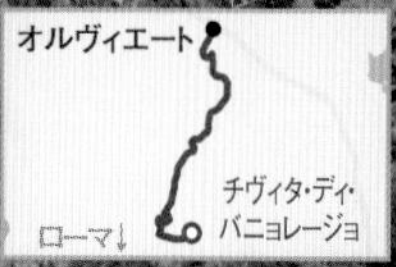

浮かんでる
みたい〜

チヴィタ・ディ・バニョレージョへのアクセス

オルヴィエート

ローマ↓　　　チヴィタ・ディ・
バニョレージョ

Orvieto駅
↓ Cotralはバスで
　約45分
Bagnoregio (Via Giuseppe Garibaldiバス停下車)
↓ バスで約5分
Belvedere (Parcheggio Alberto Ricci下車)
↓ 徒歩
　約30分　　↓ 徒歩約20分
Civita di Bagnoregio

チヴィタ・ディ・
バニョレージョって
どんな村？

2500年以上前にエトルリア人に
よって築かれたのが始まり。地
震や雨風の浸食により縁部がど
んどん削られ村は縮小、その危
険性から住民はほかの地へ移り、
現在は20人ほどが暮らすのみ。
多くの観光客が訪れるように
なった今も浸食や地滑りが続き
"死にゆく町"と呼ばれている。
2時間ほどあれば十分見て回れ
る小さな村だが、ランチを食べ
てのんびり滞在するのもいい。

天空の村チヴィタ・ディ・バニョレージョへ

エトルリア人の洞窟住居

村の中は花でいっぱい

1. 村にはルネサンス時代の建物が並ぶ 2. 5世紀に建てられたサン・ドナート教会。現在の建物は16世紀のもの 3. 教会前の広場は村の中心 4. 美しく手入れされたポエタ庭園は眺めも最高 5. かわいらしい小道がたくさん

天空の村の見どころをチェックしよう！

伝統料理を美しく盛りつけ
オステリア・アル・フォルノ・ディ・アニェーゼ
Osteria al Forno di Agnese

オーナーがおばあちゃんを喜ばせたいと昔営んでいたオステリアを復活。メニューに並ぶのは地元の伝統料理と家庭料理。トマトやオリーブオイルをたっぷり使ったシンプルなものが多い。

Map 別冊P.30-B1　チヴィタ・ディ・バニョレージョ

⌂ Via S. Maria del Cassero 38
☎ 0761-792571　🕐 11:00〜15:30、19:00〜L.O.21:45（水11:00〜15:30）🚫12〜2月のディナー（予約をすればオープン）、12/25　€30〜
Card M.V.　望ましい
（土・日・祝は不可）
英　🚬　Wi-Fi無料
🚶サンタ・マリア城門から徒歩1分　URL
www.daagneseci
vitadibagnoregio.it

黒トリュフのピーチは手打ちパスタを使っている。€14

豆の煮込みは味わいをよくするためにアンチョビもプラス。€10

鶏肉と野菜をトマトソースで煮込んだカッチャトーラ€14

テラス席が気持ちいいの

オリーブオイルも手がけている。€7（左）、€12（右）

村で感じる香りを表現
アクア・ディ・チヴィタ
Acqua di Civita

たくさんの人にさびれていく村のことを知ってもらいたいと立ち上げたコスメブランド。村をイメージしたフレグランスやスキンケア商品を作っている。

Map 別冊P.30-B1　チヴィタ・ディ・バニョレージョ

⌂ Piazza S. Donato 1　☎ 0761-780896　🕐 9:00〜19:00　🚫12/25
Card A.J.M.V.　🚶サンタ・マリア城門から徒歩1分　URL www.acquadicivita.com

商品名も村に関連してるの

1. ロバミルクとオリーブオイルのボディクリーム€26　2. 柑橘系の香りと海の潮っぷさが特徴の香水€14（小）　3. 周辺で咲く花の香りがするルームフレグランス€19（小）　4. クレイ（左）とオレンジ＆シナモン（右）のソープ各€3.50

ちょっとしたおみやげ探しに
ラ・ピアッツェッタ
La Piazzetta

有機栽培の豆やジャム、パスタソースなどのオリジナル商品のほか、おみやげ品も扱う。バールに併設されているのでひと休みもできる。

Map 別冊P.30-B1　チヴィタ・ディ・バニョレージョ

⌂ Piazza S. Pietro 51　☎ 0761-780893　🕐 8:00〜19:30　🚫不定休　Card M.V.　🚶サンタ・マリア城門から徒歩1分

1. 生使いも加熱調理にも合うさっぱりしたオリーブオイル€9.50　2. 栗のクリームはパンに塗って。€7　3. おみやげの定番品、スノードーム€4

通りの向こうに
ドゥオーモ！

フィレンツェ
チヴィタ・
ディバニョ
レージョ
オルヴィエート
ローマ

オルヴィエートへのアクセス

オルヴィエートって
どんな町？

小高い丘の上にある町の起源は古く、古代エトルリア時代にまで遡る。中世に入ると侵略から逃れてやってきたローマ教皇が隠れ家として町は繁栄、今もその面影が色濃く残っている。

ローマTermini駅	フィレンツェS.M.Novella駅
鉄道R・RVで約1時間20分	鉄道ICで約1時間40分

Orvieto駅

↓ケーブルカーで約3分 ↓ミニバスA番で約4分

Piazza Cahen駅

※Orvieto Centraleまでチケットを購入すると旧市街までのケーブルカー、ミニバスのチケットが付いてくる。

ORVIETO

中世の町並みが残る
オルヴィエートに立ち寄り！

1. 中世にタイムスリップしたかのような風景
2. 町の中は思わず入りたくなる小道がいっぱい
3. ドゥオーモ広場にあるマウリツィオの塔
4. 夕日に照らされるサンタンドレア教会

ピエタ像も
あります！

チヴィタ・ディ・バニョレージョへ行くバスが発着するのがオルヴィエート。せっかくなら"世界一美しい丘の上の町"ともいわれる町を歩いてみたい。

オルヴィエートの
必訪スポットはこちら！

サン・ブリツィオ礼拝堂にはルカ・シニョレッリが描いたフレスコ画『最後の審判』が

ダンテの
肖像画も！

イタリア・ゴシック建築の大聖堂
ドゥオーモ（カテドラーレ）
Duomo/Cathedrale

1290年から3世紀にもわたり建設が続けられ、多くの建築家、彫刻家、画家、モザイク師が携わって完成された。ファサードにはきらびやかなモザイク画と大理石装飾が施されている。

Map 別冊P.30-A3 オルヴィエート

⬆Piazza del Duomo 26 ☎0763-342477
⏰4～9月9:30～19:00、11～2月9:30～17:00、3・10月9:30～18:00（チケット販売は閉館30分前まで） ⬛無休（宗教行事があるときは入場不可） 💰€5 🚃ケーブルカーPiazza Cahen駅から徒歩12分、ミニバスA番で約4分 🔗www.opsm.it

サラミとチーズの盛り合わせ€12（上）、ボルケッタのフォカッチャ€10（下／イートイン）

素材の味を大胆に生かして
ロステ・デル・レ
L' Oste del Re

ジビエや豚肉をよく使うウンブリア料理。おばあちゃんから受け継いだレシピと家のような温かみのある雰囲気でもてなしてくれる。

Map 別冊P.30-A3 オルヴィエート

🏠Via del Duomo 9 ☎0763-343 846 🕐10:00～15:00（金・土10:00 ～15:00、19:00～22:00）🈂水、7月に10日間、12/24～26 🈺€15 🈶望ましい 🌐英 📶無料 🚋ドゥオーモから徒歩3分 URL www.ostedelreorvieto.com

右上から時計回りに、イノシシ・ラグーのウンブリケッリ€12、トリュフのブルスケッタとソーセージ€8、豚の耳や鼻などをポルケッタの下に置いて焼いたチコット€14、ウンブリア・ロッソ€3／グラス

天空の村チヴィタ・ディ・バニョレージョへ

直径13m、深さ62mの巨大な井戸
サン・パトリツィオの井戸
Pozzo di San Patrizio

1527年、ローマ教皇クレメンス7世の命により建築家アントニオ・ダ・サンガッロが造った井戸。水を汲みに上り下りする道が互いに交わらないよう二重らせんになっている。

Map 別冊P.30-B2 オルヴィエート

🏠Viale Sangallo ☎0763-343768 🕐3・4・9・10月9:00～19:00、5～8月9:00～20:00、11～2月10:00～17:00（入場は閉館の30分前まで）🈂無休 🈺€5（学生・65歳以上3.50、チケットオフィスはPiazza Cahen駅隣）🚋ケーブルカーPiazza Cahen駅から徒歩3分

伝統工芸品をおみやげに
シルヴァーナ・チェラミケ
Silvana Ceramiche

50年以上歴史のあるマヨリカ焼き工房の直営店。緑色や人物の図柄はオルヴィエート、ドット&鳥はウンブリアの伝統的なスタイル。

使いやすいものばかりよ

Map 別冊P.30-A3 オルヴィエート

🏠Via del Duomo 19 ☎0763-343603 🕐9:30～17:30 🈂12/25 📷A.M.V. 🚋ドゥオーモから徒歩3分

1. 幸運のシンボル、フクロウの置物€7 2. 鳥の絵柄がかわいいオリーブオイル入れ€26 3. 女性の形をした置物€16.50 4. ぽってりとしたマグカップ€12 5. トレイタイプのカップ&ソーサーはエスプレッソ用。€23

木版でプリントしたキッチンクロス各€30

ハーブの香り高いリキュールが復活
ロルヴィエタン
L' Orvietan

1800年代に作られなくなってしまった薬草酒、オルヴィエタンを古い文献をひも解いて再現。ショップにはイタリア製の雑貨も置いている。

Map 別冊P.30-A3 オルヴィエート

🏠ショップVia del Duomo 74、工房Vicolo dei Dolci 6 ☎ショップ0763-341060、工房348-4124418 🕐ショップ10:00～19:00、工房見学は予約制 🈂12/15 🈺工房見学€15 📷A.M.V. 🚋ドゥオーモから徒歩1分 URL www.lorvietan.com

工房見学もできる！

3種のオリーブをブレンドしたオイル€7（上）、25種のハーブで作るオルヴィエタン€29

上から見るとこんな感じ

底辺から上をのぞいてみよう。階段は248段あるので身軽で行くのがおすすめ

オリーブの木のカッティングボード€25

オリーブの木のサラダサーバー€26

リビエラ海岸に点在する5つの村 チンクエテッレの美景に出合う！

イタリア北西部、リグーリア州の海岸沿いにあるチンクエテッレ。切り立った断崖に重なるように立つ家々。
厳しい自然と狭い土地だからこそ生まれた、世界遺産の町並みを見にいこう。

カラフルな
おうちね♪

MANAROLA
マナローラ
ワインの里として知られ、ブドウの段々畑が広がる。クリスマスには世界最大の光のプレゼピオ（キリストの誕生を表した物語）を見ることができる。

チンクエテッレってどういうところ？

「5つの村」という意味で、点在する5つの村の総称。1000年前に崖に村を造り始めたが、19世紀に鉄道が敷かれるまで陸の孤島だった。

5つの村を巡る

TOTAL 9時間

オススメ時間	10:00〜19:00
予算	€13〜

お役立ち情報
1日で5つの村を回ることは可能。ゆっくりしたければ宿泊がベター。11〜3月頃のオフシーズンは休む店が多い。

チンクエテッレ・トレノ MS・カード
ラ・スペツィア駅〜レヴァント駅間を結ぶ列車、バスが乗り放題、トレッキングコースの入場無料、チンクエテッレ公園内での交通、博物館への割引入場などができるカードは、駅構内の案内所で購入できる。1日券は€18.20、2日券€33（3月中旬〜11月初旬）。オフシーズンはハイキングコースが無料になるので列車乗車の際は切符を購入しよう。
URL www.parconazionale5terre.it

MONTEROSSO
モンテロッソ
チンクエテッレで最も大きな村。駅を出ると白砂のビーチが広がり、リゾートムードたっぷり。レストランやショップも多い。

VERNAZZA
ヴェルナッツァ
「チンクエテッレの真珠」ともいわれる美しい村。中世の雰囲気を残す町並みと港の先端に石の見張り台として立つ塔が残されている。

CORNIGLIA
コルニーリア
唯一海に面していない人口250人ほどの小さな村。海抜100mの岬の上に位置し、地中海を見下ろす絶景の展望台がある。駅からはバスがおすすめ。

RIOMAGGIORE
リオマッジョーレ
船着場からの眺めが美しい漁師の村は、海へ続く渓谷に張り付くように家が建てられている。かつては川が流れ「小ヴェネツィア」と呼ばれていた。

美しい村々を堪能するプラン

チンクエテッレを満喫するためのヒントはコチラ。短い時間でも思いっきり楽しんじゃおう！

チンクエテッレへのアクセス

フィレンツェS.M.Novella駅	ミラノ 中央駅
↓鉄道Rで 約2時間30分	↓鉄道ICで 約3時間10分

La Spezia Centrale駅
↓鉄道Rで ↓8〜24分

チンクエテッレ各駅

遊覧船で移動もできる！
復活祭から10月下旬には、ラ・スペツィアからポルトヴェーネレ、チンクエテッレの各村（コルニーリア以外）へ遊覧船が運航している。1日券€39、片道（乗り降り自由）€30など
URL www.navigazionegolfodeipoeti.it

---

1 青い海に癒やされたい！

夏はやっぱり海水浴！ 世界中から紺碧の海を求めて人々がやってくる。オフシーズンも風景と波音にリラックス。

TIPS
- 海水浴＋観光なら宿泊するのがおすすめ
- ビーチパラソルとチェアは€15ほどでレンタル可能
- 遊泳できる時期は5月中旬〜9月末くらい

ヨーロッパのリゾート地を体験しよう

モンテロッソ
チンクエテッレでビーチがあるのはモンテロッソだけ。シーズンになるとカラフルなパラソルが並ぶ

Blue ocean

この段々は人気なんです

マナローラ
地元っ子に交じってこんがり日焼けしたい

ヴェルナッツァ
岩場から海に飛び込んで遊んじゃおう！

Trekking

1時間半〜2時間くらい歩くよ

2 美景を眺めながらトレッキング

モンテロッソ ⟷ ヴェルナッツァ

海岸沿いを歩けるトレッキングルートは人気。今回はモンテロッソとヴェルナッツァを結ぶ「青の小道」をご紹介。

TIPS
- 1年中登れるが、夏は熱中症に注意
- 入場料は€7.50（チンクエテッレ・カードで無料になる）
- 急な斜面があるのでスニーカーやトレッキングシューズで
- ドリンクは必ず持っていこう

登山帰りの人もたくさん！

海岸沿いだけでなく緑のなかも進む

マナローラのビーチがブドウ畑の向こうに

ヴェルナッツァを望める絶景ポイントは入口すぐ。体力がなければここだけ見て帰ってもOK

③ 取れたてシーフードを堪能

海に面したチンクエテッレで食べたいのはやっぱり新鮮なシーフード。名物のカタクチイワシはマスト！

【リオマッジョーレ】
揚げたてを召しあがれ！
イル・ペスカート・クチナート
Il Pescato Cucinato

主人が漁で取ってきたばかりの魚をフライに。日によって内容は替わるが、カラッと揚がった魚は食べ応えのある大きさがうれしい。

Map 本誌P.47 リオマッジョーレ

- ♠ Via Colombo 199　☎339-2624815
- ⏰11:30〜20:30（売り切れ次第閉店）
- 休11月〜復活祭10日前　€6〜
- Card M.V.　予不要　英　英 Wi-Fi なし
- 交Riomaggiore駅から徒歩4分

1. 今日の魚、エビ、イカ、野菜などが入ったコーノ・ディ・フリット・ミスト€8（小）　2. たっぷりサイズの大サイズは€12

地元産のレモンをかけて食べてね

1. 蒸しタコのジャガイモとオリーブ添え€15　2. ひよこ豆、松の実と一緒に煮たイカ€13　3. カタクチイワシのハーブ焼き€12

【モンテロッソ】
地元ワインと合わせて食べたい
ロステリア　L'Osteria

この土地のものを楽しんでほしいと、リグーリアの食材を使った伝統料理を提供。シーフードは海の塩味を生かし、素材の味を引き出している。

Map 本誌P.47 モンテロッソ

- ♠ Via Vittorio Emanuele 5　☎0187-819224　⏰12:00〜14:30、19:00〜21:30　休月、2月　€25〜　Card M.V.
- 予望ましい　英　英 Wi-Fi なし
- 交Monterosso駅から徒歩12分

---

④ 人気の絶景レストランへ！

海を望みながらの食事はこの場所だからこそできること。料理がさらにおいしく感じられるはず。

眺めと料理どちらも最高だね

【マナローラ】
カラフルな町と海を見下ろす
ネッスン・ドルマ
Nessun Dorma

崖に立つテラスバー。音楽好きのオーナーがかけるオペラや懐メロと波の音がハーモニーになって、くつろぎの空間を演出している。

Map 本誌P.47 マナローラ

- ♠ Località Punta Bonfiglio
- ☎340-8884133
- ⏰16:00〜21:00
- 休火、冬季、悪天候の場合
- €20〜　Card A.M.V.
- 予不要
- 英　英 Wi-Fi なし
- URL www.nessundormacinqueterre.com

ペースト作りの体験クラスもあるよ

【ヴェルナッツァ】
海にせり出した塔から絶景を
リストランテ・ベルフォルテ
Ristorante Belforte

テラス席からの眺めを求めてリピーターがやってくる。自慢は地元の食材を使った料理と大統領にも振る舞ったジェノヴェーゼ・ペースト。

Map 本誌P.47 ヴェルナッツァ

- ♠ Via Guidoni 42　☎0187-812222
- ⏰12:00〜15:00、19:00〜22:00　休火、冬季　€40〜　Card A.M.V.　予望ましい
- 英　Wi-Fi 無料　交Vernazza駅から徒歩3分
- URL www.ristorantebelforte.it　リストランテ・イル・ガンベロ・ロッソ（Piazza Marconi）

1. ジェノヴェーゼのパスタ€15　2. イカスミのタリオリーニ€17　3. ゆでたエビとロブスターは野菜やフルーツと一緒に。€36

ブルスケッタ2種€14、リモンチーノとアペロールのスプリッツ各€8

seascape

チンクエテッレ全体図

⊗……この区間、現在通行止め
……FS線

モンテロッソ・アル・マーレ
Monterosso al Mare

S カンティーナ・ドゥ・シャッケトラ P.47
R ロステリア P.46

ヴェルナッツァ駅
Staz. Vernazza

遊歩道
トレッキングコース

コルニーリア駅
Staz. Corniglia

マナローラ駅
Staz. Manarola

リオ マッジョーレ駅
Staz. Riomaggiore

コローネ港
P.ta Corone

モンテロッソ駅
Staz. Monterosso

ヴェルナッツァ
Vernazza

Spiaggia di Guvano

コルニーリア
Corniglia

愛の小道
2023年10月現在、大部分閉鎖中

イル・ベスカート・クチナート P.46

リストランテ・ベルフォルテ P.46

アルベルト・ジェラテリア P.47

マナローラ
Manarola

Via dell'Amore

リオ マッジョーレ
Riomaggiore

ネッスンドルマ P.46

リオ・マッジョーレ

0 0.5 1km

レヴァントへ
Levanto

チンクエテッレ
Area Marina Protetta delle Cinque Terre

ラ・スペツィアへ
La Spezia

5

フレッシュジェラートでひと休み

坂が多いチンクエテッレの観光は休憩スポットもチェックしておこう。イタリアといえばやっぱりジェラート！

グラニータやアイスバーもあるよ

1. 果汁と水、砂糖だけで作るレモン€2　2. オリーブオイルをかけて食べるバジル€2　3. ミルクとハチミツのジェラート€2

Gelato

コルニーリア
天然素材だけで作るジェラート

アルベルト・ジェラテリア
Alberto Gelateria

新鮮な素材を使っているからこそできるなめらかなジェラート。20種ほどあるフレーバーは誰もが好きな定番とリグーリアらしいもの。

Map 本誌P.47 コルニーリア

🏠 Via Fieschi 74　☎366-7177602　🕘9:00〜20:00(金〜23:00)　🈺冬季　Card€3〜　Card D.M.V.
予不要　WiFiなし　交Corniglia駅からバスでComiglia バス停下車、徒歩1分

6

地元食材をゲット

おいしいものが多いチンクエテッレで買いたいのはこちら。やっぱりジェノベーゼははずせない！

ワインやカフェが飲めるよ

1. タジャスカ・オリーブ　2. オリーブオイル　3. レモンのリキュール、リモンチーノ　4. 塩漬けのカタクチイワシ　5. ジェノヴェーゼ・ペーストに合うパスタ、トロフィエ　6. 白ワイン、チンクエテッレ　7. ジェノヴェーゼ・ペースト

モンテロッソ
良質でおいしいものをセレクト

カンティーナ・ドゥ・シャッケトラ
Cantina du Sciacchetrà

チンクエテッレの商品を中心にリグーリア州のものを扱う食材＆みやげ店。バールにもなっているので休憩にも利用できる。

Map 本誌P.47 モンテロッソ

🏠 Via Roma 7　☎0187-802583
🕘9:00〜19:00　🈺12〜2月（不定休あり）
料€1〜　Card A.D.J.M.V.　予不要　映
WiFi無料　交Monterosso駅から徒歩12分　URL www.cantinadusciacchetra.it

Foods

47

プチ
ぼうけん
8

美しい風景と本場のピッツァを求めて
陽光あふれる港町ナポリへGO！

ナポリの魅力は、陽気な人々とこの美しい眺望。
そして、忘れてはいけないのがピッツァ！　ナポリ発祥のマルゲリータはマストです。

napoli

"ナポリを見て死ね"の
絶景ポイントはふたつ！

有名なことわざにもあるとおり、ナポリ
の美景を見ずには帰れない！　ナポリ湾
一帯の美しさを望める2大スポットを教
えちゃいます。

これが
ナポリね！

夕暮れや夜はロマンティ
ックな景色を楽しめる

ナポリの町を見下ろそう
サントントニオのテラス　Terrazza Sant'Antonio

ポジリポの丘の中腹にあるサントント二オ教会
の展望テラス。目の前にはナポリ湾が広がり、
卵城、奥にヴェスーヴィオ山がそびえる。

Map 別冊P.31-D3　ポジリポ

⌂ Via Minucio Felice　⊕24時
間　㊡無休　㊎無料　㊍ケーブル
カーMergellina線Sant'Antonio駅
から徒歩12分

Must See Spots
ナポリの観光スポット

ナポリの聖人を祀る
ドゥオーモ　Duomo

13世紀末から14世紀初頭に
建てられた大聖堂。年に3回、
小瓶の中の聖ジェンナーロの
血液が液体化する奇跡が見ら
れるという。

ゴシック様式
の聖ジェンナ
ーロ礼拝堂

Map 別冊P.31-C1　スパッカ・ナポリ

⌂ Via Duomo 147　☎081-449097　⊕ドゥ
オーモ8:30～19:30、聖ジェンナーロ礼拝堂9:30
～13:00、14:30～18:00（月・土9:30～
13:00、15:00～18:00、日・祝9:00～13:00、
14:30～18:00、入場は閉館30分前まで）、宝
物殿9:00～18:00（入場は閉館1時間前まで）
㊡無休　㊎無料（宝物殿€12）　㊍M1号線Duomo駅から徒歩8分

豪華絢爛なブルボン家の王宮
王宮　Palazzo Reale

17世紀にスペイン国王の
居城として建てられた
が、国王は一度も訪れる
ことなく、1734年にブ
ルボン家の王宮としてバ
ロック式に改築された。

Map 別冊P.31-D2　サンタ・ルチア

⌂ Piazza del Plebiscito 1
☎081-5808255　⊕9:00～
20:00（入場は19:00まで）
㊡水、1/1、12/25　㊎€11
㊍M1号線Municipio駅から徒歩
10分、ナポリ中央駅からR2バス
でSan Carloバス停下車すぐ
URL palazzorealedinapoli.org

現在は
博物館に
なっている

48

ナポリの絶景を見る

オススメ時間	13:00〜15:00	予算	€3

☆夜景もステキ！
ナポリは函館、香港とともに「世界3大夜景」に数えられる美しさ。見にいく場合は夜の外出になるので十分な注意を。

ナポリへのアクセス

ローマ
ナポリ

ローマTermini駅
↓ 鉄道FR、FAで
↓ 約1時間10分
ナポリ中央駅

びゅんびゅ〜ん！

ナポリってどんな町？
古代から歴史的栄華跡が残る南イタリア最大の都市。「ナポリの歴史地区」として世界遺産にも登録されているエリア。スパッカ・ナポリのように雑多で下町情緒あふれるエリアも魅力。

陽光あふれる港町ナポリへGO！

海にせり出した古い城
卵城 Castel dell'Ovo
12世紀にノルマン朝が建てた城で後にアンジュー家の王の住居に。基礎に埋めた卵が割れるとき城も町も滅びるという伝説がその名の由来。

Map 別冊P.31-D2 サンタ・ルチア
⌂Via Eldorado 3 ☎081-7954593 ◐夏季9:00〜19:30、冬季9:00〜18:30（日・祝〜14:00、入場は閉館30分前まで）休無休 料無料 交王宮から15分
※2023年10月現在、改修のため閉鎖中

卵城の屋上から眺める風景は最高！ 雄大なヴェスーヴィオ山が目の前に

要塞という歴史もある卵城。屋上には大砲が並んでいる

お散歩途中で絶景を

カフェもあるにゃ〜

卵城近くのVia Nazario Sauroからもヴェスーヴィオ山が望める

Map 別冊P.31-D2 ⓐ

ヴェスーヴィオ山！

カプリ島を一望することもできちゃう

カラカラ浴場から発掘されたよ

柑橘系の木も植えられている

神秘的なキリスト像は必見
サンセヴェーロ礼拝堂
Museo Cappella Sansevero

Map 別冊P.31-C2
スパッカ・ナポリ

16世紀に建てられた小さな礼拝堂。その中央にあるのが薄いベールまで表現した彫刻「ベールに包まれたキリスト」。

©Regione Campania

大理石の彫刻とは思えない！

⌂Via Francesco De Sanctis 19/21 ☎081-5518470 ◐9:00〜19:00（入場は閉館30分前まで）休火 料€10（10〜25歳€7、10歳未満無料）交M1号線Dante駅から徒歩7分 URLwww.museosansevero.it

南イタリアらしい美しい回廊
サンタ・キアーラ教会
Santa Chiara

1310年に建てられたナポリで最も大きなゴシック様式の教会。併設の修道院にはマヨリカ焼のタイルとフレスコ画で装飾された回廊がある。

Map 別冊P.31-C2 スパッカ・ナポリ

⌂Via Santa Chiara 49/C ☎081-5516673 ◐教会8:00〜12:45、16:30〜20:00（日・祝9:00〜12:45、16:30〜20:00、入場は閉館30分前まで）、キオストロ9:30〜17:30（日・祝10:00〜14:30、入場は閉館30分前まで）休無休 料€6 交M1号線Dante駅から徒歩7分 URLwww.monasterodisantachiara.it

貴重な芸術品の数々が見られる
国立考古学博物館
Museo Archeologico Nazionale

Map 別冊P.31-C2
スパッカ・ナポリ

ファルネーゼ・コレクションと呼ばれる古代ギリシア・ローマ時代の彫刻やポンペイ遺跡から発掘されたモザイク、絵画などを展示している。

⌂Piazza Museo 19 ☎081-4422149 ◐9:00〜19:30（6/6〜8/1の木〜23:00）休火、1/1、12/25 料€22（2日間有効）交M1号線Museo駅からすぐ、2号線Cavour駅から徒歩8分 URLwww.museoarcheologiconapoli.it

62〜79年頃のポンペイの絵画だよ

マルゲリータ
食べたい!

行列嫌いなイタリア人が並んででも食べたいピッツァとは?

ナポリピッツァといってもお店によって味が違う。昔ながらの店が軒を連ねるスパッカ・ナポリで評判のピッツァを食べ比べてみては?

ナポリピッツァとは?
手でのばして作る生地は、ローマピッツァよりも厚くてモチモチ。縁が盛り上がっているのも特徴。定番のマルゲリータは、イタリア王妃の名前に由来している。

立ち食い用のミニサイズもある

イタリアカップで1位に輝いたマルゲリータ・カンパーニア・フェリックス €9

クリントン元大統領も食べた味
ディ・マッテオ Di Matteo

家族の伝統を受け継いだピッツァはどれも素材の味をしっかり感じられる。マルゲリータの種類が豊富で、さまざまな具材を合わせたものも。

Map 別冊P.31-C1 スパッカ・ナポリ

🏠 Via dei Tribunali 94 ☎081-455262
🕐10:00〜23:30(7月下旬〜8月下旬は11:00〜15:30、19:00〜23:00) 🈺日、1/1、8/15、12/25・26 💰€6.50〜 Card A.M.V. 👔不可 🚭 WiFiなし 🚇M1号線Dante駅から徒歩10分 URL anticapizzeriadimatteo.it

ピッツァ職人一家の4代目だよ

ミルキーなリコッタチーズを包んだリピエーノ・ワールド・カップ €9

ビオトマトのソースとバジル、モッツァレラのマルゲリッタ €5.50

バジルペーストにトマト、モッツァレラがのったノンナ・カロリーナ €8

開店前から待つ人がいっぱい

イタリア全土の良質素材で作る
ソルビッロ Sorbillo

1935年創業のこちらのピッツァは大きいうえに生地が厚くボリューム満点。ビオの小麦粉、トマト、オイルを使うなど素材にもこだわる。

Map 別冊P.31-C2 スパッカ・ナポリ

🏠 Via dei Tribunali 32 ☎081-446643
🕐12:00〜15:30、19:00〜23:30 🈺日、8月に20日間 💰€15〜 Card A.D.J.M.V. 👔不可 🚭 WiFi無料 🚇M1号線Dante駅から徒歩7分 URL www.sorbillo.it 🏠Via Partenope店ほか

ナポリは
エスプレッソの聖地！

ナポリには、味、楽しみ方など、独自のコーヒー文化がある。本場ならではのコーヒーを味わってみよう。

砂糖は自分で入れてね

陽光あふれる港町ナポリへGO！

Neapolitan coffee
これがナポリ流

おいしいエスプレッソはこちらで

● 長時間焙煎するダークローストなので味が強く、深みが出る
● 砂糖を入れて飲むのが一般的で、あらかじめ砂糖が入っているお店が多い

レバー式の高圧マシンを使うため、より濃厚でクリーミーに

おいしさを感じられるよう、先に水を飲んで口の中をきれいにする

カップを冷まさ、唇でコーヒーを感じるために縁にコーヒーを付けて飲む

ナポリ流をめしあがれ！

A 気品ある雰囲気が漂う
ガンブリヌス Gambrinus

作家や政治家なども通う歴史あるカフェ。ゆっくりおしゃべりを楽しみながら飲む、ナポリのコーヒー文化を伝えている。

カフェ€1.40（カウンター）、€4.50（テーブル）

Map 別冊 P.31-D2 サンタ・ルチア

⌂ Via Chiaia 1/2 ☎081-417582
🕐7:00〜翌1:00 休12/24夜
¥€2〜 Card A.D.J.M.V. 喫煙×
WiFi無料 王宮から徒歩1分
URL www.grancaffegambrinus.com

B 早朝からにぎわう人気の店
バール・メッシコ Bar Mexico

1日2000〜3500杯のコーヒーが出るという地元密着型バール。カフェは苦味の強いアレムと濃厚なモアナの2種類がある。

Map 別冊 P.31-C1 ナポリ中央駅周辺

⌂ Piazza Giuseppe Garibaldi 70/71/72 ☎081-283121
🕐5:30〜20:30 休不可 ¥€1.20〜
Card M.V. 喫煙× WiFi無料 ナポリ中央駅からすぐ

カフェ・モアナ€1.20（左）とカフェ・アレム€1.30（右）

HAREM'S
キュートな缶入りのコーヒー€6.60

一緒に食べたい ナポリの名物スイーツ

ババ *Babà*

ラム酒シロップを染み込ませたブリオッシュ。€2.50（カウンター）、€5（テーブル）

A

ボクも大好きだよ

スフォリアテッラ *Sfogliatella*

何層にも重ねて焼いたパイの中はリコッタチーズのクリーム。€2

B

ナポリの伝統工芸品

王冠が付いたクラシックタイプ。€15

いいエネルギーを巻き込むスパイラル。€8

男女、友人などの結びつきを強くする2輪のバラ。€10

赤よりもパワーのある黒。€5

母娘で手作りするお守り
コスモス Cosmos

壊れたときに自分を守ってくれる素焼きのコルノはナポリの伝統的なお守り。写真の儀式を行ってから相手に贈るのだそう。

Map 別冊 P.31-C2 スパッカ・ナポリ

⌂ Via San Gregorio Armeno 5 ☎081-19351165 🕐10:30〜19:30（日〜14:30）
休無休 Card A.M.V. M1号線Dante駅から徒歩10分 URL cosmosangregorioarmeno.com

コルノの儀式

 ➡

友達同士で贈り合って

贈る相手の左の手のひらの中央にコルノの先端を当てる

コルノを強く握らせる

🐦 *Hotel in Napoli*

1. ポンペイの赤をイメージした客室　2. レストランのテラス席はロマンティックな雰囲気　3. ビュッフェスタイルの朝食は充実の内容

中央駅からほど近い好立地
ウナ・ホテル・ナポリ
UNA Hotel Napoli

1800年代の建物を改装した6階建てのホテル。モダンなインテリアは、ナポリのシンボル的な道化師のプルチネッラの装飾や凝灰岩を生かした壁など、ナポリらしい個性にあふれている。

Map 別冊 P.31-C1 ナポリ中央駅周辺

⌂ Piazza Garibaldi 9/10 ☎081-5636901
FAX 081-5636972 クラシック・ダブル・ルーム€102〜 Card A.D.J.M.V. 喫煙×
室89 WiFi無料 ナポリ中央駅から徒歩7分
URL www.unahotels.it

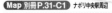

※ひとりの場合は€0.50でスタッフがやってくれる

運次第!? でも一生に一度は見たい！ カプリ島「青の洞窟」徹底攻略ナビ

世界中からその美しさを見ようと人々が訪れる青の洞窟。
でも、中に入れるかは海の状況次第なので、行ってみないとわからない。
そんな希少な体験だからこそ、見てみたいという思いは募るばかり。

青の洞窟に入る | TOTAL 1時間〜

オススメ時間 9:00〜10:00 予算 €27〜

ベストシーズンは？
晴れていても波が高いなどの条件によって入れないこともある。入れる確率が高いのは5〜8月頃。夏のほうが日差しが強いので鮮やかな青に。

美しさに感動必至！ 神秘の輝きを放つ青の洞窟へ

古代ローマ時代には皇帝をも魅了してきたという青の洞窟。暗い洞窟に青い輝きが広がるその光景は、息をのむほどの美しさ。

Grotta Azzurra

自然の造り出した奇跡
青の洞窟 Grotta Azzurra

太陽の光が水中の穴から洞窟内に入り、石灰を多く含んだ白い海底に反射するため海が青く見えるのだという。午前中がキレイでおすすめ！

Map 本誌P.52 アナカプリ

⏰4〜10月9:00〜17:00、11〜3月9:00〜14:00 🚫1/1、12/25、悪天候、波の高い日 💰洞窟入場料＋小舟€18（洞窟へのボート、バス代別途）🚇マリーナ・グランデから洞窟までボートで15分

手ブレせずに写真を撮るのは至難の業。滞在時間が短いのでしっかりと目に焼き付けて

カプリ島へのアクセス

ナポリ（ベヴェレッロ港）
↓ フェリーで約1時間20分
カプリ島（マリーナ・グランデ）

ナポリ
カプリ島

カプリ島

青の洞窟 P.52
Grotta Azzurra

アナカプリ地区
Anacapri

カプリ行き
アナカプリ行き
リフト
Seggiovia

マリーナ・グランデ
Marina Grande
ケーブルカー

カプリ地区
Capri
右図

ソラーロ山 P.54
Monte Solaro

ティレニア海
Mar Tirreno

N 1km

カプリ地区

ケーブルカー
Funicolare

Via Marina Grande
Via Sopramonte

P.54 ウンベルト1世広場
P.za Umberto I

Via Botteghe Via Fuorlovado Via Croce

リストランテ・ブーカ・ディ・バッコ P.55
S.Stefano
ラッファエッレ・ブォノコーレ P.55
Pal. Cerio
ダ・ジェンマ

Via Roma
Via Camerelle

カルトゥージア・イ・プロフーミ・ディ・カプリ P.55

Via Serena

イル・ジェラニオ
ヴィラ・クルップ

サン・ジャコモ修道院
Certosa di S.Giacomo

il Castiglione
Belvedere Cannone

アウグスト公園 P.54
Giardini di Augusto

Grotta d.Arsenale

Via Krupp

N 150m

陸路では階段に並んで小舟を待つ

1周クルーズならこんなにきれいな海にも行ける

青の洞窟へのアクセス方法

コース	料金&所要時間	メリット	デメリット
1 マリーナ・グランデ⇔青の洞窟単純往復	€21 約1時間	島1周クルーズへの参加者が多いので、比較的すいている	1周クルーズと同じ料金なのでやや割高
2 マリーナ・グランデからカプリ島1周クルーズ	€21 約2時間	緑の洞窟、ファラリオーニの岩島群など、ほかのスポットも見られる	単純往復に比べて参加者が多いので、洞窟に入るまでの待ち時間が長い
3 陸路（アナカプリからバス）	€8.80（1回券×4）約2時間20分	ボートの上で待たないので、船酔いしない	マリーナ・グランデからアナカプリまでバスで行き（約25分）、洞窟行きに乗り換える（約20分）ため時間がかかる
4 チャーターボートでカプリ島1周	1隻€200〜（ボートによって異なる）約2時間	時間や混雑を気にせずに行ける。青の洞窟以外のスポットも見られる	貸し切りのため料金が高い
5 ローマまたはナポリから日帰りツアー	€216〜（ローマ発）€192〜（ナポリ発）半日	バスやフェリーなどを個人で手配しなくていいのでラクチン！	ローマ、またはナポリ発のツアーのため料金が高い

※別途入場料が必要。所要時間は混み具合によって異なる。夏季はかなり混むので注意。

コース **1** を体験してみました！

1 チケットを買ってボートに乗り込む

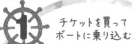

マリーナ・グランデにあるチケット売り場でチケットを購入してボートに乗ろう。単純往復か1周クルーズかを選ぶことができる。

この看板を目印にして

2 洞窟へ向かって出発

20〜30人ほどが乗れるボートは、人数が揃い次第出発して洞窟に向かう。カプリ島を眺めながらひとときのクルーズ気分を味わって。

カプリ島の美しい眺めを楽しもう！

3 小舟に乗り換える

洞窟は入口が狭いので、4〜5人乗りの小さな舟に乗り換える。ここで船頭に洞窟の入場料を渡そう。ハイシーズンには2〜3時間待つことも。

洞窟の前には小舟がいっぱい待機している

4 いよいよ洞窟へ

洞窟に入るときは、頭をぶつけないように下げるか仰向けに。5分ほど洞窟内を回ったら外へ出る。再びボートに戻りマリーナ・グランデへ。

みんな、ココで仰向けだ！

小さな手漕ぎの舟で洞窟へ。中に入ると美しい青の世界が広がっている！

誰よりも楽しむコツ！

- ☐ 比較的観光客が少ない朝イチを狙おう
- ☐ 小舟がぬれていたり、洞窟に入る際に仰向けになるので、汚れてもいい服装で。荷物は少なめにしよう
- ☐ 小舟に乗り換えるまで、停泊した船で長時間待つことも。酔いやすい人は酔い止めを飲んでおこう
- ☐ ナポリから行く人は、フェリー内でトイレを済ませておこう
- ☐ 夏場は日差しが強いのでひ日対策を忘れずに
- ☐ 小舟の船頭さんにはチップ（€1程度）を渡すのが慣例。小銭を用意しておこう

まだまだあるカプリ島の 美景と美食を楽しもう

青の洞窟だけがカプリ島じゃない！ きらめく青い海を見下ろしたり、カプリの味や香りを堪能するのもこの島の過ごし方。

「小広場」の愛称で親しまれる
ウンベルト1世広場
Piazza Umberto I

サント・ステファノ教会、時計台、カフェに囲まれた、カプリ地区の中心となる広場。時計台の1階には観光案内所がある。

Map 本誌P.52 カプリ

🔺Piazza Umberto I 🚋マリーナ・グランデからケーブルカーで3分、カプリ行きバス終点からすぐ

1. 海を見渡せるバルコニーがある 2. 眼下には青い空、青い海が広がる 3. カフェのテラス席でゆっくりするのもいい

すてきな眺めだよ

1. 青い海と切り立った岩肌の眺め 2. 往復のリフトからも絶景を楽しもう 3. 遠くにファラリオーニの岩島群も

360度の大パノラマが広がる
ソラーロ山
Monte Solaro

カプリ島で最も高い589mのソラーロ山。頂上の展望台からはカプリの町、ソレント半島やナポリ湾の美しい景色が望める。

Map 本誌P.52 アナカプリ

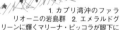

🔺リフト乗り場Via Caposcuro 10 ☎081-8371428 🕐3・4月9:30～16:30、5～10月9:30～17:30、11～2月9:30～15:30 🈺無休 🈹片道€11、往復€14 🚌マリーナ・グランデからアナカプリ行きバスでPiazza Vittoria下車。山頂へはリフトで約15分

1. カプリ湾沖のファラリオーニの岩島群 2. エメラルドグリーンに輝くマリーナ・ピッコラが眼下に

19世紀末に造られた美しい庭園
アウグスト公園
Giardini di Augusto

ドイツの実業家フリードリッヒ・アウグスト・クルップによって造られた庭園。色とりどりの花が咲く庭園や海を望むよう設計されたテラスがある。

Map 本誌P.52 カプリ

🔺Via Matteotti 🕐4～10月9:00～20:00、11～3月10:00～17:00 🈺無休 🈹€1.50 🚶ウンベルト1世広場から徒歩7分

カプリ島「青の洞窟」徹底攻略ナビ

食事なら

心地いい空間でいただくカプリの味
リストランテ・ブーカ・ディ・バッコ
Ristorante Buca di Bacco

カプリの家庭料理を大切にしつつイタリア全土の料理を取り入れたメニューはどれも優しい味わい。カンパーニアのワインといただきたい。

Map 本誌P.52 カプリ

⌂ Via Longano 35　☎081-8370723
🕐12:00～15:00,19:00～23:00　🈺月、冬季
💰€35～　**Card** A.M.V.　🈂望ましい　🈎
📶無料　🚶ウンベルト1世広場から徒歩2分

1. オレンジ、レモン、アーモンドがのった魚のグリル€19　2. トマトソースのラヴィオリ€15　3. 美しい景色を眺めながら食事を

スイーツなら

カプリっ子に愛されて50年
ラッファエッレ・ブォノコーレ
Raffaelle Buonocore

Map 本誌P.52 カプリ

陽気なオーナー家族が営む店は、地元の人にも観光客にも人気。カプリ島の伝統菓子やオリジナル菓子、ジェラートを扱っている。

1. 生クリームとジェラートをのせたケーキ、カプレゼーナ€6
2. カフェ・マキアート€1.80
3. アーモンドトースト×ヌテッラ入りバニラジェラート€5

ジェラートはテイクアウトよ

⌂ Via Vittorio Emanuele 35
☎081-8377826　🕐8:00～23:00
💰€5～　**Card** M.V. (€20～)
🈂不要　🈎　📶なし　🚶ウンベルト1世広場から徒歩1分
🔗buonocorecapri.it

マンダリンとレモンのソープ

ソープ

おみやげなら

カプリ島を思い出せる香りを
カルトゥージア・イ・プロフーミ・ディ・カプリ
Carthusia I Profumi di Capri

サン・ジャコモ修道院の伝統の香水のレシピを受け継ぐ店。レモンや花などカプリ島や南イタリアの原料を使用し店内ラボで作っている。

Map 本誌P.52 カプリ

⌂ Viale Matteotti 2/D
☎081-8375393
🕐8:30～20:00 (土・日9:30～21:30)　🈺不定休　**Card** A.D.J.M.V.
🚶ウンベルト1世広場から徒歩6分　🔗www.carthusia.it　⌂Via Federico Serena店ほか

ここで作ってます！

人気アイテムBEST3

1
香水
13種の香りがあるオードトワレ€70 (50㎖)

2
ルームフレグランス
ほんのりと甘さを感じる「カプリ島の花」€28

3
ソープ
マンダリンとレモンのソープ

ビターオレンジの香り「珊瑚」のボディソープ€27

レモン、オレンジの花などのリップバーム

グリーンティーの香り「地中海」のハンドクリーム€14

人気の香りは、Mediterraneo (地中海)、Fiori di Capri (カプリの花)、Corallium (珊瑚)

55

レモン香る憧れの絶景リゾート！
ポジターノ&アマルフィで極上リラックス

世界一美しい海岸線のひとつといわれるアマルフィ海岸は、
ナポリから2時間半ほどで行けるイタリア屈指のリゾート地。
美しい景色と名物のレモンを堪能しに1dayトリップはいかが？

Positano

View Point

via Cristoforo Colomboから

Map 本誌P.57-(a)

海、斜面に並ぶ家々、
教会のクーポラと、
これぞポジターノ
な風景

断崖絶壁にカラフルな家々！
美しい海岸線を見にポジターノへ

紺碧の海と色とりどりの建物が織り成す風光
明媚な景観が人気のポジターノ。さまざまな
角度からその美しさを楽しんじゃおう！

ステキな
眺めね♪

絶景スポットを巡る

TOTAL 4時間

オススメ
時間 14:00〜
18:00

予算 €0

💡**お役立ち情報**
ポジターノ、アマルフィへの道は海岸線
を通るためかなりくねくね。乗り物酔い
しやすい人は酔い止めを飲んでおこう。

View Point

フェリーから

Map 本誌P.57-(b)

カプリ島からフェリーで
やってくると町の全景を
見渡すことができる

View Point

via Marina Grandeから

Map 本誌P.57-(c)

ビーチ沿いの通りから町
を見上げる。夏はビーチ
いっぱいにパラソルが

View Point

夏は観光客
でいっぱい
になるよ

viale Positeaから

Map 本誌P.57-(d)

弧を描く海岸線と小さな
家が肩を寄せ合っている
ポジターノらしい風景

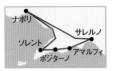

ナポリ
ソレント
ポジターノ
サレルノ
アマルフィ

プチ ぼうけん10

ポジターノ＆アマルフィで極上リラックス

ポジターノへのアクセス

ナポリ中央駅	Napoli Galibardi駅
↓FR、FBで ↓約40分	↓ヴェスーヴィオ周遊 ↓鉄道で約1時間5分
Salerno駅	Sorrento駅
↓SITA社バスで ↓約1時間45分 ↓（アマルフィ乗り換え）	↓SITA社バスで ↓40〜50分

Spondaバス停、または、Chiesa Nuovaバス停

ポジターノ

N 0 200m

オールウェイズ・ポジターノ P.57

Chiesa Nuova
市庁舎・
Municipio

サンタ・マリア・アッスンタ教会 P.57
S. Maria Assunta

Viale Pasitea

砂浜
Spiaggia Grande

見晴らし台
Belvedere

Sponda

Fornillo

アマルフィ、
カプリ島行き
船着場

塔
Torre

ティレニア海
Mar Tirreno

Spiaggia Fornillo

観光
スポットは
ココ！

美しいクーポラは町のシンボル
サンタ・マリア・アッスンタ教会
Santa Maria Assunta

幾何学模様のマヨリカ焼のクーポラが印象的な教会。主祭壇には13世紀のビザンチン風の板絵の黒聖母が飾られている。

Map 本誌P.57 ポジターノ

リゾート
ファッション
もかわいい

🏠 Piazza Flavio Gioia 1
☎089-875480 ⊙9:30〜
12:00、16:00〜20:00
休無休 料無料 交Sponda
バス停から徒歩10分

キュートな陶器をおみやげに
オールウェイズ・ポジターノ
Always Positano

ポジターノの町や海をモチーフにしたマヨリカ焼のショップ。熟練の職人の手でていねいに作られた陶器は、モチーフは同じでも一つひとつ異なる。あなただけのアイテムを探して。

Map 本誌P.57 ポジターノ

🏠Via Cristoforo Colombo 5 ☎338-
1610107 ⊙10:00〜21:00 休12〜
2月 Card M.V. 交Spondaバス停から徒
歩6分 URLpositanoalways.com

仲間を
いっぱい
連れて帰って！

色違いで並べて壁
に飾りたいイワシ
各€12（小）

魚のウロコがアップ
になったユニークな
プレート€24

魚の群れが泳ぐ
絵柄のボトルは
ブルーがさわや
か。€120

町のシンボル、ドゥオ
ーモが描かれたマグカ
ップ€20

愛くるしいマーメイドの頭
には多肉植物を入れて。€85

ビタミンCを徹底補給！ アマルフィでレモン尽くし

アマルフィの特産は、南イタリアの太陽を浴びたジューシーで甘味の強い大きなレモン。そんなレモンをたっぷり使った品々を味わおう。

レモンの皮を加えたエビのタリオリーニ

グリーンピースソースでいただくイカのソテー

スフォート・アマルフィターノというレモンを

大きなレモンね！

レモンを使うのがアマルフィの味

ローカルの素材をおいしく調理
タヴェルナ・ブォンヴィチーノ
Taverna Buonvicino

海と山のものをほどよく組み合わせるのがエンツァさん流の料理。地産地消を心がけ、100％カンパーニア州の食材で作っているという。

スフォリアテッラ・サンタ・ローザ €3（カウンター）、€5.50（テーブル）

レモンの砂糖漬け€70/kg

Map 本誌P.59 アマルフィ

⌂Largo Santa Maria Maggiore 1-3 ☎089-8736385 ⏰12:00〜 L.O.14:30、18:30〜L.O.22:00 休冬季 ¥€35〜 Card M.V. 服望ましい 英 映× WiFiなし 交ドゥオーモから徒歩2分 URL www.tavernabuonvicino.it

この土地の食材を愛してるのよ

クラシックなパスティッチェリア
パンサ Pansa

1830年創業の老舗。デリツィア・アル・リモーネをはじめ、地元農園のレモンを使った伝統のアマルフィスイーツをいただける。

Map 本誌P.59 アマルフィ

⌂Piazza Duomo 40 ☎089-871065 ⏰7:30〜23:00 休11月の火、1月第2週〜2月第1週 ¥€8〜 Card A.J.M.V. 服不要 英 映× WiFi無料 交ドゥオーモからすぐ URL www.pasticceriapansa.it

レモンクリームがたっぷり入ったケーキ、デリツィア・アル・リモーネ€3.50（カウンター）、€5.50（テーブル）とフレッシュレモンジュース€3.50（カウンター）、€5（テーブル）

ポジターノ&アマルフィで極上リラックス

レモングルメを食べよう

TOTAL 2時間

オススメ時間　10:00〜 15:00　予算 €50

これもアマルフィの特産品
木綿の繊維を石臼ですりつぶし型に流し込んで作るアマルフィの手すき紙。かつては多くあった工房も今では1軒が残るのみ。

アマルフィ

紙の博物館へ↑

S.Maria Addolorata
T.re dello Zirro
タヴェルナ・フォンヴィチーノ P.58
アンティーキ・サポーリ・ダマルフィ S P.59
天国の回廊 Chiostro d. Paradiso P.59
ドゥオーモ広場 P.za Duomo
ドゥオーモ P.59 Duomo
サンタンドレア C
バンサ P.58
市庁舎(市立博物館) Municipio(Museo civico)
ラ・カラヴェッラ R
P.za F.Gioia
マリーナ・グランデ Rep Marinare
ルナ・コンヴェント H
Via M.Camera Cavalieri
古代造船所跡 Antichi Arsenali
アマルフィの塔 T.re di Amalfi
ラ・ブッソラ
サレルノ、ポジターノ、カプリ島行き船着場
ロ・スメラルディーノ R
港 Porto

ティレニア海 Mar Tirreno

N 0 200m

アマルフィへのアクセス

ナポリ
ソレント
ポジターノ
サレルノ
アマルフィ

ナポリ中央駅	ナポリ中央駅	Napoli Galibardi駅
↓SITA社バスで 約2時間	↓FR、FBで 約40分	↓ヴェスーヴィオ周遊鉄道で約1時間5分
Piazza Flavio Gioiaバス停	Salerno駅	Sorrento駅
	↓SITA社バスで 約1時間15分	↓SITA社バスで 約1時間40分
	Piazza Flavio Gioiaバス停	

観光スポットはココ!

レモンの味をしっかり感じられるリモンチェッロ€15

€20

€7

ボトルはバリエ豊富!

€22

€6

レモンの香りがさわやかなソープ€2.50

ドゥオーモから広場を見下ろそう

リモンチェッロにクリームをプラス。€20

アーモンドとレモンのコンフェッティ

リモンチェッロは専用のグラスで。€3

レモンのお酒をおみやげに
アンティーキ・サポーリ・ダマルフィ Antichi Sapori d'Amalfi

食後酒として好まれるリキュール、リモンチェッロ。こちらではアマルフィ周辺で取れた自然栽培のレモンを使い、手作業で少量生産している。

Map 本誌P.59 アマルフィ

⌂Supportico Ferrari 4　☎089-872303
⏰10:00〜21:00(水・木〜13:30)　🗓2月
Card A.D.M.V.　🚶ドゥオーモからすぐ　URLwww.antichisaporidamalfi.it　🏠Piazza Duomo店

モザイクのファサードが美しい
ドゥオーモ Duomo

町の守護聖人、聖アンドレアにささげた大聖堂。交差するアーチが特徴の天国の回廊や重厚感漂う地下礼拝堂など、見どころたくさん。

Map 本誌P.59 アマルフィ

⌂Piazza Duomo
☎089-871324　3〜6月9:00〜18:45、7〜9月9:00〜19:45、10〜2月10:00〜13:00、14:30〜16:30　🗓無休　€3
🚶Piazza Flavio Gioiaバス停からすぐ

時が止まった古代遺跡

ポンペイへ タイムトリップ

POMPEI SCAVI

ヴェスーヴィオ火山がそびえ立つ！

ナポリ湾に面するポンペイ遺跡で
当時の町の様子を見てみよう。

碁盤目状に区画された町。石畳の馬車道には横断歩道もあった。

アポロ像のコピーが置かれたアポロ神殿

ポンペイへのアクセス

ローマTermini駅
↓鉄道FR、FAで約1時間10分
ナポリ中央駅
↓ヴェスーヴィオ周遊鉄道で約35分
Pompei Scavi-Villa dei Misteri駅

そのまま残ってる

2000年前の人々の生活が見えてくる

ポンペイ遺跡 Pompei Scavi

79年に起きたヴェスーヴィオ火山の大噴火により火山灰に埋もれてしまったポンペイ。1700年もの間放置されたが、18世紀から始まった本格的な発掘で神殿や共同浴場、居酒屋、そして人々にいたるまでが姿を現した。

🏠チケット売り場Porta Marina Superiore, Via Villa dei Misteri 3 ☎081-536 9869 🕐4～10月9:00～19:00（入場は17:30まで）、11～3月9:00～17:00（入場は15:30まで）🚫1/1、5/1、12/25 💴€18（秘儀荘込み€22）🚃Pompei Scavi - Villa dei Misteri駅から徒歩3分 🌐www.pompeiisites.org

ポンペイを知るための必見ポイント

壁画

宗教儀式を描いた

秘儀荘 Villa dei Misteri

有力者の邸宅は、モザイクやフレスコ画で家を飾った。90もの部屋をもつ大邸宅、秘儀荘のフレスコ画「ディオニュソスの秘儀」は必見。

住宅

襲いかかってきそう

悲劇詩人の家 Casa del Poeta Tragico

ポンペイの一般的な家屋。玄関床の番犬のモザイクには「猛犬に注意」と書かれている。2階には名前の由来になった演劇稽古のモザイクが。

食事

最も大きな居酒屋

ララーリオのテルモポリオ Casa e Thermopolium di Vetezio Placido Thermopolium di Velutius Placidus

200軒以上の飲食店があったポンペイ。居酒屋にはカウンターがあり、かめの中に温かい料理や飲み物が入っていた。

娯楽

喜劇や悲劇を上演した

大劇場 Teatro Grande

仕事後娯楽に興じていた人々に人気だったのが演劇や闘技。5000人を収容できる大劇場は紀元前3～2世紀のギリシア劇場が手本になった。

娯楽

大きさもいちばん！

スタビアーネ浴場 Terme Stabiane

浴場でのスポーツや入浴も娯楽のひとつ。紀元前2世紀に建てられたポンペイ最古の公衆浴場では、美しい内部装飾も見られる。

噴火

一瞬で灰の下に

フッジャスキの菜園 Orto dei Fuggiaschi

噴火で命を落とした人々も灰に閉じ込められていた。人体があった空洞に石膏を流し込んで作った像は、当時の様子をそのまま伝える。

注意 6～9月は気温が上がり、日差しが強い。遺跡内は日陰が少ないので、飲み物、帽子、サングラスなどで熱中症対策をしよう。

ROMA

ローマ

本場のカルボナーラとパリパリのピッツァを食べて、
コロッセオやフォロ・ロマーノの古代遺跡をたどるお散歩へ。
歩けばたくさん出合う広場や噴水もローマならでは。
ひと休みはバールでカフェを楽しもう！
歩くほどに旅が深くなる、観光No.1シティ！

R O M A

ローマへのアクセス

✈ 飛行機：フィレンツェから約1時間、ヴェネツィアから約1時間、ミラノから約1時間
🚄 鉄道：フィレンツェからフレッチャロッサ（FR）、フレッチャアルジェント（FA）、イタロ（ITA）で約1時間35分、
　　ヴェネツィアからFR、FA、ITAで約4時間、ミラノからFR、ITAで3時間10分～3時間40分
🚌 バス：フィレンツェから約3時間15分、ヴェネツィアから約8時間30分、ミラノから約8時間30分

ローマは今と昔が混在する町なんだ〜

ふむふむ…

TIPS FOR TOURISTS

ローマ町歩きのヒント

今もなお多くの遺跡が残り、その壮大さに圧倒されてしまうローマの町。古の時代に思いをはせて歩いてみては？

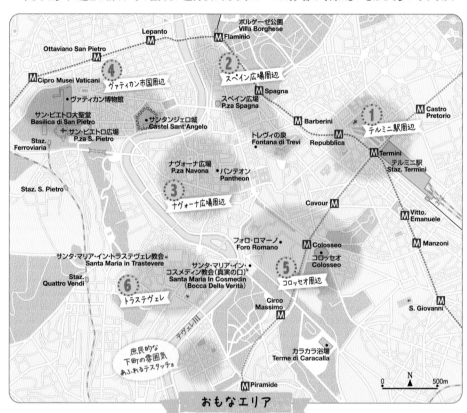

ボルゲーゼ公園
Villa Borghese

Lepanto

M Flaminio

Ottaviano San Pietro

M **2** スペイン広場周辺

M Cipro Musei Vaticani
ヴァティカン市国周辺

ヴァティカン博物館

M Spagna
スペイン広場
P.za Spagna

M Castro Pretorio

サン・ピエトロ大聖堂
Basilica di San Pietro

サンタンジェロ城
Castel Sant'Angelo

M Barberini

1 テルミニ駅周辺

サン・ピエトロ広場
P.za S. Pietro

トレヴィの泉
Fontana di Trevi

M Repubblica

M Termini
テルミニ駅
Staz. Termini

Staz. Ferroviaria

ナヴォーナ広場
P.za Navona

パンテオン
Pantheon

Staz. S. Pietro

3
ナヴォーナ広場周辺

Cavour M

M Vitto. Emanuele

フォロ・ロマーノ
Foro Romano

M Colosseo

M Manzoni

サンタ・マリア・イン・トラステヴェレ教会
Santa Maria in Trastevere

サンタ・マリア・イン・コスメディン教会(真実の口)
Santa Maria In Cosmedin
(Bocca Della Verità)

コロッセオ
Colosseo

5
コロッセオ周辺

Staz. Quattro Vendi

6
トラステヴェレ

Circo Massimo

S. Giovanni M

庶民的な下町の雰囲気あふれるテスタッチョ

テヴェレ川

カラカラ浴場
Terme di Caracalla

M Piramide

N
0   500m

おもなエリア

1 テルミニ駅周辺

交通の中心テルミニ駅。その周辺では官公庁から下町まで、さまざまなローマの顔を見られる。

2 スペイン広場周辺

スペイン広場を中心にショップが並ぶ通りなどがあり、観光とショッピングを両方楽しめる。

必見スポット ●スペイン広場 ●トレヴィの泉

3 ナヴォーナ広場周辺

にぎやかで開放的なナヴォーナ広場。コルソ通りからテヴェレ川にかけて見どころがいっぱい。

必見スポット ●ナヴォーナ広場 ●パンテオン

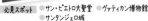

4 ヴァティカン市国周辺

世界最小の独立国家。サン・ピエトロ大聖堂やヴァティカン博物館など内容の濃い見どころが。

必見スポット ●サン・ピエトロ大聖堂 ●ヴァティカン博物館 ●サンタンジェロ城

5 コロッセオ周辺

コロッセオやフォロ・ロマーノなど、古代ローマの遺跡群が広がり、まさに永遠の都！

必見スポット ●コロッセオ ●フォロ・ロマーノ ●真実の口

6 トラステヴェレ

昔ながらの風情が残るエリア。夜のみ営業のレストランも多く、昼間とはまた違った雰囲気に。

旅プランQ&A

旅 のテーマは？

古代遺跡やヴァティカン博物館など見どころの多いローマ。町中に偉大な芸術家の作品があふれているので、遺跡と芸術巡りはいかが？

交 通手段は？

地下鉄が便利。エリアごとに主要スポットが密集しているので移動後は徒歩でOK。ナヴォーナ広場、トラステヴェレへはバス、トラムを使おう。

市内交通→別冊P.2

食 べるべきものは？

ローマの伝統料理で味わっておきたいものは、日本人にもなじみのあるカルボナーラ、アマトリチャーナなどのパスタとパリパリのローマピッツァ！

バッグは閉めた？

閉めたわ！

ワンワン！

治 安は？

テルミニ駅構内やトレヴィの泉などの人の多い場所ではスリに注意。地下鉄A線Termini駅～Ottaviano San Pietro駅、B線Termini駅～Piramide駅、40・64番バスは混むので気をつけて。スペイン広場はミサンガ売りが多いので見かけたら避けよう。

旅のお助けinfo

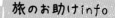

ローマ・パスを使おう

72時間の市内の公共交通機関が無料になるので、その都度切符を買う手間が省けるうえ、市内の最初の観光スポット2ヵ所が無料になる。48時間用カードもある（€32）。
URL www.romapass.it

価格＆有効期限
・€52 ・72時間

購入先
・観光案内所
・駅、タバッキ
・特典対象スポット

内容
・市内の公共交通機関（地下鉄、バス、トラム）に72時間乗り放題
・市内の美術館、博物館、遺跡など、最初の2ヵ所に無料入場（対象スポットはウェブで要確認。ヴァティカン博物館は対象外。コロッセオは要予約）

ヴァティカン博物館は事前予約を

チケット購入に長い列ができるヴァティカン博物館。時間の限られている旅行では、事前にインターネットでチケットを予約しておくのがおすすめ。
URL tickets.museivaticani.va

観光案内所はこちら

現地の最新情報を手に入れるなら観光案内所へ。地図の配布やホテル、催事、交通など、知りたい情報を案内してくれる。

テルミニ駅構内（24番線ホーム脇）
Map 別冊P.7-D3
☎06-0608 ⏰8:00～19:00 休無休
2023年9月中に改装のため一時閉鎖中

トレヴィの泉周辺
Map 別冊P.6-B3
☎06-0608 ⏰9:30～19:00 休無休

フォロ・ロマーノ周辺
Map 別冊P.8-B2
☎06-0608 ⏰9:30～19:00（7・8月～20:00）休6/2

SCHEDULE

1day観光ルート

8:30	9:00	10:30	11:30	12:00	14:00	15:00	16:00	18:30	19:30
コロッセオ P.78	徒歩6分 フォロ・ロマーノ P.80	徒歩15分 真実の口 P.77	徒歩20分 パンテオン P.84	徒歩5分 ナヴォーナ広場 P.85	徒歩12分 サンタンジェロ城 P.77	徒歩12分 サン・ピエトロ大聖堂 P.66	徒歩15分 ヴァティカン博物館 P.70	地下鉄＋徒歩15分 スペイン広場 P.76	徒歩8分 トレヴィの泉 P.32

休憩スポットがないので飲み物を持参しよう

レストランが多いエリアなのでここでランチを

午前中は団体客が多いので比較的すいている夕方がおすすめ。チケット予約をお忘れなく

周辺のカフェやブランドストリートでショッピングもできる

世界一小さい国

ローマ教皇にお会いできるの!?
ヴァティカン市国をとことん楽しむ!

世界一小さい独立国家、ヴァティカン市国。ここには会ってみたいローマのパーパ(教皇)、知っておきたいサン・ピエトロ広場の必見ポイント、そして、ヴァティカン市国内を見渡せる大聖堂のクーポラなど魅力が満載!

ローマ教皇に会ってみたい!

教皇と聞くと、とても遠い存在に思いがち。が、カトリック教会のトップ、パーパはちょっと違う! 日曜のミサだけでなく、一般謁見も行われていて、そのためのツアーも現地や旅行会社で催行している。私たちにも会うチャンスがある!

ローマ教皇ってこんな人!

ローマ・カトリック教会の最高位聖職者。初代教皇は、キリスト12使徒の筆頭であった聖ペテロとされ、現在の教皇は第266代フランシスコ1世が務める。その地位に就いた者は、「イエス・キリストの地上における代理人」とみなされるほど。

©Philip Chidell / Shutterstock.com

君も教皇様に会いたいかい?

ヴァティカン市国
ヴァティカン博物館 →P70
システィーナ礼拝堂 →P72
ヴァティカン庭園 →P67
サン・ピエトロ大聖堂 →P66
郵便局 郵便局
サン・ピエトロ広場 →P68

ヴァティカンの歴史

64年頃 ローマ皇帝ネロのキリスト教迫害により使徒ペテロが十字に架けられ殉教する。

324年頃 皇帝コンスタンティヌス1世が、ペテロの墓地のあるヴァティカンの丘にサン・ピエトロ大聖堂の前身となる教会堂を建造。

8世紀 フランク王国からの寄進によりイタリア各地に教皇領を保有していく。

1860年 統一イタリア王国成立。

1870年 イタリア王国がヴァティカン以外の教皇領を接収し、教皇庁との関係を断絶。

1929年 教皇庁とイタリア王国がラテラノ条約を締結。ヴァティカン市国が誕生する。

水曜日に行ったら、スクリーンに教皇が映っているのが見えました!(奈良県・たっく)

チケットを持っていれば座れるよ

ローマ教皇に会う方法

すてきな思い出になるよ

ヴァティカン市国をとことん楽しむ！

水曜日

毎週水曜日にサン・ピエトロ広場で9時15分から約2時間、謁見式が行われる。謁見申し込み方法はコチラ！

1 旅行会社…URL www.greenlinetours.comから予約。日本語サイトもあるが、ツアー予約は必ず英語または伊語サイトで。ツアー当日はホテルまでの送迎あり。€25〜（HP内でクレジット払い）。

2 現地申し込み…前日火曜日16〜19時頃に大聖堂手前のブロンズの大扉にてスイス衛兵が整理券を配る。そのチケットをゲットすれば、翌日水曜日には席に座って教皇の謁見に参加できる。必ずチケットが取れる保証はないので、早めに行こう。

3 ローマ教皇庁への事前予約…ヴァティカン市国HP内 URL www.vatican.vaの「PREFECTURE OF THE PAPAL HOUSEHOLD」をクリックして、申込書をダウンロードし、FAXを送る。教皇庁からFAXまたは普通郵便の返信を受け取り、前日の火曜日15〜19時か当日の7時〜にブロンズの大扉を入った所にあるオフィスでチケットを受け取る。

ココから顔を出されるよ

日曜日

教皇がヴァティカン市国に滞在している場合、日曜日の正午頃「アンジェラスの祈り」を行う。サン・ピエトロ広場から向かって右に見える建物の最上階、右から2番目の部屋がローマ教皇の職務室。この窓から教皇が姿を見せる！

行ってみたいな！

クリスマス

25日、サン・ピエトロ広場に面したバルコニーからクリスマスのミサを行う。ローマ教皇が読み上げる、世界に向けてのクリスマスメッセージを聞けるチャンス。

ヴァティカン市国にまつわるアレコレ！ Q&A

ヴァティカン市国内で見かけるスイス衛兵隊やシスターたち、そして教皇に関する素朴な疑問をココで解決！

Q1 そもそもヴァティカン市国ってどんな国？

A ローマ教皇を元首とする世界最小の主権国家。0.44km²の敷地に800人ほどの「国民」が居住しており、そのほとんどは聖職者、修道士、修道女だ。公用語はラテン語だが、外交ではフランス語、日常業務ではイタリア語が使われる。

白い煙は教皇決定の印です

Q2 教皇ってどうやって決まるの？

A 教皇が死去、または退位すると、最大20日以内にコンクラーベ（枢機卿会議）がシスティーナ礼拝堂で開かれ、そこで次期教皇が決定する。出席するのは、80歳未満で教皇選挙権をもつ最大120人。投票用紙に推薦する人の名前を記入し、3分の2を超える票を得た人が新教皇となる。

スイス人限定さ！

Q3 スイス衛兵って何する人？ 誰がなれるの？

A 警備がおもな仕事で、宮殿の入口などの警護を8時間交代24時間体制で行う。衛兵になる条件は、まず第一に熱心なカトリック信者であること。その他、健康面などの基準もあり、資格検査はとても厳しい。

Q4 シスターってどんな生活しているの？

A 朝5時頃起床し朝の祈りとミサを終え、8〜18時頃まで働く。夕食前後に晩の祈り、寝る前の祈りをして22時頃就寝するのが一般的。

私は黒が多いわ

Q5 シスターの修道服の色の違いに意味ある？

A 黒、グレー、紺、水色などがあり、修道会や階級によって色の規定は異なる。

ローマ教皇のX（旧ツイッター）アカウントは@Pontifex、インスタグラムは@franciscus。

ローマ Roma
ヴァティカン市国

サン・ピエトロ大聖堂の内部をじっくり見学！

現在の聖堂は1626年に完成した2代目のもの。内部はとても広く、見逃せない作品がいっぱい！

カトリックの総本山

サン・ピエトロ大聖堂
Basilica di San Pietro

世界最大のカトリック教会。315年、初代ローマ教皇、聖ペテロの殉教地にコンスタンティヌス帝の命令で着工された。ルネッサンスからバロック時代の巨匠が引き継いで建築しているため、芸術作品の宝庫となっている。

Map 別冊P.10-A2　**ヴァティカン市国**

🏠Piazza San Pietro ☎06-69883731 ⏰4〜9月7:00〜19:10、10〜3月7:00〜18:30（クーポラ4〜9月7:30〜18:00、10〜3月7:30〜17:00）休無休（水曜の開祖式があるときは入場不可）料無料（クーポラ€8、エレベーターの場合は€10）🚇A線Ottaviano San Pietro駅から徒歩10分 URLwww.basilicasanpietro.va

---

大聖堂の内部マップ

世界最大級の大きさ!!

奥行き211.5m、総面積なんと1万5160㎡もの大きさ

大聖堂の大きさを測り知る!!

地上から眺めると、とっても小さく見えるものも、実際は意外に大きいことに驚く。クーポラのモザイク内のペンの長さと、聖水の天使像は約2mあるという。

ボクたち大きいぞ！

クーポラのモザイク画

聖水の天使像

1 聖なる扉

5つの扉のうち、いちばん右が「聖なる扉」。25年に1度の聖年にのみ開く。

2 ピエタ

キリストの死を悼む聖母像で、ミケランジェロ25歳、1499年の傑作。唯一ミケランジェロがサインをした作品。

信者たちが私の足をさするんだ

3 聖ペテロの像

聖ペテロはキリストの一番弟子で、初代教皇。この大聖堂の名前の由来にもなっている。

〜〜なるほど〜

入口から見ると、椅子が浮いて見える!?

ラファエッロの最後の作品

4 モザイク画

保存状態のよいモザイク画は必見！ヴァティカン博物館にオリジナルがあるラファエッロの『キリストの変容』もある。

5 ブロンズの天蓋

ねじれを加えた4本の柱で形造られた。1633年にベルニーニが完成。ブロンズはパンテオンから持ってこられた。

6 聖ペテロの椅子

ベルニーニによるブロンズと金の装飾に囲まれた椅子。皇帝カールから教皇ヨハネ8世に贈られた。

 ブロンズの天蓋にはハチの装飾がいっぱい。発注した教皇ウルバヌス8世の出身バルベリーニ家の紋章なんだって。(滋賀県・Y.Y.)

サン・ピエトロ大聖堂の クーポラに上ってみよう

巨大な大聖堂の頂にはミケランジェロ設計のクーポラがある。300段以上もの階段を経て見える頂上からの景色は文句なし！ がんばって上ってみよう。

着いたぁ〜
疲れも吹っ飛ぶ
この景色！

GOAL!

おぉ〜！
ヴァティカン
一望

いざ、頂上を
目指して！

クーポラの高さは
地上132.5m、直径42.5m。
地上から階段だけで上ると
30分はかかる。エレベーターを
使えば約15分ほど！

楽しみ
だねー

START!!

大聖堂から
右サイドに進み、
切符売り場と
エレベーターへ

クーポラ下まで
到着！ ここから
頂上までは92m

フレスコ画や広い
堂内を眺めながら歩こう

急ならせん階段や
傾斜があるので、
気をつけて！

ヴァティカン
政府舎も
見える

服装に注意！
大聖堂内へは、ノースリーブや短パンなどの肌を露出した服装は入場NG。スカーフやカーディガンなどで肌を隠せばOKなので、持参しよう。荷物のセキュリティチェックあり。

ツアーで
しか入れない

ヴァティカン庭園へ行ってみよう！

歴代の教皇が歩いた庭園へ

ヴァティカン庭園 −徒歩ガイドツアー−
Giardini Vaticani - Visite guidate Singoli - Giardini e Sistina

世界一小さな国の約1/3を占め、見どころが多い庭園をガイドの説明を受けながら歩いて回るツアー。システィーナ礼拝堂見学もできる。

Map 別冊P.10-A2 ヴァティカン市国

🏛集合場所：ヴァティカン博物館（→P.70）内ガイドツアーカウンター ☎06-69883145 ●英語9:00〜、イタリア語9:30〜約3時間 ⊗水・日（言語により左記以外に開催のない日あり）⊖€35（＋予約料€5）Card M.V. 🔲必要 ►⭕MⒶ線Ottaviano San Pietro駅から徒歩10分 URL www.museivaticani.va

1. 大聖堂のクーポラがきれいに見える　2. 各国の観光客とともに回る　3. 17世紀にパウルス5世が作った噴水。園内には大小100以上の噴水がある　4. 迎賓館はかつて教皇の別荘だった塔　5. フランスの「ルルドの洞窟」の複製　6. 幾何学模様が美しいイタリア式庭園

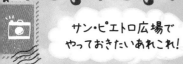

サン・ピエトロ広場で やっておきたいあれこれ!

ローマ教皇が統治する世界最小の独立国家、ヴァティカン市国。小さな領土内には芸術的・建築的傑作が多数あり、荘厳で神聖な空気が漂う。領土内の一画であるサン・ピエトロ広場もそのひとつ。広場を歩けば、世界から訪れる人を圧倒するわけがわかる!

ようこそ〜

ミケランジェロのデザインといわれる制服

シスターがたくさんいますのよ☆

30万人もの人々を収容できる

サン・ピエトロ広場
Piazza San Pietro

大聖堂が聖ペテロの体を表し、腕の形だという2本の回廊が信者たちを迎えるように包み込む広場は、ベルニーニの設計。サン・ピエトロ大聖堂再建後40年を経て、教皇アレクサンドル7世の命により、1656年に着手、1667年に完成。

Map 別冊 P.10-B2 ヴァティカン市国

🏠Piazza San Pietro
🚇MA線Ottaviano San Pietro駅から徒歩10分

ヴァティカンの警護中〜

あとでお祈りに行こ

オホホホホ…

すてきな場所でしょ

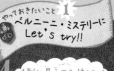

広場けっこう広いねー

やっておきたいこと **1**

ベルニーニ・ミステリーに Let's try!!

284本の柱が並ぶ回廊。広場内の左右2ヵ所にあるポイントに立つと、摩訶不思議な光景が!!

1 4列に見えてた柱が…

広場から見える回廊の柱は4列。

2 ココに立つと

左右2ヵ所にある丸い石の埋め込みに立つ。

3 柱が1列に見える!

4列の柱が1列に見える。

ポイントはココ!

↑サン・ピエトロ大聖堂
サン・ピエトロ広場
オベリスク
ベルニーニ・ミステリー

やっておきたいこと **2**

ヴァティカン市国から手紙を出してみよう

せっかく訪れた記念に、日本へはがきを送ってみよう。

1 はがき、切手を購入

ヴァティカン博物館、クーポラ、サン・ピエトロ広場に郵便局がある。

2 手紙を書く

住所、名前はローマ字表記で記入しよう。

3 ポストへ投函

ヴァティカン市国内のポストに入れてね。

国の印でもある、ヴァティカンのスタンプが押される♪

✉ サン・ピエトロ大聖堂は、朝イチで行ったら人が少なくてゆっくり見られた。(滋賀県・ミミ)

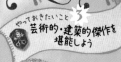

やっておきたいこと 3
芸術的・建築的傑作を堪能しよう

ヴァティカン博物館については **P.70** をチェック！

広場内でもひときわ目立つ、モニュメントや聖像。近くに寄って見てみよう。

僕らを見逃さないで！

パウロ像

大聖堂に向かって右側に立つのは、聖パウロ像。彼は剣で首をはねられ殉教したため、手には剣を持つ。

天国への鍵はわしが持ってるぞ

ペテロ像

一方、大聖堂左側に立つのは、聖ペテロ像。キリストから授かった天国の鍵を手に持っている。

オベリスク

1世紀にエジプトから運ばれ、聖ペテロの殉教場所である広場中央に置かれた。高さ25.5m。

140体の聖像

ザビエルどこ〜？

長径240mの回廊の上に並ぶ140体の聖像。ベルニーニの弟子たちが造った像の高さは3.2m。

聖ザビエルを探してみよう！

見つけられるかな？

大聖堂に向かって中央から左に20人目が、日本でもおなじみの聖ザビエル！ 胸に手を当てて何かを考えているのだろうか。

見つけた！ ザビエル

やっておきたいこと 4
ヴァティカン市国のおみやげを買おう

サン・ピエトロ大聖堂内のおみやげ屋さんでは、宗教グッズやヴァティカングッズなどをゲットできる。周辺にもショップがたくさんあるのでのぞいてみよう！

尊厳ある教皇のグッズは記念に！

かわいいヴァティカングッズたち

お揃いで持とう！

Papa Francis

€1

"不思議のメダイ"が入ったカード

ポストカードは種類が豊富

€5

教皇の全身フィギュアは会社のデスクにどう？

€4

スイス衛兵のキーホルダー

この安さは買いでしょ♪

€3

お祈りに使うロザリオは種類が豊富

€0.50

ROMA

サン・ピエトロ広場のスノードーム

€3.50

€2.50

€3

教皇と同じモデルの十字架ペンダント

聖水入りの聖水ボトル

穏やかな気分になれる

€8

ブレスレットタイプのロザリオも

€3

€1.50

さまざまな言語のものがあるよ

€1

€0.50

教皇のお言葉が書かれたカード

€1

聖母マリアをお部屋に飾って

持っているだけで、守られている気分に

€1

聖母マリア（左）とキリスト（右）のメダイ

ヴァティカン博物館で見れば見るほどハマっちゃう絵画はコレだ!!

Musei Vaticani

アートの時間だよ

大小合わせて24の美術館があるヴァティカン宮殿。
世界中から多くの人々が訪れるヴァティカン博物館の館内は、
ものすご〜く広い。最初に見たいものを決めて、効率よく回るべし！

絵画館

11〜19世紀の絵画とタペストリーが集結した部屋。作品は年代順に展示されているので、表現の変遷がよくわかる。

入口右側。見逃し注意！

セラフィム

CLOSE UP!

師匠ペルジーノの影響
雲に乗っている天使はペルジーノの得意技！

変容シーン

悪魔つきの子供のシーン

ミケランジェロ作「ピエタ」のレプリカ

オリジナルはサン・ピエトロ大聖堂内（→P.66）に。大聖堂のものより、間近に観られるため、マリアの帯皮にしたミケランジェロのサインもちゃんと確認できる！

聖母戴冠
Incoronazione della Vergine
ラファエッロ作 1502〜1503年

天に昇った聖母マリアがイエスから冠を受け取り、「天の女王」になるシーン。神のほかにも、多くの天使、殉教した聖人らが登場し、ゴージャスに描かれている。

上級天使にまつわる、へぇ〜
天使の世界には階級があり、トップの天使はセラフィム。絶対的に神の近くを飛び、なんと翼は6つもある!!

キリストの変容
Trasfigurazione
ラファエッロ作 1515〜1520年

ラファエッロの画家人生の集大成といえる作品。上半分は変容を、下半分は変容後、イエスが山を下りてから悪魔つきの子供を癒すシーンが描かれている。

世界最大級の博物館
ヴァティカン博物館
Musei Vaticani

歴代の教皇がその財力を注ぎ込んだ、その時代の最高のプレイベートコレクションの集大成。世界有数の博物館で、古代彫刻やルネッサンス期の名画など、収蔵品は多岐にわたる。

チケット情報
チケットは入口の窓口で購入できるが、長い列を避けたいなら、ネット予約をしよう。支払いはクレジットカード（M.V.）で、通常料金のほかに予約料1人€5が必要。当日は、予約確認書と身分証明書を忘れずに。

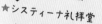

Map 別冊P.10-A2　ヴァティカン市国

● Viale Vaticano ●06-69883145 ●9：00〜18：00、最終曜日（復活祭、6/29、12/25・26・31を除く）〜14：00、5月初旬〜10月下旬の金〜22：30、土〜20：00（入場は閉館2時間前まで、開館時間は頻繁に変更される）　休日（入場無料の最終日曜を除く）、1/1・6、2/11、復活祭翌日、5/1、6/29、8/15・16、11/1、12/8・25・26・31　料€17、学生および25歳以下€8（要証明書）　交M A線Ottaviano San Pietro駅から徒歩10分　URL www.museivaticani.va

あまり時間がない人必見！

効率よく回るヒント
広い館内は、混んでいるときはかなりの時間がかかる。博物館をグルッと回る、主要ポイント2時間コースはこちら。

★絵画館
★タペストリーのギャラリー
★地図のギャラリー
★ピウス5世の居室
★ラファエッロの間
★システィーナ礼拝堂

効率よく回っちゃお☆

「地図のギャラリー」は古地図好きにはたまらない空間でした（群馬県・みさと）

イタリア芸術の巨匠たち

この人たちなくして、ルネッサンス期は語れない！みんな意外な一面があったのね。

頭の中は芸術100%に決まってる

超秘密主義だが、何か？

本当にモテたんだから～

ひと仕事終わったら旅に出んゾ

ミケランジェロ 1475～1564年

ダ・ヴィンチ 1452～1519年

ラファエッロ 1483～1520年

カラヴァッジョ 1571～1610年

頑固で激情家。女性に興味がなく、女体も男性モデルをもとにした。実はダ・ヴィンチが嫌い。

万能の天才。誰にでも親切で社交家だが、政治と文学には興味なし。夢は空を飛ぶことだった。

サービス精神旺盛で、女性、男性問わず誰からも好かれる。自称・美男子、大の女好き。

仕事はまじめにしないが、天才画家。人にちょっかいを出すのが好きで、喧嘩も早い。

CLOSE UP!
No,1 聖母子画家
ムチムチの赤ちゃんと愛らしい聖母の一体感は、ラファエッロの持ち味

フォリーニョの聖母
Madonna di Foligno
ラファエッロ作 1512年頃

大型祭壇画。フォリーニョは、イタリア中部ペルージャ地方の町で、絵を注文した人（右のひざまずく人）の故郷。中央の天使が持つ銘板、何か意味がありそうなのに何も書かれていない。

CLOSE UP!
リアルな重さを感じる
斜めの構図により、肉体の重さが伝わってくる

キリスト降架
Deposizione
カラヴァッジョ作 1604年頃

両手を広げる右上の女性が表すのは「哀悼」。女性につながる斜めの構図で描かれたカラヴァッジョの技こそが、ダイナミズムを生んだ一枚。

ラファエッロの間

ラファエッロがユリウス2世の依頼によって居室のフレスコ画を描いたことから、この名がついた。『アテネの学堂』『聖体の論議』など、彼の壁画4作品がある「署名の間」は必見！

アテネの学堂
Scuola di Atene
ラファエッロ作 1508～1511年

ルネッサンスの芸術家をモデルに、古代ギリシアの学者たちを描いた。力強い肉体の表現をミケランジェロから学び、猛勉強したラファエッロ。それまでとは異なる画風に注目！

ラファエッロの恋人　ミケランジェロ　レオナルド・ダ・ヴィンチ　ブラマンテ

ラファエッロの恋人もいる!?
『アテネの学堂』内には当時付き合っていた彼女の姿も！ ポッチャリしたかわいいタイプがお好きなよう。

ひっそりいますよ☆

ラファエッロ

システィーナ礼拝堂

イエスの右手側は天国行き

イエスの左手側は地獄行き

CLOSE UP!

イエスはここ！
圧倒的な存在感で人々の審判を下している

今も教皇の公的礼拝堂で、教皇を選出するときに行うコンクラーベが行われる場所でも有名。中では写真撮影禁止なので、目に焼き付けて！

ワシが探せるかな？

ミケランジェロ

絵の中には本人の姿も。人間の皮に扮した自画像を描くのは彼ぐらい……。

鑑賞のコツ

礼拝堂の真ん中あたりが、天井画と『最後の審判』の全体像が観られるベストポジション。まず入ったら、振り返らず真ん中まで直進。そして振り返って直鑑賞してみて。その迫力に感動すること間違いなし！

『最後の審判』
Giudizio Universale
ミケランジェロ作 1535〜1541年

天井画（→P.73）から23年後、60歳を超えてからの大作。善人やキリスト教徒は天国へ、そうでない者は地獄へとイエスが振り分けるシーン。向かって左側は天国に、右側は地獄に落ちる者が描かれている。彼は1日の制作分を決めて地道に取り組んだという。

知っ得情報

★館内では日本語オーディオガイド€8（ネット予約€7）も貸し出し中。免許証やパスポート、クレジットカードのデポジットが必要。

★混雑必至のヴァティカン博物館。比較的すいているのは午後2時頃。

★毎月最終日曜日と世界観光デー（9/27）は無料入場日。ただし、1日中混んでいるので覚悟して。

ずっと見ていたいな〜

あぁなんてことだ……。

帝政ローマ時代の作品

ミュージアムグッズを買おう！

世界屈指の博物館を訪れたなら、記念アイテムをゲットしたい！　有名絵画入りグッズから、アートセンスあふれるアイテムまでいろいろ。

1. アートセンスたっぷりの5色マーカー€3.50
2. 子供向け絵本€9.90　3. ヴァティカンの国章ポストカード€0.80　4. マグネット付きメモ帳€4　5. ダ・ヴィンチの付箋€4　6. ヴァティカンのシンボルが入ったキーホルダー各€5.50　7. 定規付き色鉛筆セット€8.50

時間があったらココも行ってみよう！

『ラオコーン』

『ベルヴェデーレのトルソ』

『ベルヴェデーレのアポロ』

古代彫刻の傑作たち
ピオ・クレメンティーノ美術館
Museo Pio-Clementino

クレメンス14世とピウス6世のコレクションが揃う。ルネッサンス期の芸術家に影響を与えた数々の作品が見られる。

CLOSE UP!

瞬間をキャッチ!
世界の創造主である神が、アダムに生命を吹き込んだ

『最後の審判』を鑑賞したら、そのまま上を見上げてみて! 天井中央には天地創造の物語がうかがえる傑作がズラリ。ミケランジェロの名声に嫉妬したブラマンテが失敗を願った策略で、ユリウス2世が依頼。だが、ブラマンテの思いとは裏腹に、ミケランジェロは4年間かけてほぼひとりで完成させた。『アダムの創造』はその天井画の一部。

天井画『アダムの創造』
Creazione di Adamo
ミケランジェロ作 1508〜1512年

天井画『楽園追放』
Peccato originale
ミケランジェロ作 1508〜1512年

こちらも天井画の一部。善悪の知恵の実を食べたアダムとエバが楽園を追放されるシーン。実を食べたとたん、裸であることを恥ずかしく思い、ふたりは男と女であることを知った。

館内MAP

行く前に要チェック!
あなたのお目当ての場所はどこ〜?

1階
- ピオ・クレメンティーノ美術館
- キアラモンティ美術館
- ピーニャの中庭
- 現代美術コレクション
- 新回廊
- ベルヴェデーレの中庭
- パッパガロの中庭
- 入口
- エジプト美術館
- ヴァチカン図書館
- システィーナ礼拝堂
- 出口
- ピオ・クリスティアーノ美術館
- 絵画館
- 馬車博物館

2階
- エトルスコ美術館
- 燭台のギャラリー
- ソビエスキ王の間
- 地図のギャラリー
- タペストリーのギャラリー
- ピウス5世の居室
- ラファエッロの回廊
- ラファエッロの間

- ■古代美術（エジプト、ギリシア、エトルリア）
- ■キリスト教美術と中世芸術（3〜14世紀）
- ■ルネッサンス芸術（15〜19世紀）
- ■民俗学と歴史
- ■現代の宗教芸術（20世紀）

宗教画を読み解く

奥深い、キリスト教美術。博物館へ行く前に少し知ったら、より鑑賞が楽しくなる!

1 『受胎告知』のポイントを知る

宗教画でよく描かれる『受胎告知』。この作品の中身を知れば、同じテーマの絵を見比べて、違いを楽しめる!

受胎告知
Annunciazione
ラファエッロ作 1502〜1504年

告知を受け、驚くマリアに天使は「その子の名前をイエスにしなさい」と告げた。

point1
何の場面かを知る!
天使がマリアに妊娠を伝えるシーン

point2
登場人物は誰?
神様のメッセンジャー、ガブリエル（左）と聖母マリア（右）

point3
持ち物や服装をチェック
ガブリエルは純潔の象徴・白ユリ、マリアは読書中で本を手に!

point4
いつ?どこで?
3月25日。マリアの純潔を象徴する「閉じられた庭」で

point5
神様を探そう
老人や手、ハトに扮した神様が隠れている

2 イエス・キリストの変貌!

イエスは描く人や時代で姿が異なる。3世紀以前は、ユダヤ教の律法により聖像が禁止され図像がない。3世紀に入り、ヒゲのない若者で羊飼いなどの象徴的な姿に。313年のキリスト教の公認後は、長髪でヒゲをたくわえた威厳ある姿へと変わっていった。

3 聖母マリアとイエスの礼拝像

聖母子は2タイプ。優しくて親しみやすい右の作品はラファエッロ作。

厳かな聖母
不動で威厳に満ちている聖母子像。イエスは幼子でなく、大人が小型化した姿で描かれている。

愛すべき聖母
母子愛を感じる、人間味あふれた聖母子像。裸足や田園風景など開放感ある背景も使われる。

ベルニーニのここがスゴイ！

ローマの町を装飾
ウルバヌス8世をはじめとする教皇の依頼を受け、教会、広場など、ローマの町をバロック様式で飾っていく。

劇的な物語を彫刻で再現
躍動の瞬間を切り取ったようなダイナミックな構図で、目の前で物語が繰り広げられているかのよう。

大理石でリアルな質感を出す技術
大理石の性質を知り尽くし、それぞれの部分の仕上げ方を変え、髪や肌、布を本物のような質感に彫り上げた。

空間すべてを手がけた総合芸術
建築から内部装飾まですべてを手がけ、建築と装飾が見事に調和したひとつの芸術として見せることができた。

ローマの町には美しいベルニーニのポイントをチェックして、

教会で見られる珠玉の作品

鑑賞POINT
晴れた日の11時過ぎは、左の窓から差し込む光が聖女の神々しさを際立たせる

福者ルドヴィカ・アルベルトーニ
Beata Ludovica Albertoni

死の淵で苦しみながらも神との神聖な融合に歓喜する聖女。背後の聖母子像は魂が天に迎えられたと示すよう。

サン・フランチェスコ・ア・リーパ教会
San Francesco a Ripa

1231年に建てられた教会。隣にあるS.ビアジオの巡礼者宿泊所にアッシジの聖人フランチェスコが投宿したとされる。

Map 別冊P.4-B2 トラステヴェレ

🏠Piazza di S. Francesco d'Assisi 88 ☎06-5819020
🕐7:30〜12:30、16:00〜19:30
休無休 料無料
🚇M A・B線Termini駅からHバスでSomnino/S. Gallicanoバス停下車、徒歩4分
URL www.sanfrancescoariripa.it

鑑賞POINT
天上から光が降り注ぐかのような演出は、神の愛に触れたという衝撃を視覚的に訴えかけてくる

聖テレーザの法悦
Santa Teresa Trafitta dall'Amore di Dio

最盛期の作品。天使の持つ愛の矢で心を射抜かれ、神との神秘的な合一に悦びの表情を浮かべる聖女を表現している。

サンタ・マリア・デッラ・ヴィットリア教会
Santa Maria della Vittoria

17世紀初めの建築。バロックの装飾が美しく、天井のフレスコ画「異端に勝利する聖母」などが見どころ。

Map 別冊P.7-C2 テルミニ駅周辺

🏠Via XX Settembre 17 ☎06-42740571 🕐8:30〜12:00、15:30〜18:00（日・祝8:30〜10:00、15:30〜18:00）休無休
料無料 🚇M A線Repubblica駅から徒歩3分

鑑賞POINT
祭壇の聖人の殉教図、その上の聖人像、天国を思わせる金色の天井、空間全体で聖人の殉教と昇天を演出

サンタンドレア・アル・クイリナーレ教会
Sant'Andrea al Quirinale

1658年から70年に建造。ベルニーニが設計から装飾までを手がけ、自ら代表作と認める教会。

サンタンドレア・アル・クイリナーレ教会
Sant'Andrea al Quirinale

教会自体がひとつの劇場となり、総合芸術の理想を体現。聖アンドレアが天に召されようとする姿を表現している。

Map 別冊P.6-B3 スペイン広場周辺

🏠Via del Quirinale 30 ☎06-4819399 🕐9:00〜12:00、15:00〜18:00 料無料 🚇M A線Barberini駅から徒歩7分 URL santandrea.gesuiti.it

鑑賞POINT
獅子の穴に投げ込まれたダニエルへ天使に導かれたハバククが食べ物を届ける。対角線上の内部には『獅子と預言者ダニエル』とともに物語を表現

預言者ハバクク Abacuc

ラファエッロ設計のキージ礼拝堂にある彫刻は、天使が預言者ハバククの髪をつまみ空へ飛び立とうとするシーン。

サンタ・マリア・デル・ポポロ教会
Santa Maria del Popolo

聖母マリアに捧げた教会。芸術品にあふれた内部にはカラヴァッジョの絵画もある。

Map 別冊P.6-A1、11-D1 スペイン広場周辺

🏠Piazza del Popolo 12 ☎06-4567 5909 🕐月16:00〜19:00、火・木7:00〜12:00、水・土7:00〜12:00、16:00〜19:00、金7:00〜19:00、日8:00〜13:30、16:30〜18:30 休無休 料無料 🚇M A線Flaminio駅から徒歩3分

 映画『天使と悪魔』にはたくさんのベルニーニ作品が登場。ベルニーニ巡りをする人は必見！（千葉県・あとむ）

※2024年10月まで改修のため閉館中

を彩った
世界に陶酔する

作品が数多く残っている。
じっくりと観賞してみよう。

ジャン・ロレンツォ・ベルニーニ
Gian Lorenzo Bernini
1598〜1680年

ナポリ生まれ。バロック時代を代表する彫刻家兼建築家。7歳のときに彫刻家の父と一緒にローマに移住し、若くして彫刻家としての才能が開花。数々の作品をローマの町に残し「ベルニーニはローマのために生まれ、ローマはベルニーニのために造られた」と称賛された。

バロック芸術についてはコチラ →P.85

ベルニーニの世界に陶酔する

美術館は作品の宝庫

鑑賞POINT
劇的な物語を彫刻で表現。視点を移動させると展開する

① アポロンの後ろ姿？

② ダフネを追いかけている

③ 追いついたと思ったら

④ 手や髪が月桂樹に！

アポロとダフネ
Apollo e Dafne

アポロンはダフネに恋をして追いかける。拒絶して逃げるダフネが月桂樹に変身するラストシーンを描く。

鑑賞POINT
ミケランジェロの人間賛歌を謳ったダヴィデ像（→P.113）に対し、ベルニーニの作品は物語のクライマックスを表現。顔は本人に似ているという

ボルゲーゼ美術館
Museo e Galleria Borghese

ボルゲーゼ家のコレクションを展示する美術館。ラファエッロ、カラヴァッジョ、ティツィアーノなど名だたる芸術家の作品を擁している。

Map 別冊P.5-C1
スペイン広場周辺

🏠 Piazzale Museo Borghese 5
☎ 06-8413979 ⏰ 9:00〜19:00
（2時間の入れ替え制。入場は最終回を除き1時間ごと、最終回は17:45）
🗓 月、1/1、12/25 💶 €13（予約料＋€2、特別展の場合は＋€2〜5）
🚇 A線Barberini駅から徒歩20分
🔗 galleriaborghese.beniculturali.it

ダヴィデ David

旧約聖書の英雄、ダヴィデが鎧を脱ぎ、石を投げてゴリアテを倒す物語のクライマックス。

泉の町に点在する噴水

四大河の噴水
Fontana dei Quattro Fiumi

ナヴォーナ広場にある噴水。ドナウ像が教皇の紋章に触れ、ヨーロッパが教皇の影響下にあることを示す。

鑑賞POINT
ナイル、ガンジス、ドナウ、リオの四大河を擬人化した彫刻を配する噴水

鑑賞POINT
真ん中の蜂のみ造られた1644年のオリジナル

蜂の噴水
Fontana delle Api

バルベリーニ家の紋章である3匹のハチが彫られた小さな噴水で、家畜用の水飲み場として造られたもの。

Map 別冊P.6-B2
スペイン広場周辺

🏠 Via Vittorio Veneto 🚇 A線Barberini駅すぐ

鑑賞POINT
貝から噴き上がる水が不規則に落ちる劇的な演出

トリトーネの噴水
Fontana del Tritone

4頭のイルカに支えられた海神トリトンがひざまずき、口にしたホラ貝から勢いよく水を噴き上げている。

Map 別冊P.6-B2
スペイン広場周辺

🏠 Piazza Barberini 🚇 A線Barberini駅すぐ

ナヴォーナ広場 →P.85

四大河の噴水を実際に造ったのは、弟子の彫刻家たち。

オードリー気分で『ローマの休日』巡り♥

女の子なら誰もが憧れるオードリー・ヘップバーンを一躍有名にした映画『ローマの休日』。ローマの町には撮影当時と変わらない風景が今も広がっている。

Roman Holiday

Story
オードリー・ヘップバーン演じる小国の王女アンと、グレゴリー・ペック演じる新聞記者ジョーとの、ラブコメディ作品。ヨーロッパ各国を親善旅行中の王女アンは、ある夜ローマの町へ飛び出し、ジョーと出会う。かなわぬ恋と知りながらもふたりはローマの休日を満喫する。

① 出会いのシーン

運命の出会いはここだよー

サトゥルヌスの神殿 Tempio di Saturno
フォロ・ロマーノ 詳しくは→P.80

親善旅行の重なる固苦しい行事で神経衰弱気味になったアン王女に侍医は鎮静剤を飲ませたが、疲労のためかえって眠れない。侍従の目を盗み町へ繰り出すが、町を歩いている間に薬が効いてきて広場のベンチで寝てしまう。そこへ新聞記者ジョーが通りがかり、ふたりは出会う。

マルグッタ通り Via Margutta

ジョーは彼女を王女とは知らず、寝ているところを助け起こす。家に送ろうとしたが、アン王女は全く起きないため、自宅へ連れ帰る。

Map 別冊P.6-A1、11-D1
スペイン広場周辺

Via margutta
piazza del popolo
看板があるよ!

家はどこ～?

トレヴィの泉
Fontana di Trevi

18世紀、ニコラス・サルヴィがベルニーニのデザインを基に完成させた噴水。アン王女が髪をショートにするシーンは泉の広場の設定。

詳しくは→P.32

アン王女がパンテオン横のカフェでひと休み♪

パンテオン
Pantheon

古代ローマ時代に建てられた神殿。パンテオンが見えるカフェで、ジョーとアービングがスクープを狙いアン王女にたばこを吸わせる。現在カフェはない。

詳しくは→P.84

名シーンはココで生まれた!

スペイン広場 Piazza di Spagna

ピエトロ・ベルニーニの舟の噴水がある広場。丘の上にあるトリニタ・デイ・モンティ広場に続くスペイン階段は、アン王女が階段に座りジェラートを食べるシーンで有名に。現在は、広場と階段での飲食は禁止されている。

Map 別冊P.6-A2 スペイン広場

🏠 Piazza di Spagna
Ⓜ A線Spagna駅から徒歩1分

② アン王女の観光シーン

アンが王女であることを知ったジョーは、特ダネの記事をものにするチャンスだと思い、自らローマ観光の案内役を提案し、ふたりはローマの休日を一緒に過ごしていく。

こちらも見逃せない!
教会のライトアップと街灯で照らされる広場。世界から人が集まり、夜ともにぎわっている (→P.83)。

泉に投げられたコインはローマ自治体により、チャリティーに使われているんだって。(東京都・T)

効率よく回るなら！

サンタンジェロ城	マルグッタ通り	スペイン広場	トレヴィの泉	パンテオン	コロンナ美術館	カンピドーリオ広場	フォロ・ロマーノ	コロッセオ	真実の口

観光しやすい順路はコチラ →

オードリー気分で『ローマの休日』巡り♥

コロッセオ Colosseo
詳しくは → P.78

気持ちいい

しっかりつかまってろよ！

③ ヴェスパでドライブシーン

ふたりのローマ散策で何度も登場する、ヴェスパでのドライブシーン。ヴィットリオ・エマヌエーレ2世記念堂、マルケルス劇場など、ローマの主要スポットを駆け巡る。

カンピドーリオ広場
Piazza del Campidoglio

古代ローマ時代には神殿があり、常にローマの中心地であったカンピドーリオの丘にある広場。天才ミケランジェロの設計で、中央にはマルクス・アウレリウス帝の騎馬像（レプリカ）が堂々と立つ。

Map 別冊P.8-B2 　コロッセオ周辺

🏠Piazza del Campidoglio 　🚶ヴィットリオ・エマヌエーレ2世記念堂から徒歩5分

④ ジョーのからかいに叫ぶアン王女

入れるわよ！

わわわ…

うそつき者が手を入れると抜けなくなるという伝説を信じるアン王女は、手を入れるのをためらう。ジョーが手を入れ噛まれたフリをする演技に絶叫してしまう。

真実の口 Bocca della Verità
サンタ・マリア・イン・コスメディン教会の入口の柱廊左側にある、海神トリトンの顔をモチーフにした円盤。古代の井戸か下水溝の蓋といわれる。

Map 別冊P.8-A3 　コロッセオ周辺

🏠Piazza della Bocca della Verità 18 　☎06-6787759 　🕐夏季9:30〜17:50、冬季9:30〜16:50 　🈔無休 　💴寄付金任意 　🚇MB線Circo Massimo駅から徒歩10分

⑤ ふたりの胸に深い恋心！

夜になり、遊覧船でふたりはダンスを楽しんでいた。そこで追手に見つかってしまい、ギターを振り回す乱闘に。サンタンジェロ橋から飛び降り、追っ手の目を逃れたが、このとき、ふたりの間には恋が芽生えていた……。

サンタンジェロ城 Castel Sant'Angelo
139年にハドリアヌス帝が造らせた霊廟。大天使ミカエルが疫病の終息を告げたため、それに感謝して礼拝堂が献堂された。

Map 別冊P.11-C2 　ヴァティカン市国周辺

🏠Lungotevere Castello 50 　☎06-32810 　🕐9:00〜19:30（チケット販売は18:30まで）　🈔月、1/1、5/1、12/25 　💴€12（+予約料€1）　🚇A線Ottaviano San Pietro駅から徒歩13分 　(JR)www.castelsantangelo.com

永遠の愛を誓う
サンタンジェロ城の橋の欄干には、たくさんの鍵が付けられている。南京錠に名前を書き、鍵を閉め、鍵は捨てるという、永遠の愛のおまじない。ほかにもローマでは、ミルヴィオ橋も愛を誓う恋人たちが訪れることで有名。

⑥ 会見のラストシーン

記者であるジョーに親善旅行でいちばん印象に残った場所を聞かれ、アン王女が「もちろんローマです」と答えるシーンは感動的。ふたりは目と目を合わせ、無言の別れを告げる。

コロンナ美術館 Galleria Colonna
1500〜1600年代のルネッサンス期の絵画を中心にコロンナ家のコレクションを展示。映画の舞台は2階の「勝利の柱の部屋」。

Map 別冊P.6-B3、8-B1 　ナヴォーナ広場周辺

🏠Via della Pilotta 17 　☎06-6784350 　🕐土 9:15〜13:15 　🈔月〜金・日、8月、12/25 　💴ショートコース€15、フルコース€25 　🚇A線Barberini駅から徒歩15分 　(JR)www.galleriacolonna.it

もちろんローマです！

真実の口の寄付金は任意だが、€0.50〜1入れるのがベター。

77

剣闘士と猛獣、剣闘士同士の
コロッセオ。その構造を知って、

収容人数は
東京ドームに
匹敵！

巨大な円形闘技場

コロッセオ Colosseo

紀元80年にティトゥス帝により完成した
闘技場。長径188m、短径156m、周囲
527m、高さ57mで、5万人を収容でき
る文字どおり巨大（コロッサーレ）な建
築物。落成時には剣闘士と猛獣の闘い
などの催しが100日間も続いたという。

Map 別冊P.9-C2　コロッセオ

🏛Piazza del Colosseo　☎06-39967700
⏰1/2〜2/28=9:00〜16:30、3/1〜3月最終土
曜=9:00〜17:30、3月最終日曜=9:00〜
19:15、9/1〜9/30=9:00〜19:00、10/1〜10月
最終土曜=9:00〜18:30、10月最終日曜〜12/31
=9:00〜16:30（入場は閉場の1時間前まで）
休1/1、12/25　料€16（+予約料€2、フォロ・ロ
マーノ、パラティーノの丘と共通、1ヵ所目の入場から
24時間有効）予要予約（空きがある場合はチケッ
トオフィスで当日予約可能）交MB線Colosseo駅か
ら徒歩1分　URLcolosseo.it

コロッセオの狙い

紀元72年、ヴェスパシアヌス帝が戦勝
記念の目的で建設を開始したという、
コロッセオ。ここで行われていた催し
は、すべての市民が無料で見ることが
できた。そこには、市民からの人気を
獲得し、社会問題から目をそらさせる
という、皇帝の戦略があったのだ。

いろんな柱の
デザインが
あるんだね☆

残念！　生還！

負けた剣闘士の
運命は観客に
委ねられた。
親指を立てれば
許し（生）を、
下を指せば死を
意味した

W0000〜!

日よけの天幕

基本的には野外使用だっ
たが、日よけのシェード
を完備！　皇帝席は1日中
直射日光が当たらないよ
うに配慮されていた。

4つの建築様式

コロッセオの主要建
材は火山灰を利用し
たコンクリート。高
度な建築技術で造られた4つの様式の柱の装飾
を見てみよう。アーチの中には一体ずつローマ
の英雄や神々の像が飾られていた。

4階

4種類の
古典建築

長径188m

アーチのないコリント式
れんがを積み上げ、柱に見立て
た建築様式。日よけの天幕を張
るための棒の穴と支えがある

3階

コリント式
柱頭にアカンサ
スの葉のモチー
フを施した柱。
パンテオン正面
の柱もこれと同
じ

ココ！

2階

ココ！

1階

イオニア式
柱頭に渦巻き模様の彫刻が
付いている。柱の下にはコ
ロッセオの土台石がある

スッキリ
デザイン！

ドーリス式
シンプルなデザ
インで、柱は上
に向かってスリ
ムになっている

✉コロッセオ広場、Via Nicola Salvi がコロッセオをすてきに撮れるスポットでした。(秋田県・えいご)

どんなところ？

闘いが日々繰り広げられていた、
当時の迫力を想像してみよう。

昔は大理石で
白かった

これも探してみよう！

240本の柱

コロッセオの周囲には240
本の石柱があり、天幕を支
えるためにロープがつなが
れていたとか。

皇帝の席

地上から1段高い席は皇帝
や上流階級の特別席。皇
帝が現れると市民は歓呼
した。現在は巨大な十字
架が立つ。

Wooo〜！

Wooo〜！

奴隷は
立ち見だった
んだってー

観客席

1階は元老院階級、2階は軍
人階級、3階からは市民の
席。一部女性席もあったが、
木製のベンチだった。

ココに
番号が
ある！

入口と席には番
号が振られ、切
符により入口が
決められていた。
その数は全80ヵ
所といわれるが、
東西南北の前入口
は番号が削られて
おり、76番まで
でしかない。

80ヵ所の入口

上から
見下ろして
みよう

高さ57m

かかって
こい！！！

猛獣はライオン、ヒョウ、
ゾウ、ワニなどさまざま

ガオーッ！

舞台は
厚い木の板を
使っていた

アレーナの床と
地下の控室

血で滑らないよう床には"ア
レーナ"と呼ばれる砂を敷き、
闘いで血に染まると新しいア
レーナがまかれる。地下には檻
や控室、舞台装置として人力エレベーターがあり、闘いを待
つ剣闘士が待機していた。剣闘士の多くは奴隷で、訓練と報
酬、食事、専門の治療を受けることができた。

キリスト教が公認されると、格闘は野蛮な見世物として禁止されるようになり、6世紀半ばには幕を閉じた。

フォロ・ロマーノを

共和制時代には政治の中心でとっても栄えていた、
一気にキャッチできた場所。どんなところだった

ローマ市民の広場

フォロ・ロマーノ Foro Romano

古代ローマ時代に市民の集会や裁判、商業活動、政治討論の場として設けられた広場で、古代ローマの発展の中核でもあった。その後、紀元前27年アウグストゥスが皇帝になると、民主政治の中心という役割を失い、ローマの偉大さと栄光を示すシンボルへと変化していく。

Map 別冊P.8-B2 コロッセオ周辺

🏛 Via dei Fori Imperiali ☎06-39967700
🕐1/2〜2/28=9:00〜16:30、3/1〜3月最終土曜=9:00〜17:30、3月最終日曜〜8/31=9:00〜19:15、9/1〜9/30=9:00〜19:00、10/1〜10月最終土曜=9:00〜18:30、10月最終日曜〜12/31=9:00〜16:30（入場は閉場の1時間前まで）
🚫1/1、12/25 💶€16（＋予約料€2、パラティーノの丘、コロッセオと共通、1カ所目の入場から24時間有効）🚇M B線Colosseo駅から徒歩10分

クーリア（元老院）

共和制時代の最高政治機関。旧元老院焼失後、カエサルが再建、紀元前29年アウグストゥスが完成。

サンティ・マルティーナ・エ・ルーカ教会

ロモロ・エ・レモ広場の出入口

カンピドーリオの丘へ

エミリアのバジリカ

カエサル神殿

ローマのへそ
フォカスの記念柱

ローマ市庁舎

聖なる道

カストルとポルックスの神殿

セヴェルスの凱旋門

203年、セヴェルス帝の功績をたたえて建造。3つのアーチが特徴で、高さは23m。

サトゥルヌスの神殿

古代ローマの最も神聖な場所のひとつ。現存しているのは8本の円柱とイオニア式の柱頭のみ。

ユリウスのバジリカ

紀元前54年にカエサルが着工、アウグストゥスによって完成。おもに司法、行政に使われ、中には裁判所もあった。

町中でよく見る「S.P.Q.R.」って何？

ラテン語「SENATVS POPVLVSQVE ROMANVS」の略で、意味は「元老院とローマ市民」。ローマが国家と市民のものだとする言葉だ。古代ローマ市の紋章に使用されており、現在もホールの蓋などにも記されている。

ティトゥスの凱旋門には略さず書いてある

ごみ箱のマーク

カエサル像の台座にも！

探してみよう！

銅パネルを貼っていた跡。公的な文書を発表する掲示板のような役割

当時の人が遊んでいたゲームの跡。集会や裁判の合間に遊んでいたのかな？

早わかり年表 敷地内の遺跡がどの時代に建てられたのか、確認してみよう！

	a	**b**	**c d**	**e f**	**g**	**h**	**i**
王政時代		**B.C.509〜 共和制時代**		**B.C.27〜**		**帝政時代（皇帝支配の時代）**	
国王支配の時代		君主の存在しない時代		ハドリアヌス帝を含む五賢帝時代			

スピードスタディ！

東京の永田町みたいなトコ？

フォロ・ロマーノ。ここに来れば世間のニュースを〔伝わった〕のか、サクッとお勉強しちゃいましょ！

フォロ・ロマーノをスピードスタディ！

撮影ポイントはココ！

KEY WORD 2
凱旋門はなぜ建てられた？
軍事的勝利を祝い、勝利をもたらした戦士や軍隊の凱旋式を行うときに記念に建てられる。古代ローマが発祥。

g

アントニヌスとファウスティーナの神殿

アントニヌス・ピウス帝が亡き妻ファウスティーナのために建てた神殿。後に、皇帝自身もここに祀られた。

i

マクセンティウスのバジリカ

306年にマクセンティウス帝が着手し、コンスタンティヌス帝によって完成。敷地内最大の建造物。

フォロ・ロマーノの全景写真を撮るなら、パラティーノの丘の北端にあるテラスが、ベストポジション。

ロムルスの★神殿
フォロ・ロマーノ考古学博物館
アウグストゥスの凱旋門
〔ヴェ〕スタの〔処〕女の家
コロッセオへ →
パラティーノの丘へ →

f

ウェヌスとローマの神殿

ハドリアヌス帝が建てたウェヌスとローマを祀った神殿。両女神の寝室が背中合わせのユニークな建築だった。

KEY WORD 3
がんばった人!!!
アウグストゥス帝
ローマ帝国の初代皇帝。養父カエサルの跡を継ぎ、帝政を創始し、パクス・ロマーナ（ローマの平和）を実現。

ローマを平和にしたよ！

a

ヴェスタの神殿

炉とかまどの女神ヴェスタにささげられた神殿で、巫女が「聖なる火」を守っていた。

e

ティトゥスの凱旋門

ヴェスパシアヌスとティトゥスがエルサレムで戦勝したことを記念して81年に建造。鷹に乗るティトゥス帝の浮き彫りは、皇帝の神格化を象徴。

がんばった人!!!

来た！見た！勝った！

KEY WORD 4
カエサル
共和制時代の政治家、軍人として活躍。終身独裁官となり、帝政時代の基礎を築いた、スゴ腕！

◥古代ローマ人でにぎわった施設◤

ミケランジェロ設計の教会
サンタ・マリア・デッリ・アンジェリ教会
Santa Maria degli Angeli e dei Martiri

ディオクレティアヌスの浴場のバジリカを建て直した教会。ヴォールト天井のある大空間など、当時の形が生かされている。

Map 別冊P.7-C2　テルミニ駅周辺

🏠 Piazza della Repubblica　☎06-4880812
🕐 10:00～13:00、16:00～19:00　🈺無休
💰無料　🚇Ⓜ️A線Repubblica駅から徒歩1分
🌐www.santamariadegliangeliroma.it

現存する最古の劇場
マルケルス劇場
Teatro di Marcello

カエサルが着工し、紀元前11年頃アウグストゥスの時代に完成させた劇場。中世には貴族の要塞となり、現在はなんと最上階が集合住宅になっている。

Map 別冊P.8-A2　ナヴォーナ広場周辺

🏠 Via del Teatro di Marcello　🔖考古学
公園夏季9:00～19:00、冬季～18:00（劇場内部の見学は不可）　🈺無休　💰無料
🚇Ⓜ️B線Circo Massimo駅から徒歩15分

トラヤヌスのフォロに隣接する建物
トラヤヌスのマーケットとフォーリ・インペリアーリ博物館
Mercati di Traiano/Museo dei Fori Imperiali

2世紀初頭に造られた半円形の建物。内部は150の店舗に仕切られ、食べ物や貴金属などが売られていたといわれる。

Map 別冊P.8-B1　コロッセオ周辺

🏠 Via IV Novembre 94　☎06-0608　🕐9:30～19:30
（1/1=11:00～、12/24・31=～14:00、チケット販売は閉館1時間前まで）　🈺5/1、12/25　💰€11.50　🚇Ⓜ️B線Colosseo駅から徒歩10分　🌐www.mercatiditraiano.it

ローマ・パス（→P.63）は、コロッセオ、フォロ・ロマーノ、パラティーノの丘でも使える。コロッセオは要予約。

歴史と光のコラボレーション
ローマの美しい夜景にうっとり♥

きらめく光に包まれたローマの夜はさらに輝きを増して、なんともドラマチック！
いつまでも記憶に残るステキな旅にするために、とっておきの
夜景スポットを巡るおさんぽコースへお出かけしてみない？

フォト
ジェニック☆

夜の
トレヴィの泉も
サイコーよ！

『ローマ
の休日』気分
を満喫♪

Baaaaacio!!!

夜景ツアーもオススメ

自分で回るのが不安
なら、自由にアレンジ
できるプライベート
ツアーはいかが？
コロッセオ、トレヴィ
の泉、スペイン広場
などを専用車で回り、
下車見学できる。ひ
とり1万4900円（2人
の場合）、1万2900円
（3人の場合）。

ラーナツアーズ
URL www.ranatours.jp

映画の
ワンシーン
みたい！

観光客も一緒に撮影す
ればとっておきの1枚
が撮れちゃうかも!?

ヴィットリオ・エマヌエーレ2世記念堂

Map 別冊P.8-A1

ヴィットリオ・
エマヌエーレ2世記
念堂は日没～1時間
後がベスト

→P.24

日没時間目安

春	18:30
夏	20:00
秋	18:00
冬	17:00

ローマの
夜さんぽ
事情

夜景撮影のコツ

日没から真っ暗になるまでは約
50分。いちばんきれいに撮れ
るのは日没から20～30分ほど
たった時間帯。ブレやすいの
で、カメラを固定させて撮ろう。

治安はどう？

ローマは夜も人が多く、危ない
ことはないが、注意は必要。貴
重品は持たずに身軽な格好で
出かけよう。ひと気のない路地に
は入らないなど、気をつけて。

交通手段は？

地下鉄は5:30～23:30（金・土
～翌1:30）、バスは深夜バスが
終夜運行。深夜も利用客は多
いが、あまり遅くなる場合は
タクシーを使おう。

トラムの中でジャズを聞きながらディナーをする『トラム・ジャズ』は、夜景も見えて最高でした！（千葉県・けいと）

A 19:00 コロッセオ

Map 別冊 P.9-C2

フォーリ・インペリアーリ通りからも眺めて

おなじみのこのポジションからの景観も夜は幻想的な雰囲気。いろんな角度から楽しもう →P.78

地下鉄＋徒歩15分

ステキ過ぎる〜♪

B 19:30 スペイン広場

Map 別冊 P.6-A2

噴水を手前にフレーミングしながら階段全景と教会まで入れると奥行きがあって臨場感たっぷり！ →P.76

徒歩10分

階段を上った広場から全景を望めるよ！

C 19:55 トレヴィの泉

Map 別冊 P.6-B3

ほんのりライトアップされ、荘厳さと美しさが増すトレヴィの泉にキュン♡ →P.32

躍動感あふれる彫刻に心を奪われちゃいそう！

徒歩15分

D 20:25 ナヴォーナ広場

Map 別冊 P.11-D3

にぎやかな昼間の表情とは違ってノスタルジックなムードに

ベルニーニによる四大河の噴水にうっとり！ →P.85

サンタンジェロ橋からの眺めがベスト。ベルニーニ作の2体の天使像のレプリカも必見！ →P.77

徒歩10分

F 21:15 サン・ピエトロ大聖堂

Map 別冊 P.10-A2

E 20:50 サンタンジェロ城

Map 別冊 P.11-C2

徒歩10分

テヴェレ川に映るお城はさらにロマンティック

スペイン広場
B
テルミニ駅
E
F
C
D
フォロ・ロマーノ
A

神々しい美しさだわ〜

サンタンジェロ城からコンチリアツィオーネ通りへ向かうと、夜空に浮かび上がる神秘的な大聖堂が →P.66

近くで見ると聖人像が照らされ迫力満点

ナヴォーナ広場周辺で
町を豪華に彩る
必見芸術＆教会巡り

バロック時代の豪華絢爛な建物や装飾が今も残るローマの町。
ナヴォーナ広場の周りには、そんなバロック芸術をはじめ、
見るべきものがたくさんあるので、アート散歩にぴったり。

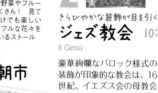

TOTAL
8時間

ナヴォーナ広場周辺
おさんぽ
TIME TABLE

9:00 カンポ・デ・フィオーリの朝市
↓ 徒歩10分
10:30 ジェズ教会
↓ 徒歩5分
11:30 サンタ・マリア・ソプラ・ミネルヴァ教会
↓ 徒歩3分
13:30 パンテオン
↓ 徒歩2分
14:30 サンテウスタキオ
↓ 徒歩2分
15:00 サン・ルイージ・デイ・フランチェージ教会
↓ 徒歩2分
16:00 ナヴォーナ広場

月～土曜日の
午前中に開かれる
市場だよ！

1. 旬の野菜やフルーツがたくさん！ 見ているだけでも楽しい
2. カラフルな花々を扱っているストール

1 にぎやかな市場で1日をスタート　9:00
カンポ・デ・フィオーリの朝市
Mercato di Campo de' Fiori

朝から活気あふれる青空市場には、野菜や果物、チーズ、乾物などのストールが並び、ローマっ子が食材を求めてやってくる。キッチン用品もあるので、おみやげ探しもできちゃう。

Map 別冊P.11-C3

🏠Piazza Campo de' Fiori　🕐7:00～14:00　🔒日　💳店舗により異なる　🚶ナヴォーナ広場から徒歩5分

きらびやかな装飾が目を引く
2 ジェズ教会　10:30
Il Gesù

豪華絢爛なバロック様式の装飾が印象的な教会は、16世紀、イエズス会の母教会として建てられた。日本のキリシタン迫害を描いた『元和大殉教図』も収蔵。

Map 別冊P.8-A1

🏠Piazza del Gesù　☎06-697001　🕐7:30～12:30、16:00～19:30（日・祝7:45～13:00、16:00～20:00）　🔒無休　💴無料　🚶ナヴォーナ広場から徒歩10分　🔗www.chiesadelgesu.org

1. フランシスコ・ザビエルの礼拝堂の祭壇には、ザビエルの腕の一部が収められた聖遺物箱が
2. 身廊にはバチチャのフレスコ画『キリストの御名の勝利』が描かれている

ミケランジェロ
が作ったよ

ローマ唯一のゴシック教会　11:30
3 サンタ・マリア・ソプラ・ミネルヴァ教会
Santa Maria Sopra Minerva

ミネルヴァ神殿跡に建てられた教会。内部には、ミケランジェロの『あがないの主イエス・キリスト』をはじめ、数々の芸術品が収蔵されている。

Map 別冊P.8-A1、11-D3

🏠Piazza della Minerva 42　☎333-7468785　🕐9:00～12:00、16:00～19:00　🔒無休　💴無料　🚶ナヴォーナ広場から徒歩8分　🔗www.santamariasopraminerva.it

1. フィリッピーノ・リッピのフレスコ画　2. 青が印象的な天井。ゴシック建築の特徴であるバラ窓も

荘厳な古代ローマの遺構　13:30
4 パンテオン　Pantheon

紀元前27年、アウグストゥス帝の右腕アグリッパが建てるが、80年に焼失。118年にハドリアヌス帝が建て直した。内部にはラファエッロなどの墓がある。

Map 別冊P.6-A3、8-A1、11-D3

🏠Piazza della Rotonda　☎342-1620477　🕐9:00～19:00（入場は18:30まで）　🔒1/1、8/15、12/25　💳C5　🚶ナヴォーナ広場から徒歩5分　🔗www.pantheonroma.com

ミケランジェロ
が『天使の設計』と呼んだんだ

クーポラ頂上の9mの
天窓が唯一の光源

Map 別冊P.4

バロック芸術とは？
ルネッサンスの後、16世紀から18世紀前半にかけて栄えた芸術様式。ルネッサンスが均衡のある構成だったのに対し、バロックはダイナミックな表現が特徴。躍動感ある彫刻やコントラストのある絵画、過剰な装飾を施した動的・劇的な建築が好まれた。代表的な芸術家は、ベルニーニ、カラヴァッジョなど。

ベルニーニについてはコチラ →P.74～

コーヒーのキャンディやチョコもあるよ

スペシャリテだよ

1. 店内はいつも大にぎわい　2. 生クリームがのったコーヒー、モナケッラ€3.50（カウンター）、€6（テーブル）　3. グラン・カフェ€3（カウンター）、€5.50（テーブル）

5 世界中から客が訪れる　14:30
サンテウスタキオ
Sant'Eustachio

1938年創業の老舗。ブラジルやグアテマラ産の豆をオリジナルブレンドし、薪を使い長時間弱火で焙煎することで、甘味があり口当たりの優しいコーヒーになるという。

Map 別冊P.11-D3

🏠Piazza Sant'Eustachio 82
☎06-68802048　🕐7:30～翌1:00（金～翌1:30、土～翌2:00）　🈵8/15、12/25
💰€3～　Card M.V.　🈲不要　🈁
WiFiなし　🚶ナヴォーナ広場から徒歩3分
URL www.santeustachioilcaffe.it

ナヴォーナ広場周辺で必見芸術&教会巡り

6 仏の守護聖人を祀る　15:00
サン・ルイージ・デイ・フランチェージ教会
San Luigi dei Francesi

16世紀に建立、フランスのルイ9世にささげられた教会。コンタレッリ礼拝堂には、カラヴァッジョ初の宗教画で聖マタイの物語を題材にした3部作がある。

明暗対比を用い、人々の表情や動きをとらえた臨場感のある作品

Map 別冊P.11-D3

🏠Piazza San Luigi de' Francesi 5
☎06-688271　🕐9:30～12:45（土～12:15、日11:30～）14:30～18:30
🈵無休　💰無料　🚶ナヴォーナ広場から徒歩4分

7 ローマを代表する広場　16:00
ナヴォーナ広場
Piazza Navona

もとは1世紀にドミティアヌス帝が造った競技場だった広場。ローマ教皇イノケンティウス10世の依頼でバロック時代に3つの噴水が造られる。中央はベルニーニ作「四大河の噴水」。

Map 別冊P.11-D3

🏠Piazza Navona　🚇MA・B線Termini駅から40・64番バスでLargo Torre Argentinaバス停下車、徒歩5分

「ムーア人の噴水」。中央にはイルカと戦うムーア人の彫刻

広場にあるオベリスクを背負った象はベルニーニの発案

お花買っちゃった

今日は教会巡りよ！

古代ローマ遺跡の中には猫の保護施設があるよ！

トッレ・アルジェンティーナ広場

Via del Rinascimento
Corso del Rinascimento
Via della Dogana Vecchia
Piazza della Rotonda
Via della Minerva
Piazza di Sant'Eustachio
Via di Santa Caterina da Siena
Via di Torre Argentina
Via del Gesù
Corso Vittorio Emanuele Ⅱ
Via dei Baullari
Via del Plebiscito

1585年、ローマを訪れた天正遣欧少年使節は、イエズス会本部があったジェズ教会を宿舎としていた。

ローマの郷土料理はパワフルな庶民の味！

ホルモンなどを安い野菜と一緒に煮込んで食べていた農家の味が
ローマ料理の始まり。今も受け継がれるおいしい料理を食べてみたい！

旅した地方の料理をアレンジしたメニューもあるよ

A ポルペッテ・ディ・ボッリート
Polpette di Bollito

煮込んだ牛肉の団子を揚げたもの。イタリアンパセリのソースで。€9

B ローマ風トリッパ
Trippa alla Romana

ハチノス（牛の第2胃）を香味野菜とトマトで煮込んだもの。€13.40

A 乳飲み子羊のロースト
Arrosto Abbacchiato

ニンニク、ローズマリーでじっくりと煮込んだ子羊のモモ肉。€19

「クル・ドゥ・サック」グラスワインは€3.10からだよ

B コーダ・アッラ・ヴァッチナーラ
Coda alla Vaccinara

口の中でとろけそうなほどやわらかい牛のテールの煮込み。€15.90

B 鶏肉のカッチャトーラ
Pollo alla Cacciatora

平飼い鶏を酢、白ワイン、ローズマリー、ニンニク、トマトで煮込んだひと品。€15

A 昔懐かしいイタリアの味

ロマネ *Romane*

オーナーがマンマから受け継いだローマ料理のほか、1950〜1960年代に作られていたイタリア各地の家庭の味も再現。気取らない料理の数々は量の多さも評判。

Map 別冊P.4-A1　ヴァティカン市国周辺

🏠 Via Cipro 106　☎06-69756884
🕐11:30〜24:00　🗓8月に1週間　💰€25〜
Card A.M.V.　△週末は望ましい　🈳
WiFi無料　🚇Ⓜ️A線Cipro駅から徒歩4分

かわいいお皿がいっぱい！

B ワイワイ楽しめるエノテカ

クル・ドゥ・サック *Cul de Sac*

ローマ料理からワインに合うつまみまで充実しており、良心的な価格なのがうれしい。人気店なので早い時間の来店が吉。店内の棚に並ぶ1500種ものワインも必見！

Map 別冊P.11-C3　ナヴォーナ広場周辺

🏠 Piazza Pasquino 73　☎06-68801094
🕐12:00〜24:00　🗓12/25・26
💰€20〜　Card J.M.V.　🈳不可　🈁
WiFi有　🚇ナヴォーナ広場から徒歩2分
URL www.enotecaculdesacroma.it

📨 同じトリッパでもローマ風とフィレンツェ風では全然味が違った。トマト好きの私はローマ風が好み。（茨城県・隈クマ子）

ローマの郷土料理はパワフルな庶民の味！

プロシュットをのせて
焼いた仔牛肉にセージ
をふって。€16

サルティンボッカ
Saltimbocca alla Romana

ローマ的お手軽フード

ビールに
ぴったり
だよ！

左から、スモークポテトのコロッケ€2、
スップリ・クラッシコ€3、
カルボナーラのスップリ€3

バッカラと
トマトとパ
プリカのサ
ラダ€6

メニューにない
味のリクエスト
にも応えるよ

白ワイン、ローズマ
リー、ヴィネガーで仕
上げた仔羊肉。€16

乳飲み仔羊のカッチャトーラ
Abbacchio alla Cacciatora

ローマのマンマの味！
スップリツィオ Supplizio

カフェのようにおしゃれなこ
ちらのスペチャリテはスップ
リ（ライスコロッケ）。昔なが
らの味からオリジナルまで6種
類ある。注文が入ってから揚
げるアツアツを召しあがれ。

Map 別冊P.11-C3　ナヴォーナ広場周辺

🏠Via dei Banchi Vecchi 143　☎06-89871920
🕐12:00〜15:30、17:00〜21:30　🈺日・祝　🍴ランチ
€7〜、ディナー€12〜　Card D.M.V.　予約不要　英　英

WiFi無料　🚇ナヴォーナ広場から徒歩7分

ローマ風アーティチョーク
Carciofo alla Romana

ニンニク、ミ
ントなどを入
れ蒸し煮にし
たアーティ
チョーク。€6

ストラッチャテッラ、
トマト、グアンチャー
レのブルスケッタ€8

毎日丸1頭
出るんだよ

ポルケッタ€4/100g（手前）と
ゴルゴンゾーラの酢漬け€4.50（奥）

食べやすいように軽めの味付け
ラ・タヴェルナ・デイ・フォーリ・インペリアーリ
La Taverna dei Fori Imperiali

100年以上続く家族経営の食
堂。いただけるのは良質な食
材を使ったデリケートな味わ
いの伝統料理。定番料理のほ
か、月ごとに替わるスペシャ
ルメニューもある。

Map 別冊P.8-B2　コロッセオ周辺

🏠Via della Madonna dei Monti 9　☎06-6798643　🕐12:30〜15:00、
19:30〜22:30　🈺火、8/15から2週間　🍴€35〜　Card A.D.J.M.V.
望ましい　英　WiFi無料　🚇B線Cavour駅から徒歩5分
URL www.latavernadeiforiimperiali.com

ローマっ子気分で味わう
エル・ブケット Er Buchetto

塩、ニンニク、ローズマリー
を詰めてじっくり焼き上げた
子豚の丸焼き、ポルケッタは
気軽な庶民食。小さなお店は
これをワイン片手に楽しむ人
でいつもいっぱい！

Map 別冊P.7-D3　テルミニ駅周辺

🏠Via del Viminale 2/F　☎329-9652175　🕐10:00〜
15:00、17:00〜21:00（土のみ10:00〜15:00）　🈺日・祝、
8月に2週間　🍴€8〜　Card不可　予約不可　英
WiFiなし　🚇A・B線Termini駅から徒歩5分

ローマ料理は、テスタッチョから生まれたモツ料理、ユダヤ人の料理、アブルッツォ地方からの移住者の料理が元になっている。　**87**

おすすめセコンド
チーズやハーブが入った
ミートボールのトマト
ソース煮込み。€14.50

おすすめアンティパスト
揚げたユダヤ風アー
ティチョークもロー
マ名物。外はカリカ
リ、中はホクホク。
€6.50／個

グリーチャ
Gricia

アマトリチャーナにトマトソース
を入れないもの。グアンチャーレ
から出る脂がおいしい。€10

アマトリチャーナ
Amatriciana

グアンチャーレ（豚肉のほほ肉の塩
漬け）とペコリーノ・ロマーノが
入ったトマトソースパスタ。€13.50

路地裏にたたずむ超人気店
トラットリア・ダ・エンツォ・アル29
Trattoria da Enzo al 29

ローマ近郊で取れた新鮮
食材で作る伝統料理はど
れもハズレなし！ 気さ
くなスタッフのサービス
も心地よく、常連客が多
いのも納得。わざわざ足
を運ぶ価値ありの一軒。

Map 別冊P.8-A3 トラステヴェレ

🏠Via dei Vascellari 29　☎06-5812260　🕐12:15～15:00、19:00
～23:00　🈺日、8月に10日間、1/1、12/25　💰€25～　Card M.V.
🈲不可　🈡英　WiFiなし
🚇ⒶA・B線Termini駅からHバスでSonnino/S. Gallicano
バス停下車、徒歩6分　URL www.daenzoal29.com

ローマ
名物パスタを

日本でもおなじみのカルボ
実はローマ生ま
羊乳チーズ、ペコリーノ・ロマ

店で使っている
オリーブオイルも
売ってます

おすすめ
アンティパスト
タマネギとローリ
エで炒めたラムの
臓物。€6

飾らない庶民の味をいただこう
ピアット・ロマーノ
Piatto Romano

余計な手は加えず昔なが
らのローマの味を作り続
けるレストラン。素材そ
のものの味を生かし、シ
ンプルな料理を心がけて
いる。ディナータイムに
はピッツァも登場。

Map 別冊P.4-B3 テスタッチョ

🏠Via Giovanni Battista Bodoni 62　☎06-64014447　🕐12:45～
15:00、19:45～23:30　🈺日、1/1週、12/24・25夜　💰ランチ€20～、
ディナー€30～　Card A.D.M.V.　🈲週末は望ましい　🈡英
WiFi無料　🚇ⒷB線Piramide駅から徒歩10分　URLwww.piattoromano.
com　🏠Ristorante La Terricella

パヤータ
Rigatoni alla Pajata

おすすめセコンド
洋ナシ、プルーンと一緒
に煮込んだ干しダラ。€16

リング状に結んだ乳飲み仔
牛の腸が入ったトマトソー
スのパスタ。€12

果物の煮込みは
ローマ時代から
ある料理法だよ

パスタとソースの相性▶
Short Pasta

ズッキーニを加えた
カルボナーラと
相性抜群

バジルペースト
やアラビアータが
マッチ！

かぼちゃやドライ
トマトなどの濃いめ
のソースで

バターと
ハーブを一緒に
絡めて！

リガトーニ
Rigatoni
太いマカロニ
の表面に筋が
入り、ソース
の絡みがよい

ペンネ・リガーテ
Penne rigate
ペン状にとが
ったパスタ。筋
が入ったものを
リガーテと呼ぶ

フジッリ
Fusilli
ソースも絡み
やすい、らせん
状にねじれた
ショートパスタ

ラヴィオリ
Ravioli
小さな袋状の
パスタに肉や
野菜、チーズ
を詰めたもの

✉️ローマではほかの町よりショートパスタが多く食べられているらしいよ。（広島県・バク）

おすすめセコンド
生ハムで挟んだ仔牛肉をバターと
セージで焼いたサルティンボッカ€15

ドルチェまでしっかり食べたい
オステリア・
フラテッリ・モーリ
Osteria Fratelli Mori

お父さんの代と変わらぬレシピ
で作るローマ料理と今風に手
を加えた料理でもてなす。食
材にもこだわり、地元の小規
模生産者のものを使っている。

Map 別冊P.4-B3 テスタッチョ

⌂ Via dei Conciatori 10 ☎331-
3234399 ◷12:30～15:00 (L.O.
14:30)、19:30～23:00 (L.O.22:30)
▦8月に2～3週間 ⊟€35～ Card
A.M.V. ▣必要 ⟦素⟧ ⟦喫⟧ Wi-Fi無
料 ⟦MB⟧線Piramide駅から徒歩5分
⟦URL⟧www.osteriafratellimori.it

カルボナーラ
**Rigatoni
alla Carbonara**

グアンチャーレ、全卵、ペコ
リーノ・ロマーノ・チーズを
絡めたパスタ。€12

ドルチェは
マンマの担当
なんだよ

おすすめ
アンティパスト
ズッキーニの花の
中にモッツァレラ・
チーズを入れてフ
リットに。€6

発祥の
召しあがれ

ナーラやアマトリチャーナ。
れって知ってた?
ーノとの相性もバッチリ!

おすすめセコンド
ジャガイモ、パルミジャー
ノなどを入れて揚げたミー
トボール。€15

自家製のパスタを召しあがれ
フラヴィオ・アル・ヴェラヴェヴォデット
Flavio al Velavevodetto

定番のローマ伝統料理を
楽しめる店。その日に取
れた新鮮な野菜や果物、
自分たちの目や舌で確か
めた小規模生産者の食材
を仕入れているという。

Map 別冊P.4-B3 テスタッチョ

⌂ Via di Monte Testaccio 97/99 ☎06-5744194 ◷12:30～15:00、
19:30～23:00 ▦1/1の夜、12/25の夜 ⊟€35～ Card A.V.M.
⟦予⟧望ましい ⟦素⟧ ⟦喫⟧ ⟦WiFi⟧無料 ⟦MB⟧線Piramide駅から徒歩7分
⟦URL⟧www.ristorantevelavevodetto.it ⟦f⟧Velavevodetto ai Quiriti

おすすめセコンド
ニンジン、モルタ
デッラなどを巻いた
牛肉のトマトソース
煮込み。€15

伝統料理でも
お店それぞれ
の味があるのよ

カーチョ・エ・ペペ
**Tonnarelli Cacio
e Pepe**

ペコリーノ・ロマーノと黒コショウを絡め
た、手打ち卵麺のもちもちパスタ。€13

Long *Pasta*

フレッシュバジルの
入ったトマトソース
とよく合う

スパゲッティ
Spaghetti
「細いひも」と
いう意味をも
つ、パスタの代
名詞的存在

ボロネーゼソース、
トマトソースが
定番!

タリアテッレ
Tagliatelle
卵を入れて練るき
しめん状パスタ。
ラツィオ州ではフ
ェットチーネと呼
ぶ

カルボナーラや
アマトリチャーナが
最高

ブカティーニ
Bucatini
スパゲッティよ
りやや太く、中
心に穴のあいた
細長いパスタ

ウサギ肉のトマト
ソースや野菜系
ソースが◎

家でも
参考にして

パッパルデッレ
Pappardelle
タリアテッレ
より幅広な、
卵を入れて練
ったパスタ

パルミジャーノを加える、黄身のみを使う、白ワインを入れるなど、カルボナーラの作り方は店によってさまざま。

各店舗オススメ揃い！

パリパリ生地と豊富な具材が決め手！ローマピッツァ大集合★

プロシュット

プロシュットがふんだんにのった贅沢ピッツァ！

どのピッツァがお好み？

早い、安い、うまい！で人気のローマピッツァ。地元っ子はシェアせずひとり1枚が当たり前。直径30cmくらいあるけれど、薄いのでペロリといけちゃうはず！

本場のピッツァはうまいぞ

C パタ・ネグラ・エ・ブファラ
Pata Negra e Bufala
€26

モッツァレラとトマトの黄金コンビ。素材はすべてビオ！

オリーブ

C スーペル・ビオ
SuperBio
€14.50

アンチョビの塩気がgood！

お酒との相性も◎

モッツァレラチーズ

バジル

モッツァレラチーズ

トマトソース

アツアツのうちに食べきって

アンチョビ

B ナポリ
Napoli
€6

口の中でジューシーなソーセージのうま味が広がる！

モッツァレラチーズ

A ブロッコレッティ・エ・サルシッチャ
Broccoletti e Salsiccia
€9

ブロッコリ

ソーセージ

とろ〜り溶けたチーズがたまらない！

A マルゲリータ
Margherita
€6.50

ローマピッツァとナポリピッツァの違い

ローマ風は、めん棒を使って生地全体を薄くのばして焼いた、パリパリのピッツァ。一方、ナポリ風は、手でのばした生地で、縁が厚くモチモチしている。

ローマ　　　ナポリ

名物料理は本場で食べるのがいちばん

A 薪の窯で焼く絶品ピッツァ
ヌオーヴォ・モンド Nuovo Mondo

生地の薄さがローマピッツァの特徴だけれど、この店は特に薄い！ 薪の窯で焼かれたパリッとした食感をぜひ味わってほしい。スップリ（ライスコロッケ）やフリットもおいしいと評判。

Map 別冊P.4-B3 テスタッチョ

🏠 Via Amerigo Vespucci 9/17　☎06-5746004　🕐19:00〜翌0:30　定休月（夏季は無休）予算€12〜　Card M.V.　望ましい　英（英）　WiFi なし　MB線Piramide駅から徒歩10分

B 開店前から行列ができる
ピッツェリア・レーモ
Pizzeria Remo

伝統的なピッツァを作る店として、「ローマ市職人工芸賞」を受賞した実力店。人気メニューはナスやキノコの入った"レーモ"。テイクアウトも可能なので、ホテルでの夜食にも最適。

Map 別冊P.4-B3 テスタッチョ

🏠 Piazza S. M. Liberatrice 44　☎06-5746270　🕐19:00〜翌1:00　定休日　予算€10〜　Card A.M.V.　望ましい　WiFi なし　MB線Piramide駅から徒歩10分

  ディナー営業のみのピッツェリアが多いですが、エンマはランチからピッツァが食べられます。（京都府・杏）

アーティチョークが香ばしい！

モッツァレラチーズ

バジル

おいしいよ！

アーティチョーク

D **カルチョーフィ** Carciofi €9

C **ブファラ・エ・ダッテリーニ** Bufala e Datterini €13

モッツァレラチーズ

トマト 甘味の強いシチリア産のダッテリーニトマトがアクセント

ピザ生地から生まれた人気ストリートフード

トラピッツィーノ Trapizzino 各€5

毎日、温かいのが6種類

30種のレパートリーのなかから毎日8種が並ぶ。左から、ナスのパルミジャーノ、鶏のカッチャトーラ、ミートボール

冷たいのが2種類だよ

トッピングもいろいろあるよ

野菜モリモリのサラダ感覚ピッツァ

D **ブファラ・パキーノ・エ・ルゲッタ** Bufala, Pachino e Rughetta €10

トマト

モッツァレラチーズ

ルッコラ

バジル

love~pizza

伝統の味を気軽にどうぞ！
トラピッツィーノ
Trapizzino

カリカリ＆ふわふわの三角生地に詰めるのはローマ伝統の煮込み料理。時間をかけて作った本格料理を手軽に食べられる進化形ピッツァとして話題。

Map 別冊P.4-B3 テスタッチョ

🏠 Via Giovanni Branca 88 ☎06-43419624 🕐12:00〜24:00（金・土〜翌1:00）🈲8/15の週 🈷€6〜 Card M.V. 🈡不要 🈓あり WiFi 無料 🚇MB線Piramide駅から徒歩10分 URLwww.trapizzino.it 🏠ポンテ・ミルヴィオ店ほか

ピッツァの原型ともいわれる。チーズなしでニンニクたっぷり

B **マリナーラ** Marinara €6

バジル

ニンニク

これは何のピッツァですか？
クエスタ・ケ・ピッツァ・エ？ Questa che pizza e?

マルゲリータを1枚ください。
ウナ・ピッツァ・マリナーラ・ペル・ファヴォーレ
Una pizza Marinara, per favore.

生ビールを2杯ください。
ドゥエ・ビッレ・アッラ・スピーナ・ペル・ファヴォーレ
Due birre alla spina, per favore.

ミニ会話

C 厳選食材で作るピッツァ
エンマ Emma

有名ベーカリー、ロショーリで作った生地にのせるのは、イタリア全土から仕入れた最高級品質の素材。ピッツァに不可欠のトマトソースは、のせる具材に合わせてトマトの種類を替えるほどのこだわりよう。

Map 別冊P.4-B2 ナヴォーナ広場周辺

🏠 Via Monte della Farina 28/29 ☎06-64760475 🕐12:30〜15:30、18:30〜23:30 🈲12/24夜、12/25、12/31夜 🈷€20〜 Card A.J.M.V. 🈡夏季は必要 🈓あり WiFi 無料 🚇ナヴォーナ広場から徒歩5分 URLwww.emmapizzeria.com

D 次々と客がやってくる人気店
リ・リオーニ Li Rioni

イタリアのスパドーニ社の粉で作るピッツァは、300度の窯で香ばしくパリッと焼くのがおいしさの秘訣。24〜48時間寝かせた生地を使うため、味はもちろん、香りもよくなる。

Map 別冊P.9-D3 コロッセオ周辺

🏠 Via dei Santi Quattro 24 ☎06-70450605 🕐19:00〜24:00 🈲火、1/1、8月に2週間、12/25 🈷€20〜 Card A.J.M.V. 🈡望ましい 🈓なし 🚇MB線Colosseo駅から徒歩7分 URLwww.lirioni.it

そらよっとー！！

ローマの下町、テスタッチョ

吹き出し: 肉のこと は任せて

Testaccio

9:00
テスタッチョ 新市場で朝ごはん

吹き出し: 市場を 見て回ろう

新感覚パニーノを食べよう

モルディ＆ヴァイ
Mordi & Vai

ローマの家庭料理をパンに挟んだパニーノ。具材はカルボナーラなど13種あり、伝統料理を手軽に食べられると人気。

1. ニンジンやセロリと煮込んだ牝牛（スコットーナ）＆チコリ€6
2. 牛の胃袋のトマト煮込み、ローマ風トリッパ入り€6

Map 別冊P.4-B3　テスタッチョ

Nuovo Mercato Testaccio Box15. Via Beniamino Franklin 12/E　347-6632731　10:00～14:30（金・土～15:00）　日・祝　€4.50～　A.M.V.　不要　WiFiなし　MB線Piramide駅から徒歩15分

14:00
おやつには 地元っ子御用達の クッキー

Trastevere

老若男女に愛されるクッキー

ビスコッティフィーチョ・アルティジャーノ・イノチェンティ
Biscottificio Artigiano Innocenti

1940年代創業。数えきれないほどの種類があるクッキーは、代々のレシピを引き継いだ素朴な味わい。

吹き出し: 1枚から 買えるよ

1. 人気No.1のブルット・マ・フォーノ€29/kg（左）など　2. サクランボをのせたクッキーなど。€16～29/kg

Map 別冊P.4-B2　トラステヴェレ

Via della Luce 21　06-5803926　8:30～19:30（日9:30～14:00）　1/1・6、復活祭・復活祭翌日、夏季、12/25・26　M.V.　MA・B線Termini駅からHバスでSonnino/S. Gallicanoバス停下車、徒歩3分

15:30
小腹がすいたら 切り売りピッツァを

切り売りピッツァ€20～25/kg。トマトソースのロッサ（左）とズッキーニ（右）

焼きたてをほおばろう

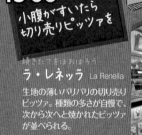

ラ・レネッラ
La Renella

生地の薄いパリパリの切り売りピッツァ。種類の多さが自慢で、次から次へと焼かれたピッツァが並べられる。

Map 別冊P.4-B2　トラステヴェレ

Via del Moro 15　06-5817265　7:00～22:00　無休　€7～　A.M.V.　不要　MA・B線Termini駅からHバスでSonnino/S. Gallicanoバス停下車、徒歩5分

16:30
町のシンボルを 見に行く

221年創建といわれるローマで最も古い教会のひとつ。10人の聖女を描いたファサードのモザイクが美しい。

サンタ・マリア・イン・トラステヴェレ教会
Santa Maria in Trastevere

Map 別冊P.4-B2　トラステヴェレ

Piazza di Santa Maria in Trastevere　06-5814802　7:00～21:00（8月8:C～12:00、16:00～21:00）　無休　無料　MA・B線Termini駅からHバスでSonnino/Gallicanoバス停下車、徒歩5分

石畳が敷き詰められ、町並みのかわいいトラステヴェレは、お散歩にぴったりでした。（熊本県・サミー）

&トラステヴェレでグルメ三昧

昔ながらの雰囲気の残る下町は、
おいしい店が多いと人気。
食べまくりの1日を過ごしてみては?

10:00
老舗食材店で
おみやげ探し

**1970年
創業です**

ヴォルペッティ Volpetti

昔ながらのいいものを残したい

並ぶのは伝統製法で作る小規模生産の
商品ばかり。チーズ、ワインなど、知識
のある専門スタッフが対応してくれる。

Map 別冊P.4-B3 テスタッチョ

⌂ Via Marmorata 47 ☎06-5742352
⏰10:00 ～ 14:00、16:00 ～ 20:00（月
10:00～14:00、⽇・祝～9:00～20:00）
祝 Card A.D.M.V. MB線Piramide駅から
徒歩8分 URL www.volpetti.com
⌂ Taverna Volpetti (Via Alessandro Volta)

1. 魚や野菜に合うオリーブオイル€6.90 2.
ピリ辛のマンゴークリームはパンに塗って。
€6.50 3. トマトやラグーソースに合うリガト
ーニ€3.90 4. 洞窟で熟成させたチーズ、
プロヴォローネ・ディ・レッコ€39/kg

11:00
遠くのヴァティカンを眺める

町を見下ろす丘の上にあ
る館。門扉の鍵穴をのぞ
くと植木のトンネルの先に
サン・ピエトロ大聖堂の
クーポラが!

**見える!
見える!**

マルタ騎士団長の館
Casa di Cavalieri di Malta

Map 別冊P.4-B3
テスタッチョ

⌂ Piazza dei Cavalieri di
Malta 31 ⏰24時間
無休 MB線Circo
Massimo駅から徒歩12分

情熱を込めて作るローマ料理

トラットリア・ダ・テオ
Trattoria da Teo

こだわりの良質素材で作る伝統料理と季節のメニューがい
ただける。味はもちろん、ポーションの多さも人気の理由。

Map 別冊P.8-A3 トラステヴェレ

⌂ Piazza dei Ponziani 7/A ☎06-5818355
⏰12:30 ～ 15:00、19:30 ～ 23:30 日
€30～ Card A.M.V. 夜は望ましい 英
映 WiFiなし MA・B線Termini駅からH
バスでSonnino/S. Gallicanoバス停下車、徒歩5分

**魚料理も
あるよ**

12:30
ローマ伝統料理で
ランチ

1. キイチゴをのせたマスカルポー
ネのムース€8 2. ローマ風アー
ティチョーク€6 3. ジューシーな
乳飲み仔羊のグリル€16 4. リガ
トーニのカルボナーラ€12 5. リ
ガトーニのアマトリチャーナ€12

---

1. 牛肉のポルペッテのマリトッツ
ォ€6.50（左）、アマトリチャーナ
のマリトッツォ€5（右）3. タコの
ポルペッテのマリトッツォ€6.50。
フラスカーティ€6/グラス

**パンも
自家製だよ**

甘くない新感覚の
マリトッツォ

イル・マリトッツォ・
ロッソ・トラステヴェレ
Il Maritozzo Rosso Trastevere

ローマ料理を気軽に楽しんでほしい
と生まれたマリトッツォが話題に。パ
スタなどの料理にも定評がある。

Map 別冊P.4-B2 トラステヴェレ

⌂ Vicolo del Cedro 26 ☎06-5817363
⏰10:30～15:00、18:00～23:00（土・日10:30～
23:00）月、8月 €10～ Card A.M.V. 望
ましい 英 WiFi無料 MA・B線
Termini駅からHバスでSonnino/S. Gallicanoバス停
下車、徒歩8分 URL www.ilmaritozzorosso.com

18:00
軽めのディナーで
締めくくる

黄金に輝く内部装飾。後陣上部のドー
ムには「戴冠の聖母」が描かれている

ラ・レネッラは、ピッツァの種類が揃う11時以降に行くのがおすすめ。

朝から晩までカフェ巡り！
時間帯で選ぶおすすめカフェ

カフェ好き女子にとっては観光や
ショッピングと同じくらい重要な存在。
朝食、ランチにアペリティーボ、
一日何軒でも行きたくなっちゃう。

ベーコンかサーモンの付け合わせを選べるエッグ・ベネディクト€15.80

12:00
pranzo
ランチ

フォルノ・
モンテフォルテ → P.34

こだわりの食材をのせた切り売りピッツァ。長時間発酵させた生地を使っているのでとても軽い

9:00
colazione
朝食

フランボワーズソースがかかったチーズケーキ€9.80（テーブル）

インテリアもすてきですよ

オレンジ、ニンジン、リンゴ、ショウガのジュース エナジー€8.50

気分や時間で使い分けできる
1870オステリア・デル・メルカート
1870 Hosteria del Mercato

カフェ、ジュースバー、オステリア、オーガニック食材店が一体に。かつてメルカートがあった通りだったためその名がついた。

Map 別冊P.6-A2　スペイン広場周辺

⌂Via Bocca di Leone 46 ☎06-69923705 ⏰9:00～23:00 無休 €15～ 🍴食事は望ましい 🚭🚻無 📶 Ⓜ A線Spagna駅から徒歩5分 URLwww.hosteriadelmercato.it

---

種類豊富なコーヒードリンクを堪能して
シャシャ・カフェ1919
Sciascia Caffè 1919

1919年に食材店として創業したバール。当時からコーヒー豆の焙煎を続け、教皇も味わったことがあるのだとか。

Map 別冊P.10-B1　ヴァティカン市国周辺

⌂Via Fabio Massimo 80/a ☎06-3211580 ⏰7:00～21:00（日8:00～）休1/1、8月中旬に4日間、12/25 €5～ CardA.M.V. 不要 🚭無料 🚻📶A線Ottaviano駅から徒歩4分 URLwww.sciasciacaffe1919.it

15:00
pausa caffè
コーヒーブレイク

店内はクラシカルな雰囲気よ

生クリームがたっぷりのったカフェ1919€4.50

グラン・カプチーノ・エッチェレンテ€4.50

カップにチョコを塗ったカフェ・エスプレッソ・レッチェレンテ€2.30

絶品ジェラートでひと休み

良質素材にこだわる
ジェラテリア・デイ・グラッキ
Gelateria dei Gracchi

全部グルテンフリーよ

味はもちろんアレルギーにも配慮し、すべてがグルテンフリー。スクープの色も牛乳あり（青）・なし（白）、卵あり（黄）に分かれている。

Map 別冊P.6-A1、11-D1　スペイン広場周辺

⌂Via di Ripetta 261 ☎06-3224727 ⏰13:00～20:00（金・土12:00～21:00）休月 €3～ CardM.V. 不要 🚭🚻無料 📶 Ⓜ A線Flaminio駅から徒歩5分 URLwww.gelateriadeigracchi.it ⌂ほかローマ市内に3店

イチゴ×バニラ
Fragola×Vaniglia
さっぱりとこっくりの組み合わせも◎。€3

ピンクグレープフルーツ×レモン
Pompelmo Rosa×Limone
さわやかな柑橘系は暑い季節にぴったり。€3

ヘーゼルナッツ×ピスタチオ×ミルクチョコ
Nocciola×Pistacchio di Brontex Cioccolato al Latte
素材の味をしっかり感じられる定番3種。€4

✉イタリア人は真冬も大盛りジェラートを食べていました。さすが本場！（和歌山県・花梨）

pausa caffè
コーヒーブレイク
15:00

豆はルワンダのマサラ・ルディ

フィルターは豆を選んでね

カカオ生地にチェリージャムを挟んだブラック・フォレスト€5とフィルターコーヒー€5.50（テーブル）

朝食ならマリトッツォ！

24時間以上発酵させたパンは柔らか。山のように生クリームを盛って。€3

ローマ初のスペシャルティコーヒーカフェ
ファロ・カフェ・スペシャルティ
Faro Caffè Specialty

バール・アワードの受賞歴もあるカフェ。コーヒーだけでなくドルチェやフードにも定評があるのは、どれも大切にしたいとそれぞれに専門チームを組んでいるから。

ナッツのような香りの豆を使ったカプチーノ€2.50（テーブル）

Map 別冊P.7-D1　テルミニ駅周辺

🏠Via Piave 55　☎06-42815714　🕐8:00〜16:00（土・日9:00〜17:00、祝9:00〜13:00）　🚫無休　💶€10〜　💳A.M.V.　予不要　英英　WiFi無料　🚇A線Repubblica駅から13分

オーナーのセンスが光るカフェ
リベラ・スーン
Li.Be.Ra. Soon

雑貨店を営んでいたエリザベッタさんがオープン。ゆったりくつろいでほしいと席は少なめ。世界中から集めた雑貨も置いている。

Map 別冊P.11-C3　ナヴォーナ広場周辺

🏠Via del Teatro Pace 41　☎06-68803363　🕐9:30〜21:00（5〜9月の木〜日〜22:00）　🚫8月、12/25・26　💶€10〜　💳A.M.V.　予不要　英英　WiFi無料　🚇ナヴォーナ広場から徒歩1分

aperitivo
アペリティーボ
18:00

フレッシュなカクテル☆

チョコケーキ€5とエスプレッソ€2（ともにテーブル）

ホウレンソウのキッシュ€8（テーブル）とバジルとジンのカクテル、ジン・バジル・スマッシュ€12

ランチメニューもあるよ

テラス席にはピンクのテーブル

バニラクリーム×ミックスベリー
Crema alla Vaniglia Pura Madagascar×Frutti di Bosco
自家製コーンにマダガスカル産バニラとさっぱりベリー。€4.50

クッキー入りマスカルボーネ×モカ＆メレンゲ
Mascarpone e Gentilini×Mocaccino Meringato
ジェンティーニクッキーとメレンゲがサクッと。€3

チョコ×ピスタチオ×イチゴ
Cioccolato Fondente×Pistacchio di Bronte×Fragola
濃厚チョコ、実入りのピスタチオにイチゴが◎。€3

店名は"牛乳"！
コメ・イル・ラッテ
Come il Latte

オリジナルフレーバーが多く、毎日新しい味を生み出しているというオーナー。生クリームとチョコレートのトッピングもうれしい。

ローマ近郊の新鮮な牛乳を使うよ

Map 別冊P.7-C2　テルミニ駅周辺

🏠Via Silvio Spaventa 24/26　☎06-42903882　🕐12:00〜22:00　🚫12/25　💶€3〜　💳M.V.　予不要　英英　WiFiなし　🚇A線Repubblica駅・Barberini駅から徒歩5分

コメ・イル・ラッテの生クリームは、クラシック、ザバイオーネ、チョコ、バニラの4種から選べる。

デザイン性の高さやカラフルな
ローマにはそんなステキなアイテムに

€7.60
€17
€7
€7.60
€10

ヴィンテージ風に仕上げたステンレスのカトラリーはイタリアンブランドのもの **A**

料理が楽しくなっちゃう魚形のガーリックプレス **D**

€11

コロコロ転がして切る黒ネコのピッツァカッター **D**

オリジナルアイテムだよ

各€12

€20
王冠形の鉢カバーはそのままインテリアにしても◎ **C**

sole spritz spaghetti repeat.

Love Love Love repeat.

BOOK TIQUE

caffè cornetto cappuccino repeat.

€8
愛犬にもおみやげを。犬用フードボウル（小） **D**

イタリアをイメージする言葉がプリントされたコットンバッグ **B**

形がユニークなアレッシィのワインオープナー **C**

€3
ローマの名物料理がノートに

イタリアのアート誌『トイレットペーパー』のポーチ **C**

€40
穴にパスタを入れて量を測るパスタメジャー **D**

各€6
カルボナーラ、アマトリチャーナ、カーチョ・エ・ペペをイメージしたノート **B**

€48

各€20
フランスの小物入れはパンのお皿として使うのもおすすめ **A**

キッチン雑貨が多めです

小物入れや鉢カバーとして使えるシチリアのマヨリカ焼き **C**
€110

A かわいらしい店内に並ぶ生活雑貨
レラ・カーサ Lela Casa

雑貨好きオーナーがセレクトするのは、ナチュラルな素材で作られたシンプルなデザインのアイテム。北欧を中心にさまざまな国のものが揃う。

Map 別冊P.4-B2 ナヴォーナ広場周辺

Via dei Pettinari 37 ☎06-87775792
⏰11:00〜19:00 🛑1/1、復活祭、8/15、12/25・26 **Card**A.J.M.V. 🚇ナヴォーナ広場から徒歩8分

B ローマらしい小粋なデザインが魅力
ブックティック Booktique

デザイン性の高い本や雑貨を集めたショップ。地元アーティストが手がけたローマをテーマにしたアイテムも多く扱っている。

Map 別冊P.11-D2 ナヴォーナ広場周辺

Via della Stelletta 17 ☎06-88978778
⏰10:30〜19:30 🛑1/1、8/15、12/25 **Card**A.M.V. 🚇ナヴォーナ広場から徒歩6分
URLwww.booktique.info

有名キッチンブランド、アレッシィの商品はどれもデザイン性に富んでかわいかった。(石川県・燿)

ときめきの雑貨ハント

色使いがイタリア雑貨の魅力。
出合えるショップがいっぱい。

とっても
丈夫なのよ

€10

€11.50

オリーブの実用的なスプーンはイタリアらしさ満点
A

オリーブの木で作ったハチミツサーバー
A

€11.50

€12.50

€12.50

落ち着いた色合いや植物柄がかわいいリトアニアのリネンナプキン

紙製の洗える鉢カバー。小物やパン入れにも使える
A

€23

Rola

Fieno

Fiori e Rose

各€5.50

保湿効果のあるロバミルクソープ。バラ、ミックスベリー、干草
A

西洋と東洋の柄を組み合わせたカップ＆ソーサー
C

各€2.50

€41

"トラステヴェレのカルボナーラ"と書かれたホーロー皿
B

una carbonara a Trastevere.

€18

CASTEL SANT'ANGELO

COLOSSEO
COLOSSEODIROMA.COM

PIAZZA DI SPAGNA

ローマの名所のイラストが描かれたポストカード
B

写真もステキ〜♪

ファッションブランドの歴史やコレクションについて書かれた本
B

Gucci

LITTLE BOOK OF
VALENTINO

LITTLE BOOK OF
PRADA

各€18

€34.90

€20

24時間保冷、12時間保温できるボトル（左）とスポーツにぴったりの軽量ボトル（右）
B

24 BOTTLES
CLIMA

24 BOTTLES

€28

リサイクルプラスチックを使ったカラフルなバッグ
A

マチが広くてたっぷり入る

C テーブルを楽しくするアイテムがずらり
コンタイナー16　Container16

デザインだけでなく実用性、機能性にも優れた雑貨がこだわり。キッチン雑貨や食の本をメインに、さまざまな国から集めたアイテムが並ぶ。

Map 別冊P.11-D2　ナヴォーナ広場周辺

🏠 Via della Scrofa 16　☎06-3236363　🕐10:30〜19:30 （月15:00〜）　⚫日、8/15、12/25　Card A.M.V.　🚇ナヴォーナ広場から徒歩5分　URL www.container16.it

D 人気のキッチングッズの専門店
クチーナ　c.u.c.i.n.a.

シンプルで使いやすいキッチングッズが好評。有名ブランドからオリジナルまで、その品揃えの豊富さに、料理好きには見逃せないショップ。

Map 別冊P.6-A2　スペイン広場周辺

🏠 Via Mario de' Fiori 65　☎06-6791275　🕐10:30〜19:30 （月・日11:30〜）　⚫無休　Card A.D.M.V.　🚇Ⓐ線Spagna駅から徒歩5分　🏠Piazza Euclide店

ローマの町をイメージしたフレグランスキャンドル
B

WICK
ROME

€32.50

各€12

さまざまな色が揃うリネンのキッチンタオル
D

スーパーマーケットでは、レードル、ピーラー、ナイフなどのプチプラキッチングッズを買える。

ローマっ子が日常使いする

食材店でおみやげ選び

お総菜は自家製だよ

おすすめは何かしら？

地元の人が行く食材店はちょっといいものが揃うグルメみやげの宝庫。

手をかけて作られた品が揃う

サルメリア・チャヴァッタ1956
Salumeria Ciavatta 1956

大型店には置いていない、昔ながらの味わいや製法を大切にしている小規模生産者のものを集めた食材店。商品の99%がイタリア産。

Map 別冊P.6-B3　スペイン広場周辺

🏠 Via del Lavatore 31　☎06-6792935　⏰8:00～20:00　🚫日、復活祭、8月に3週間、クリスマス　Card A.J.M.V.　🚇Ⓐ線Barberini駅から徒歩6分

€6.25(250g)

トンナレッロ
アマトリチャーナやカーチョ・エ・ペペに合うパスタ

€6

チャンベッリーネ・アル・ヴィーノ
生地に赤ワインが練り込まれた食事のあとに食べるクッキー

€21

白ワイン
グレケット種を使用した「ポッジョ・デッラ・コスタ」。さわやかで果実味を感じる

€19

赤ワイン
「オレヴァーノ・ロマーノ・チェザネーゼ・スーペリオーレ」。チェリーの香りのなかにスパイシーさも

€6

オリーブオイル
少し辛味があり、オリーブ自体の味がするラツィオ州のオイル

€8.80

モモジャム
オーガニックのモモを使ったジューシーな手作りジャム

€8

チコリペースト
苦味のあるペーストはトーストしたパンやブルスケッタに

€15

片口イワシのオイル漬け
シンプルにそのまま、トマトやパンと一緒に食べてもいい

€6.20

アッラビアータソース
唐辛子が効いたピリ辛のトマトソース。温めてパスタにかけて

お総菜＆ハムをテイクアウト

ホテルでお手軽ディナーを楽しむならお総菜がおすすめ。日本に持って帰ることができないハムやサラミはワインのおつまみに。好きなものを選んで詰めてもらおう。

お総菜各種
チコリの炒め物、マグロとナスのポルペッテ、大麦とツナのサラダ。写真は合計€10

生ハムとサラミ
プロシュット・ディ・パルマ、カポコッロ、サラメ・ロマーノ。写真は合計€4.70

パニーノも作れるよ

オーダー後に一枚一枚スライスしてくれる

フィレンツェ

ルネッサンスの美しい町並みと芸術にウットリ……。
職人の熟練した手仕事にホレボレ……。
でも、忘れちゃいけない、ここはお腹がよろこぶ美食の町。
今日は何を食べようかな？って考えながら
町歩きする時間が最高に幸せ！

F I R E N Z E

フィレンツェへのアクセス

飛行機：ローマから約1時間
鉄道：ローマからフレッチャロッサ（FR）、フレッチャアルジェント（FA）、イタロ（ITA）で約1時間35分、
　　　ヴェネツィアからFR、FA、ITAで約2時間15分、ミラノからFR、ITAで1時間55分
バス：ローマから約3時間15分、ミラノから約4時間、ヴェネツィアから約4時間20分

フィレンツェは
歩いて回れるから
いいよね〜♪

フィレンツェ町歩きのヒント

ふむふむ…

ルネッサンス芸術に彩られた町には、美景や美食が満載！　約2.5kmの徒歩圏内におもな観光地が集中しているのもうれしい。

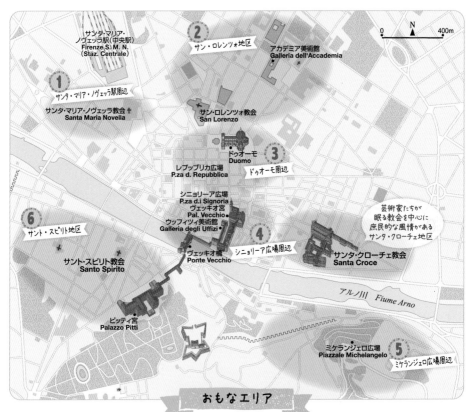

（サンタ・マリア・
ノヴェッラ駅（中央駅）
Firenze,S. M. N.
（Staz. Centrale）

② サン・ロレンツォ地区

アカデミア美術館
Galleria dell'Accademia

0　　N　　400m

①

サンタ・マリア・ノヴェッラ駅周辺

サンタ・マリア・ノヴェッラ教会✝
Santa Maria Novella

サン・ロレンツォ教会
San Lorenzo

ドゥオーモ
Duomo **③**

ドゥオーモ周辺

レプッブリカ広場
P.za d. Repubblica

シニョリーア広場
P.za d.i Signoria
ヴェッキオ宮
Pal. Vecchio
ウッフィツィ美術館
Galleria degli Uffizi

④

シニョリーア広場周辺

芸術家たちが
眠る教会を中心に
庶民的な風情がある
サンタ・クローチェ地区

⑥

サント・スピリト地区

サント・スピリト教会
Santo Spirito

ヴェッキオ橋
Ponte Vecchio

サンタ・クローチェ教会
Santa Croce

アルノ川　Fiume Arno

ピッティ宮
Palazzo Pitti

ミケランジェロ広場
Piazzale Michelangelo

⑤

ミケランジェロ広場周辺

おもなエリア

① サンタ・マリア・
ノヴェッラ駅周辺

フィレンツェの玄関口。
そのため、周辺にはホテルや観光客向けの飲食店も多く見られる。

必見スポット　◉サンタ・マリア・ノヴェッラ教会

② サン・ロレンツォ地区

メディチ家ゆかりの地。
庶民の台所である中央市場もあり、そぞろ歩きが楽しいエリア。

必見スポット　◉サン・ロレンツォ教会　◉メディチ家礼拝堂
◉アカデミア美術館　◉中央市場

③ ドゥオーモ周辺

ドゥオーモと関連施設群がある観光の中心地。おみやげ店やレストランが集中している。

必見スポット　◉ドゥオーモ　◉ジョットの鐘楼
◉サン・ジョヴァンニ洗礼堂

④ シニョリーア広場周辺

ヴェッキオ宮がある政治の中心地。多くの人が行き交う、まさにフィレンツェの"へそ"。

必見スポット　◉ウッフィツィ美術館　◉ヴェッキオ宮　◉ヴェッキオ橋

⑤ ミケランジェロ広場周辺

町を一望できる絶景スポット。観光客が少なく、落ち着いて楽しめるレストランが多い。

必見スポット　◉ミケランジェロ広場

⑥ サント・スピリト地区

オルトラルノとも呼ばれ、古くから工房が集まる下町。こだわりある個性的な店が目立つ。

必見スポット　◉サント・スピリト教会　◉ピッティ宮　◉ボーボリ庭

旅プランQ&A

旅 のテーマは？

ズバリ、アート鑑賞と美食巡り！ "屋根のない美術館"と称される美しい町を歩き倒して、地元料理でお腹を満たそう！

交 通手段は？

フィレンツェの町は、とてもコンパクト。スーツケースがある到着・帰国日やミケランジェロ広場へ行く日以外は、バスやタクシーに乗ることもないだろう。

市内交通→別冊P.12

別冊P.35、39もチェック！

食 べるべきものは？

名物料理のビステッカ（Tボーンステーキ）をはじめ、おいしい肉料理が狙い目！ トスカーナの銘酒、キャンティ（赤ワイン）と一緒に召しあがれ。

気をつけてね　ワンワン！

治 安は？

駅周辺や町外れを夜にひとりで歩かなければ、治安の心配はない。美術館など人が混雑する場所でのスリや置き引きには用心したい。

旅のお助けinfo

フィレンツェカードを使おう

ウッフィツィ美術館やアカデミア美術館などの人気スポットでは、長蛇の列に並ぶことは必至。このカードがあれば、専用入口から優先入場が可能。アート好きは買い！

価格&有効期限
・€85 ・72時間

購入先
・観光案内所
・主要美術館、博物館
・オンライン予約
（現地にて引き換え）

内容
・市内62ヵ所の美術館や博物館、庭園に予約なしで優先入場が可能（ドゥオーモのクーポラ、ウッフィツィ美術館、アカデミア美術館を除く）
URL www.firenzecard.it

ウッフィツィ美術館は事前予約を

世界有数のコレクションを誇る美術館であるため、観光客が絶えない。絶対に鑑賞したい人は、日本でインターネット予約をするのがベスト！ または、夕方以降を狙って訪れてみよう。

観光案内所はこちら

現地の最新情報を手に入れるなら観光案内所へ。無料の市内地図やホテル、催事、交通など、知りたい情報を教えてくれる。

サンタ・マリア・ノヴェッラ駅周辺
Map 別冊P.13-B1
☎055-000 ◷9:00～19:00
（日・祝～14:00）休1/1、12/25

メディチ・リッカルディ宮周辺
Map 別冊P.13-C1
☎055-290832 ◷9:00～13:00
休日・祝

サンタ・クローチェ
Map 別冊P.13-C2
☎055-2691207 ◷9:00～19:00
（日・祝～14:00）休1/1、12/25

SCHEDULE

1day観光ルート

8:30		10:00		11:30		12:30		12:45		13:30		14:30		16:30		17:00
アカデミア美術館 P.113	徒歩7分	中央市場 P.124	徒歩5分	ドゥオーモ P.102	徒歩1分	サン・ジョヴァンニ洗礼堂 P.105	徒歩1分	ジョットの鐘楼 P.105	徒歩1分	シニョリーア広場 P.110	徒歩7分	ウッフィツィ美術館 P.106	徒歩3分	ヴェッキオ橋 P.116	徒歩20分	ミケランジェロ広場 P.25

2階のフードコートでブランチ！

ドゥオーモ周辺施設は共通券€18で入場OK！

広場に面したカフェでひと息

夕暮れを狙ってGO！

事前予約がおすすめ！ 絶景カフェで休憩も◎

これ知ってた？
ドゥオーモの隠れた
12の見どころ

クーポラの
内径は45m！

町いちばんの観光スポットであるドゥオーモを
外から眺めるだけじゃ、もったいない！
定番からレアなスポットまで、知れば
思わず人に教えたくなる見どころをご紹介

とっても
キレイ〜

町のシンボル花の聖母教会
ドゥオーモ
（サンタ・マリア・デル・
フィオーレ大聖堂）
Duomo（Santa Maria del Fiore）

建築家カンビオが1296年に着手し、
建築家ブルネッレスキらが約140年
の年月をかけて建築、ファサードは
19世紀に完成され、現在の姿にい
たるまでには約600年を要した。

Map 別冊P.15-D1 チェントロ

📍Piazza del Duomo ☎055-2302885 🕐【ドゥ
オーモ】10:45〜15:45.【クーポラ】8:15〜18:45(土
〜16:30. 日・祝 12:45〜16:30).【地下聖堂】
10:15〜16:00(日、宗教行事開催日13:00〜)
❌【ドゥオーモ】日、宗教行事開催日、1/1、復活祭、
12/25【クーポラ、地下聖堂】1/1、復活祭、
12/25 💰【ドゥオーモ】無料.【クーポラ、地下聖堂】
洗礼堂、鐘楼、付属美術館との共通券€30
🎫クーポラは必要
🚃Santa Maria Novella駅から徒歩15分
🔗duomo.firenze.it

見どころ **1**
色大理石

すべての外壁は天然の大理石で飾られる。白
はカッラーラ、緑はプラート、ピンクはマレ
ンマ地方で切り出され運ばれた。白は信仰、
緑は希望、ピンクは慈愛を意味し、キリスト
教にとって重要な3つの徳を表す。全外壁に
3色もの大理石を使うのは、非常にまれなこと。

フィレン
ツェを代表
する詩人

見どころ **2**
2体の騎馬像

町の守護に貢献した傭兵隊
長たちの絵。右の台座は見
る者のほうを向くだまし絵に。

主祭壇

⑥クーポラ
入口

見どころ **3**
『神曲』を持つ
ダンテ

ダンテの右側には未完成の
ドゥオーモが描かれている
が、ダンテが生きた時代に
描かれた形のドゥオーモは
存在しない。

毎年9/8のみ
テラスに上る
ことができる！

見どころ **4**
ファサード

通常は後陣から造るが、本
来あった教会を守るため、
前面から造っていった。

←クーポラ、
地下聖堂
入口
（チケット
所持者）

ドゥオーモ
入口

✉ 大好きな映画『冷静と情熱のあいだ』のロケ地だったので、クーポラに上ったときには感動しました！ (東京都・Y.S)

ダヴィデ像

ドゥオーモの隠れた12の見どころ

ドゥオーモ付属美術館

ドゥオーモ

サン・ジョヴァンニ洗礼堂

ジョットの鐘楼

見どころ **5** バルコニー

どこにあるか探してみてね〜♪

クーポラの東側、一部分にのみある。1506年にバーチョ・ダニョーロが建設を開始。それを見たミケランジェロが「まるでコオロギの虫かごみたいだ」と皮肉ったため、建設が中止されたといわれる。

見どころ **6** 牛の顔の装飾

クーポラの入口に向かって左側を見上げると牛の顔を発見！ この牛が見つめる先にパン屋があり、その奥さんはドゥオーモ建設にあたる大工の愛人だった。主人に仲を引き裂かれた腹いせに「寝取られ者」の意味をもつ牛の顔を大工が取り付けた、という説がある。

見どころ **7** クーポラ

天井には『最後の審判』が描かれてるよ！

INRI

1418年、ローマのパンテオンなどを研究していたブルネッレスキが着工。内側と外側にれんがを少しずつ積み上げていく足場不要の二重構造方式を採用。7年かけて制作し、誰にもまねされないように設計図を燃やしていたので、今でも詳細は不明。天井画は、ジョルジョ・ヴァザーリ作。

見どころ **10** 金の球が落ちた場所

記念の印がある！

1601年の落雷でクーポラ上部の金の球が落ちた場所。以後、落雷を避けるため金の球の上部にある十字架には、聖人の聖遺物が埋められた。

見どころ **11** 「おバカさん」の由来

バルコニー

ANTO EI FII RI

ドゥオーモ建設当時、立ち退き料の値上げを狙い拒み続けた結果、火事になってしまったビスケリ家の跡地。このことから「ビスケロ＝おバカさん」という造語が生まれた。

見どころ **12** ブルネッレスキ像

ドゥオーモの南側にあるブルネッレスキ像は、自ら建設したクーポラを見上げる格好で彫られている。

見どころ **8** 地下

ドゥオーモ以前の大聖堂、サンタ・レパラータ教会の跡地がある。モザイクの床やブルネッレスキの墓地が発見されている。

見どころ **9** 24時間時計

日没を1日の終わりとする考えから、日没が24時を指す。日照時間を割り出す役目もあり、今でも季節ごとに微調整される。

クーポラは共通券予約の際に日時の指定が必要。ほかのスポットは指定日から3日間有効。

クーポラへ上ろう!

463段の階段を
自力で上れば
一生の思い出に残る
絶景に出合える!

クーポラ← ここに上るよ!

ブルネッレスキ考案のれんが組みが見られる

さらに進むと、どんどん傾斜が厳しくなり……

階段が狭いので身軽な装いで上るのがおすすめ

バルコニーへ出たら大聖堂の内陣を見下ろそう

次にクーポラの内側に描かれた『最後の審判』をじっくり鑑賞

到着!

見渡すかぎりヴァーミリオン(朱色)の瓦屋根が広がる。移りゆく町の色を楽しもう

シャッターチャンスじゃ～

細い階段を上り→クーポラの見晴台に到着!→鐘楼が見える西側に注目→夕暮れ時ならオレンジ色に染まる町並みを撮影できる!→とても混むので譲り合ってね!

クーポラは予約制

①サイトで予約
URL operaduomofirenze.skiperformance.com
ドゥオーモ関連施設(ドゥオーモ、洗礼堂、美術館、鐘楼、クーポラ、地下聖堂)共通券購入時に予約できる(日時の変更不可)。

②チケットオフィスで予約
2ヵ所のチケットオフィスで直接。希望日時に空きがある場合のみ可能。Piazza Duomo 14aはカードなどの電子決済のみ、Piazza San Giovanni 7は現金と電子決済に対応している。

夕暮れ時間の目安
春 17:30　秋 17:00
夏 20:00　冬 16:00

※夏は、クーポラの開いている時間内には日が暮れないので、下からドゥオーモの眺めを楽しもう!

共通券だから行ってみよう!

貴重なオリジナルがいっぱい

ドゥオーモ付属美術館 Museo dell'Opera del Duomo

ドゥオーモ、洗礼堂、鐘楼の装飾品などを収めた美術館。劣化から守るため保管された貴重なオリジナルを見ることができる。

共通券で入れるのでぜひ訪れて!

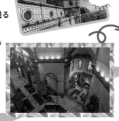

Map 別冊P.15-D1 チェントロ

🏠Piazza del Duomo 9　📞055-2302885　⏰8:30～19:00 (10/20～18:00)　🚪第1火、1/1、復活祭、12/25　💴クーポラなどとの共通券€30　🚉Santa Maria Novella駅から徒歩15分　URL duomo.firenze.it

1. 天候に左右されず鑑賞できるため、閉館間際に混むことも　2. 1階に広がる荘厳な「楽園のホール」　3. 鐘楼を飾るレリーフの原物も、間近に見られる

　✉ クーポラも鐘楼もエレベーターがない! 400段以上の階段を上って足がプルプルになりました……。(福島県・koko)

ドゥオーモ周辺のスポット

テラス
360度見渡せるテラス。ドゥオーモを見下ろすこともできる

鐘
かつて使われていた大きな鐘が置いてある

天井のモザイク画
『最後の審判』や『創世記』をモチーフとしたモザイク画

左扉の上から4人目に作者ギベルティの顔が！

天国の門（レプリカ）
ミケランジェロが「まさに天国にふさわしい」と称賛した扉

外部の彫刻 第2層の彫刻は、職業、学問などを表している

ドゥオーモ前の八角形堂
サン・ジョヴァンニ洗礼堂 Battistero di San Giovanni

町の守護聖人にささげられた八角形の洗礼堂で、3つの銅製の扉がある。ドゥオーモができるまでは聖堂として使われ、ダンテも洗礼を受けたといわれる。

Map 別冊P.15-C1 チェントロ

🏠Piazza San Giovanni ☎055-2302885 🕐8:30～19:30 📅1/1、復活祭、12/25 💶クーポラなどとの共通券€30 🚉Santa Maria Novella駅から徒歩15分 🌐operaduomo.firenze.it

高さ85mの塔に上ろう
ジョットの鐘楼 Campanile di Giotto

1334～1359年に造られた鐘楼。建築家ジョットが着工し、ピサーノとタレンティが受け継ぎ完成させたため、層ごとに様式が異なる。

Map 別冊P.15-C1 チェントロ

🏠Piazza del Duomo ☎055-2302885 🕐8:15～18:45 📅1/1、復活祭、12/25 💶クーポラなどとの共通券€30 🚉Santa Maria Novella駅から徒歩15分 🌐operaduomo.firenze.it

必見はコレ！

こちらが本物だよ！

ギベルティ作『天国の門』
洗礼堂の東扉のオリジナル。洗礼堂にあるレプリカとは比べものにならないほど美しい！

もともとは洗礼堂にいましたの

ドナテッロ作『マグダラのマリア』
マグダラのマリアが悔悟するシーンを木で彫ったドナテッロの代表作

晩年の作品だよ

ミケランジェロ作『ピエタ』
生涯で4体のピエタを彫ったミケランジェロ。こちらが3体目になる

記念撮影しよう！

テッラッツァ・ブルネッレスキアーナ
改装後に誕生したクーポラを眺めるためのテラス。穴場の絶景と話題に！

ミケランジェロが『天国の門』と讃えたため、そう呼ばれるようになったという説がある。 **105**

聖母マリアと美の女神ヴィーナス
ウッフィツィ美術館は美女絵画で巡る！

裏テーマ
イケメン絵画も
探しましょ♥

2500点もの作品が展示され、見学には少なくとも半日かかるといわれるので、テーマを決めて回るのが効率的。arucoのオススメは「美女」！　ルネッサンスを中心に、中世の美を感じましょう。

3階 A4

玉座の聖母子

Madonna con Bambino in Trono
（1306～1310年頃）ジョット作

ルネッサンスの礎的作品。それまで平面的に描かれてきた聖母子に表情をつけた。

初期ルネッサンス
威厳あるビザンチン美術から、親しみやすい表現に画期的変化！

聖母マリア
幼いイエス・キリストを抱く聖母マリアは、宗教画のなかで最も愛される題材で多くの画家が描いている。

3階 A9

モデル
マリアはリッピと駆け落ちした修道女。キリストは息子がモデルといわれる。

聖母子と二人の天使

Madonna col Bambino e 2 Angeli
（1460～1465年頃）フィリッポ・リッピ作

聖母子を美しく優雅に表現。弟子のボッティチェリにも受け継がれる。

イタリア肖像画のなかでも有名な作品

ウルビーノ公夫妻の肖像

Ritratti dei duchi d' Urbino
（1465年頃）

ピエロ・デッラ・フランチェスカ作

空気遠近法を用い、ウルビーノの繁栄を示す背景が描かれる。

ルネッサンスの至宝が集まる
ウッフィツィ美術館
Galleria degli Uffizi

メディチ家所有の美術品を集めたことが始まりで、現在はトスカーナ地方を中心としたイタリア絵画を展示。3階から見学開始だが、大部分の傑作は3階に集中している。

Map 別冊P.15-C3 チェントロ

🏠Piazzale degli Uffizi 6
☎055-294883　🕐8:15～18:30
（入場は17:30まで）
🚫月、1/1、12/25　💰3～10月
€26、11～2月€12　🚇シニョリーア
広場から徒歩1分　URLwww.uffizi.it

ウッフィツィ美術館鑑賞術

予約
チケット購入の長い列を避けたいなら、予約センター（フィレンツェ・ムゼイ）に電話、またはネット予約を。通常料金のほかに予約料が€4必要。
☎055-294883（英語可）
URLwww.uffizi.it/biglietti

オーディオガイド
日本語で作品を解説してくれる日本語オーディオガイドを借りてみては？入口で借りて出口で返却するシステムで、パスポートなどの身分証明書が必要。€6

3階 A11・12

女神がいっぱい
中央に立つヴィーナスの庭園を舞台に、プリマヴェーラなど多くの女神が登場。

美女絵画といえばこの人！
美少年もたくさん描いたよ

サンドロ・ボッティチェッリ
フィレンツェ・ルネッサンスの代表的な画家。メディチ家の加護を受け優美な作品を多く残す。

D 春／プリマヴェーラ
ボッティチェッリの代表作のひとつだが、その意味は諸説あり、はっきりしていない。*Allegoria della Primavera*（1477〜1478年頃）ボッティチェッリ作

裸体
新プラトン主義により、キリスト教で恥ずべきものとされていた裸体がOKに！

ヴィーナス
愛の女神。15世紀フィレンツェで多く描かれたが、後の偶像破壊でほとんど残っていない。

E ヴィーナス誕生
Nascita di Venere（1483〜1485年頃）ボッティチェッリ作
『春』に続いて描かれ、中央のヴィーナスはより透明度を増している。

自画像もカッコイイ〜

H マギの礼拝
ロレンツォ豪華王などメディチの人々が描かれた作品。右端は自画像。
Adorazione dei Magi（1475年頃）ボッティチェッリ作

イケメンがいっぱい

F マニフィカートの聖母
Madonna del Magnificat（1483年頃）ボッティチェッリ作
天使の持つマニフィカート（マリア頌歌）からその名がついた聖母子像。

金を多用
ガウン、茨の冠、髪の毛一本一本にまで、贅沢に金を使用している。

ここにも見つけた！！

ヴィーナスにそっくり！
マリアは反転させた『ヴィーナスの誕生』のヴィーナスそっくり！

G ザクロの聖母
Madonna della Melagrana（1487年頃）ボッティチェッリ作
受難の象徴ザクロがその名の由来。フィレンツェ政庁の発注とされる。

3階 A35

マリアの右腕
異常に長い右腕は、この作品を右側から見ることを前提としているという説がある。

I　受胎告知
Annunciazione（1472年頃）
レオナルド・ダ・ヴィンチ作

受胎告知は中世〜ゴシックで最も好まれて描かれた題材。ダ・ヴィンチが単独で描いたとされる初期の作品。

J　マギの礼拝

自画像
いちばん右の青年は、ダ・ヴィンチの自画像という説がある。

Adorazione dei Magi
（1480〜1481年頃）
レオナルド・ダ・ヴィンチ作

未完の傑作。聖母子を中心とした同心円線上に広がる構図は前例がない。修道院の依頼であったにもかかわらず、光輪を描かなかった。

3階 A38

母の強さ
子を見上げるマリアが人間的に、また、母の強さが描かれている。

見つけられるかな？

ミケランジェロのらくがき
ミケランジェロが後ろ手にミノで彫ったとされるものが、シニョーリア広場にある。

K　聖家族
Sacra Famiglia Tondo Doni
（1505〜1506年頃）
ミケランジェロ作

通常聖人が一緒に描かれる題材だがマリアの夫ヨゼフが登場している。

Autoritratto
（1506年頃）
ラファエッロ作

ラファエッロの自画像といえばこれが有名。23歳頃のもの。

美しい!!

L　ひわの聖母
Madonna del Cardellino
（1505〜1506年頃）
ラファエッロ作

友人へのお祝いのために描かれた名画。10年かけて修復された。

若い頃の絵だよ。イケてるかな？

M　自画像

聖母子画家
母と子の豊かな愛情を描き、多くの作品を残した。

おみやげはミュージアムショップで

妻のマグネットもあるぞ

「春 プリマヴェーラ」のミニパズル€4

「ウルビーノ公の肖像」のマグネット€3.90

ドゥオーモの紙模型になるポストカード€1.50

レンズクリーナーにはラファエッロの天使が。€4.90

洋服を着せてね

「ダヴィデ」像の着替え付きマグネット€5

南画廊の窓から見たアルノ川とヴェッキオ橋がすてきでした！（長野県・きらり）

Present aruco イタリア

たくさんのご応募お待ちしてまーす!!

「aruco イタリア」の
スタッフが取材で
見つけたすてきなグッズと、
編集部からの
とっておきのアイテムを
15名様にプレゼント
します!

◀ **01**
フィーリン・
ヴェニスの
ショッピング
バッグ
P.16 掲載

◀ **02**
イル
ビゾンテの
コインケース

▶ **03**
シルヴァーナ・チェラミケ
の置き物 P.43 掲載

▶ **04** ジュリア・マテリアのポーチ
P.131 掲載

▶ **07**
キコのポーチ
P.182 掲載

▲ **05**
ローム・イズ・モアの
ショッピングバッグ P.16 掲載

▲ **06** ヴェネツィアン
グラスの
ショットグラス

クチーナのピッツァカッター
P.97 掲載

▶ **09**

▶ **08**
エミリアの
しおり
P.163 掲載

▶ **10** イタリア食材形の
マグネットセット

▲ **11**
aruco特製
QUOカード 500円分

5名様

※11を除き各1名様へのプレゼントです。※返品、交換等はご容赦ください。

応募方法

アンケートウェブサイトにアクセスして
ご希望のプレゼントとあわせて
ご応募ください!

URL https://arukikata.jp/cfnccz

締め切り:2024年11月30日

当選者の発表は賞品の発送をもって代えさせて
いただきます。(2024年12月予定)

Gakken

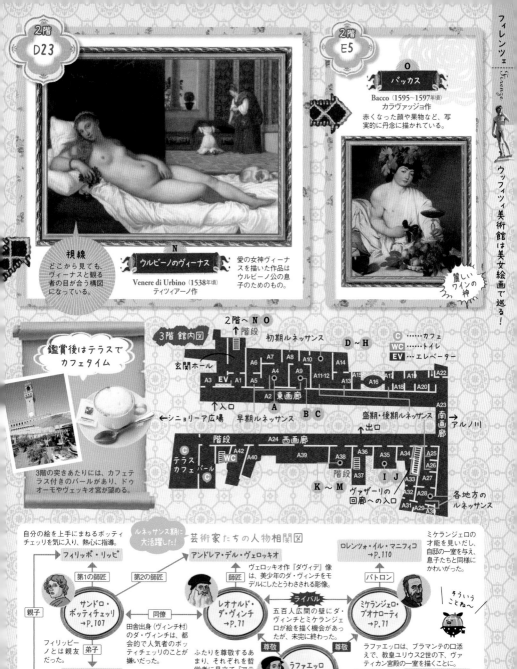

2階 D23

視線
どこから見ても、ヴィーナスと観る者の目が合う構図になっている。

N
ウルビーノのヴィーナス
Venere di Urbino（1538年頃）
ティツィアーノ作

愛の女神ヴィーナスを描いた作品はウルビーノ公の息子のためのもの。

2階 E5

O
バッカス
Bacco（1595～1597年頃）
カラヴァッジョ作
赤くなった顔や果物など、写実的に丹念に描かれている。

籠しいワインの神

鑑賞後はテラスでカフェタイム

3階の突きあたりには、カフェテラス付きのバールがあり、ドゥオーモやヴェッキオ宮が望める。

3階 館内図

2階へ N O
↑階段
初期ルネッサンス
D～H

C ……カフェ
WC ……トイレ
EV ……エレベーター

玄関ホール
←シニョリーア広場

A3 EV A1 A5 A4 A6 A7 A8 A10 A9 A11-12 A14 A13 A15 A16 A17 A18 A19 A20 A22 A23

A2 東画廊 A
早期ルネッサンス B C

盛期・後期ルネッサンス
南画廊 アルノ川

階段 A24 西画廊
テラス カフェ バール
WC A42 A40 A39 A38 A36 A35 A34 A25 A26
A37 I J A33 A27
A28 A32
A31 A29 A30

↑入口
↓出口

K～M
ヴァザーリの回廊への入口
各地方のルネッサンス

展示室は順次改修中につき、作品の設置場所は変更になる場合があります。

芸術家たちの人物相関図

ルネッサンス期に大活躍した！

自分の絵を上手にまねるボッティチェッリを気に入り、熱心に指導。

フィリッポ・リッピ

第1の師匠

親子

サンドロ・ボッティチェッリ →P.107

フィリッピーノとは親友だった。

弟子

フィリッピーノ・リッピ

アンドレア・デル・ヴェロッキオ

第2の師匠

師匠

同僚

田舎出身（ヴィンチ村）のダ・ヴィンチは、都会的で人気者のボッティチェッリのことが嫌いだった。

レオナルド・ダ・ヴィンチ →P.71

ヴェロッキオ作『ダヴィデ』像は、美少年のダ・ヴィンチをモデルにしたとうわさされる彫像。

ライバル

五百人間の壁にダ・ヴィンチとミケランジェロが絵を描く機会があったが、未完に終わった。

尊敬

ふたりを尊敬するあまり、それぞれを哲学者に見立て「アテネの学堂」に描いた。

ミケランジェロの才能を見いだし、自邸の一室を与え、息子たちと同様にかわいがった。

ロレンツォ・イル・マニフィコ →P.110

パトロン

ミケランジェロ・ブオナローティ →P.71

そういうことね〜

尊敬

ラファエッロは、ブラマンテの口添えで、教皇ユリウス2世の下、ヴァティカン宮殿の一室を描くことに。

ラファエッロ →P.71

パトロン

教皇ユリウス2世

すごい人たち
なんだね！

メディチ家ゆかりの地に行ってみよう！

市内に点在する一族ゆかりのスポットは、その豪華さから当時の繁栄ぶりが容易に想像できる。実在した華麗なる一族の足跡をたどってみよう。

芸術の都、フィレンツェ。こ
この地で芸術文化が花
その文化を支えたメディチー

主要人物
の紹介☆

M

コジモ・イル・ヴェッキオ

1389〜1464

祖国の父と崇められる老コジモ。父の興した銀行の支店を国外に出し巨万の富を得る。

E

1299年から1314年にかけてアルノルフォ・ディ・カンビオによって建設されたヴェッキオ宮は、共和国の政府として使われるなど、フィレンツェ政治の中心であった。

Map 別冊P.15-C2 チェントロ

🏠Piazza della Signoria　☎055-2768325
🏛美術館9:00〜19:00（木〜14:00）、塔 9:00〜17:00（木〜14:00）；チケット販売は閉館1時間前まで 🗓1/1、復活祭、5/1、8/15、12/25 🏛美術館€12.50、塔€12.50 🚶シニョリーア広場から徒歩1分

メディチ家とのつながり
16世紀に一時コジモ1世が居を構える。五百人広間など、内装はメディチ家の勢力を象徴する豪華なもの。

文化と芸術を愛し、ルネッサンス文化を成熟させた人物。ロレンツォ豪華王と呼ばれた。

ロレンツォ・イル・マニフィコ

1449〜1492

D

ボクは
レプリカ！

本物を見たい人は
アカデミア美術館へ！ →P.113

へぇ〜

メディチ家とのつながり
コジモ1世により建てられ、中庭にはメディチ家のシンボルであるオレンジの木が植えられている。

ヴァザーリに命じて大改造した宮殿
ヴェッキオ宮
Palazzo Vecchio

柱廊のある
美しい宮殿

名家の人々が暮らした優雅な宮殿
メディチ・リッカルディ宮
Palazzo Medici-Riccardi

ヴェッキオ
宮前の
広場にも！

町を代表する広場
シニョリーア広場
Piazza della Signoria
Map 別冊P.15-C2

🏠Piazza della Signoria
🚶Santa Maria Novella駅から徒歩14分
メディチ家が注文した彫像で飾られる。

1.『ネプチューンの噴水』
2.『ペルセウス』

メディチ家の屋敷として1444年から建築され、17世紀後半にはリッカルディ家の所有となる。外観は質実剛健、内側は豪華絢爛。フィレンツェ・ルネッサンスを代表する建物である。

Map 別冊P.13-C1 サン・ロレンツォ

🏠Via Cavour 1　☎055-2760552
🕐9:00〜19:00（チケット販売は閉館30分前まで）🗓水、12/25 🏛€7（企画展€10）🚶Santa Maria Novella駅から徒歩12分
URL www.palazzomediciriccardi.it

左右対称に
作られた庭

マンガ『チェーザレ』を読むともっとメディチ家のことが知りたくなります！（東京都・yoko）

スを築いた
る一族
て一体何者？

の呼び名はルネサンス期に
開いたことによる。
族ってどんな人たちなの？

コジモ1世
1519〜1574
トスカーナ大公として
領土を拡大、絶対君主
の地位を不動のものに
した。

16歳の若さで枢機卿
となり、1513年、メ
ディチ一族初のローマ
教皇に即位。

レオ10世
（ジョヴァンニ・デ・メディチ）
1475〜1521

13世紀半ばにブルネッレスキによって
設計されたが、ファサードは彼の死後完
成することなく残っている。内部にはミ
ケランジェロ設計の階段も。

Map 別冊P.13-C1 サン・ロレンツォ
🏠 Piazza San Lorenzo 9
☎ 055-214042 ⏰ 10:00〜17:30（入
場は16:30まで） 🈂 宝物博物館回廊などとの共通券€9
🚉 Santa Maria Novella駅から徒歩5分
URL sanlorenzofirenze.it

メディチ家をちょこっとスタディ

メディチ家とは？
1397年にジョヴァンニ・ディ・ビッチが銀行を創設したのが
始まり。共和制ながらもフィレンツェの実質的な支配者になり、
多くの芸術家を擁護、ルネサンス文化盛隆の立役者となった。

紋章
町中でよく見かけるメディチ家の
紋章。その形は名前の由来とされ
る「薬」から丸薬を模したといわ
れ、その数は6〜8個程度。

家系図

```
              ジョヴァンニ・ディ・ビッチ
     ┌────────────────────┬────────────────────┐
ロレンツォ・イル・ヴェッキオ（老ロレンツォ）    コジモ・イル・ヴェッキオ（祖国の父）
ロレンツォ・ディ・ピエルフランチェスコ         ピエロ・イル・ゴットーゾ（痛風病みのピエロ）
ジョヴァンニ・イル・ポポラーノ      ジュリアーノ    ロレンツォ・イル・マニフィコ（ロレンツォ豪華王）
【黒帯隊長】ジョヴァンニ      【教皇クレメンス7世】ジュリオ    【教皇レオ10世】ジョヴァンニ
【初代トスカーナ大公】コジモ1世              ピエロ・イル・ファトゥオ（愚昧なピエロ）
【トスカーナ大公】フェルナンド1世 【トスカーナ大公】フランチェスコ1世  【ウルビーノ公】ロレンツォ
【トスカーナ大公】コジモ2世 【フランス王妃】マリー・ド・メディシス  【フランス王妃】カテリーナ・デ・メディチ
【トスカーナ大公】フェルナンド2世
【トスカーナ大公】コジモ3世
【トスカーナ大公】ジャン・ガストーネ
アンナ・マリア・ルイーザ
```

P.113を見てね☆

ロレンツォ・イル・ヴェッキオから始
まる弟派（左）。コジモ1世が血統の絶
えた兄派（右）からメディチ家を継いだ。

メディチ家って一体何者？

メディチ家とのつながり
ジョヴァンニ・ディ・
ビッチが教会再建時に聖
具案などを寄付。主祭壇
の床には大理石の紋
章がある。

礼拝堂に隣接した由緒ある教会
サン・ロレンツォ教会
San Lorenzo

歴代トスカーナ大公やメディチ家の先祖が
眠る霊廟。「君主の礼拝堂」と呼ばれる8
角形の礼拝堂の壁面や床には大理石や輝石
が埋め込まれ、華やかなことこの上ない。

Map 別冊P.13-C1 サン・ロレンツォ
🏠 Piazza Madonna degli Aldobrandini 6
☎ 055-0649430 ⏰ 8:15〜18:50（チケット販売は閉館
40分前まで） 🈂 火、12/25 €10
🚉 Santa Maria Novella駅から徒歩
8分

メディチ家とのつながり
ロレンツォ豪華王
らの墓碑のほか、レオ
10世の命によりミケ
ランジェロが作った
彫刻がある。

一族の眠る豪華な礼拝堂
メディチ家礼拝堂
Cappelle Medicee

歴代トスカーナ大公が
居住した宮殿。内部に
はパラティーナ美術館、
銀器博物館、近代美術
館などがあり、裏側に
はコジモの妻エレオノ
ーラのために作られた
ボーボリ庭園が広がる。

ルネサンスの典型的な宮殿
ピッティ宮
Palazzo Pitti

Map 別冊P.12-B3 サント・スピリト
🏠 Piazza dei Pitti ☎ 055-294883 ⏰ 8:15〜18:30 🈂 月、1/1、12/25
€17 🚉 ヴェッキオ橋から徒歩5分 URL www.uffizi.it/palazzo-pitti

メディチ家とのつながり
ピッティ家が着工した
宮殿をコジモ1世が要塞
建築のヴェッキオ宮を
嫌った妻のために
買い取った。

宮殿の中にある美術館
パラティーナ美術館
Galleria Palatina

ラファエッロの
絵が
たくさん！

注目作品は
聖母画

歴代トスカーナ大公が暮らしたピッティ宮の
中にあり、ルネサンス後期以後の作品が充
実。ラファエッロのコレクションは有名。

Map 別冊P.12-B3 サント・スピリト
🏠 Piazza dei Pitti ☎ 055-23885
⏰ 8:15〜18:30（チケット販売は17:30まで）
🈂 月、1/1、12/25 🈂 ピッティ宮€17 🚉 ヴェ
ッキオ橋から徒歩5分

1. 『小椅子の聖母』 2. 『大公の聖母』
3. 『マッダレーナ・ドニの肖像』

ヴェッキオ宮前の『ダヴィデ』像はレプリカ。オリジナルはアカデミア美術館（→P.113）にある。

メディチ家＆関連の芸術コレクション

フィレンツェ市内には、メディチ家に関係する芸術作品がいっぱい。反メディチさえも芸術になってしまうなんて、その存在は偉大！

私が援助した芸術家たちが素晴らしい作品を作ってくれたよ！

ロレンツォ・イル・マニフィコ →P.110

必見！
画僧フラ・アンジェリコ作『受胎告知』

必見！
ウッフィツィ美術館に展示しきれない絵画の数々

ツアーでないと回廊には入れません！

1. 階段を上ると出迎えてくれる傑作　2.『我に触れるな』　3.『キリストの嘲弄』　4. もうひとつの『受胎告知』　5. 40室以上もある僧房は、フラ・アンジェリコと弟子たちによる美しい壁画で飾られている

各僧房のフレスコ画も必見！

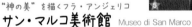

必見！
メディチ家一族の肖像画群

1. ガイドの説明を聞きながら回廊を歩く　2. フィレンツェに貢献したメディチ家の人々　3. 芸術家の肖像画も必見

一族だけに許された秘密の通路
ヴァザーリの回廊
Corridoio Vasariano

コジモ1世が暗殺等を恐れて造った回廊。ヴェッキオ宮から自宅のピッティ宮まで通じている。

ここを歩くよ！

Map 別冊P.15-C3　チェントロ

"神の美"を描くフラ・アンジェリコ
サン・マルコ美術館　Museo di San Marco

15世紀半ばに、コジモ・イル・ヴェッキオの命により全面的に改装された、元ドミニコ派の修道院。多数の傑作が収められ、中庭の回廊にはメディチ家の紋章がある。

Map 別冊P.13-C1　サン・ロレンツォ

🏠Piazza San Marco 3　☎055-0882000　🕐8:15～13:50（チケット販売は閉館30分前まで）　休第1・3・5の日、第2・4の月、1/1、12/25　€9　🚶ドゥオーモから徒歩10分

メディチ家と同じものを食べてみよう！

レシピを再現した料理や当時から伝わる味をご紹介。同じものを食べるとちょっと彼らに近づいた気分になる？

本当の味を伝えたいと開店
カンティーナ・デル・ジェラート
Cantina del Gelato

ピスタチオはシチリア、ヘーゼルナッツはピエモンテなど、素材の産地や旬にこだわったジェラートが並ぶ。ふたをして保存するのも、色や味が落ちないようにジェラートを大事にしている証拠。

Map 別冊P.13-C2　サント・スピリト

🏠Via de' Bardi 31　☎055-0501617　🕐夏季13:00～23:00、冬季13:00～20:00　休日　Card不可　🚻不要　Wi-Fi無料　🚶ヴェッキオ橋から徒歩1分　URL www.cantinadelgelato.it

現在のジェラートの原点
16世紀にメディチ家のお抱え建築家、ブオンタレンティがジェラートの元となるドルチェを振る舞った。彼の名が付いたジェラートも。

はい☆どーぞ！

ブオンタレンティとチョコレート€3（Mサイズ）

　たまたま入場無料日（毎月第1日曜）にぶつかってラッキー！　朝から晩まで美術館や博物館をハシゴしまくり♪（宮城県・ヒロ）

『四人の囚人』も必見！

必見！
ミケランジェロ作
『ダヴィデ』像の
オリジナル

『ダヴィデ』像は反メディチ？
アカデミア美術館
Galleria dell' Accademia

ミケランジェロ作『ダヴィデ』像のオリジナルを所蔵。16世紀初め、メディチ家追放後、一族を批判する勢力により共和制のシンボルとして制作を依頼。

Map 別冊P.13-C1　サン・ロレンツォ

🏛Via Ricasoli 60　☎055-0987100　🕐8:15～18:50（チケット販売は18:20まで）　🚫月、1/1、12/25　💴€13　🚇ドゥオーモから徒歩10分
🔗www.galleriaaccademiafirenze.it

1. 逃れる囚人を彫った未完のミケランジェロ作品　2. 360度全方位から鑑賞できるのは貴重

当時のファッションリーダー
カテリーナ・デ・メディチ 1519～1589

フランス王アンリ2世に嫁いだカテリーナは、ルネッサンス期の先進文化をフランスにもたらした。料理人を連れて行ったことでフランス料理が発展し、クラシックバレエも彼女が紹介したという。

サンタ・マリア・ノヴェッラ薬局
カテリーナが嫁いりの際に調合された「王妃の水」と呼ばれるオーデ・コロン、アックア・デッラ・レジーナ€85　➡P.128

店内には、メディチ家の紋章や一族からもらった守護聖人の盾などが飾られ、その関係の深さを感じる

スペツィエリエ・パラッツォ・ヴェッキオ
メディチ家ご用達の薬局として創業した店の香水は、当時のレシピをもとに再現したもの。カテリーナ・デ・メディチ€46　➡P.128

➡P.128

メディチ家って一体何者？

メディチ家の人々の肖像も

1. ここにメディチ家お気に入りの作品を飾ったことが、ウッフィツィ美術館のはじまり　2. コジモ1世の肖像画

2

必見！
ドナテッロ作
『ダヴィデ』像

有名彫刻がたくさん！
バルジェッロ
国立博物館
Museo Nazionale del Bargello

14～16世紀の彫刻や工芸作品を所蔵。メディチ家の邸宅や庭を飾ったミケランジェロやドナテッロ、ジャンボローニャなどの作品も。

Map 別冊P.15-D2　チェントロ

メディチ家の依頼で制作。元はメディチ・リッカルディ宮（→P.110）の中庭にあった。中性的な官能美をたたえた雰囲気が魅力

🏛Via del Proconsolo 4　☎055-0649440　🕐4～9月8:15～18:50（水・木～13:50）、10～3月8:15～13:50（土・日～18:50）　🚫火、12/25　💴€11　🚇シニョリーア広場から徒歩2分　🔗www.bargellomusei.beniculturali.it

必見！
ベルナルド・ブオンタレンティが設計した展示室
『トリブーナ』

1

一族の自画像を集めた部屋も
ウッフィツィ美術館 Galleria degli Uffizi

コジモ1世の命によりヴァザーリがトスカーナ大公の役所として建設。フランチェスコ1世の時代から芸術品を収集し、のちに美術館なった。

詳しくは➡P.106

旬の食材で作る地元料理
トラットリア・ダ・ジノーネ
Trattoria da Ginone

フィレンツェ生まれ、北イタリアで経験を積んだシェフが腕を振るうトラットリア。トスカーナを中心とした料理を、伝統のレシピを継承しつつ現代の調理法で仕上げている。

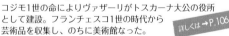

「ビステッカ」の名はここから
聖ロレンツォの日に広場でかがり火を焚き牛肉を焼いて人々に振る舞った際、参加したイギリス人商人が言った「ビーフステーキ」に由来するとか。

Map 別冊P.12-B2　サント・スピリト

🏛Via de' Serragli 35r　☎055-218758　🕐12:00～15:00、19:00～23:00　🚫無休　💴ランチ€25～　ディナー€30～　💳M.V.　📶無料　🚇ヴェッキオ橋から徒歩5分　🔗www.ginone.it

豪華じゃね〜

メディチ家の食卓はどんなもの？
メディチ家の料理には、ハチミツやスパイスがふんだんに使われていた。これらは、東方貿易で手に入れた高価なもので、当時はお金持ちしか使うことができなかったという。

ビステッカ・アッラ・フィオレンティーナ€55/kg

ラングドン教授と謎解きの旅へ！
『インフェルノ』の舞台を巡る

数々の名所が舞台になった人気映画『インフェルノ』。登場人物になった気分で各スポットを回ってみよう！

「急ごう!!」

INFERNO

© 2016 Columbia Pictures Industries, Inc. and LSC Film Corporation. All Rights Reserved.

『インフェルノ』とは？

Story 記憶を失いフィレンツェの病院で目覚めた宗教象徴学者のラングドン。またしても大きな陰謀に巻き込まれたラングドンは、美貌の女医シエナとともに詩人ダンテの叙事詩『神曲』(地獄篇)に秘められた暗号に迫る。有名美術品や建築物から暗号解読のヒントを得ていくふたりは、陰謀を阻止できるのか!?

＊ダンテ・アリギエーリ（Dante Alighieri）
1265年、フィレンツェ生まれの詩人。代表作は、地獄篇・煉獄篇・天国篇の3部からなる叙事詩『神曲』。イタリア文学最大の詩人であり、ルネッサンスの先駆者とされる人物。

ダンテ関連スポット
● ダンテ博物館になっている生家「ダンテの家」 Map 別冊P.15-D2
● ダンテが眠る「サンタ・クローチェ教会」 Map 別冊P.13-C2
● 『神曲』を書くきっかけの場所「サンタ・トリニタ橋」 Map 別冊P.14-B3
● ダンテを描いた有名な絵がある「ドゥオーモ」（→P.102）

1 謎解きスタート！

記憶を失い病院で目覚めたラングドン。彼が持っていた円筒が映し出したのは、ボッティチェッリの絵『地獄の見取り図』。ダンテの『神曲』にヒントがあると気づいたふたりは、旧市街を目指しロマーナ門へ向かう。

ロマーナ門
Porta Romana

城壁で囲まれていた時代の南門に当たる。現在でも、大きな鉄戸は開かれ、車や人が行き来する交通の要衝である。

荷物を持つ女人像

Map 別冊P.12-B3

2 追っ手から逃げる

ブオンタレンティの洞窟

ネプチューンの噴水

ブラッチョ・ディ・バルトロ像

2013年にメディチ家の館群と庭園として世界遺産に登録。イタリア式庭園で、歩くだけで往時にタイムスリップした気分に。

ボーボリ庭園
Giardino di Boboli

Map 別冊P.12-B3 サント・スピリト

女スパイや無人偵察機など、追っ手から逃げるためボーボリ庭園へ。謎に1歩近づいた2人は、ヴェッキオ宮に向かいたいのだが、偵察機が行く手を阻み、洞窟へと逃げ込むことに。

▲Piazza Pitti ☎055-2388736 ◎4・5・9・10月=8:15～18:30、6～8月=8:15～19:10、11～2月=8:15～16:30、3月=8:15～17:30 ◎第1・最終月曜、1/1、12/25 ◎€11、ピッティ宮との共通券€23 ◎ヴェッキオ橋から徒歩5分 URLwww.uffizi.it/giardino-boboli

3 秘密の通路を走る

なんとかボーボリ庭園からヴァザーリの回廊へ入れたふたり。ヴェッキオ橋、ウッフィツィ美術館と、メディチ家が造った秘密の通路を疾走する。目指すヴェッキオ宮はすぐそこ！

ツアーでないと入れません！

ヴァザーリの回廊
Corridoio del Vasari

詳しくは→P.112

回廊の窓からの眺め

舞台になったヴァザーリの回廊へ。小説とは逆ルートだけど楽しめました。（千葉県・ふみ）

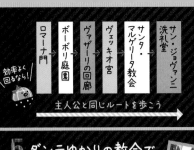

主人公と同じルートを歩こう

サン・ジョヴァンニ洗礼堂 → サンタ・マルゲリータ教会 → ヴェッキオ宮 → ヴァザーリの回廊 → ボーボリ庭園 → ロマーナ門

効率よく回るなら！

『インフェルノ』の舞台を巡る

ここにキーワードが！見えるかな？

ダンテのマスクがない！？

地図の間の隠し扉から逃げるんだ！

4 キーワード "Cerca Trova" を発見！

チェルカ・トローヴァ

五百人広間にあるヴァザーリの絵を見ながら、ダンテのマスクが鍵と気づくがすでになく、防犯カメラにより盗んだのはラングドンと友人だと判明。友人の秘書から隠し場所は「天国の25だ」と伝言を受け取り、次なる目的地へ。

ヴェッキオ宮
Palazzo Vecchio

詳しくは →P.110

5 ダンテゆかりの教会で

サンタ・マルゲリータ教会
Santa Margherita

路地裏にある小さな教会

詳しくは →P.32

「天国の25」は、天国篇第25歌だと気づいたふたり。その内容を調べるため、『神曲』の愛読者が立ち寄りそうな教会へ。観光客にスマホを借り、第25歌を検索。「洗礼盤」という言葉から次なる場所がひらめいた！

ベアトリーチェとの出会いのシーンを描いた絵もある

6 ダンテのマスクを見つける

ラングドンとシエナは、洗礼盤があり、ダンテも洗礼を受けたサン・ジョヴァンニ洗礼堂に到着。天国篇第25歌にあるとおり、洗礼盤の蓋を開けると、そこにはヴェッキオ宮から持ち出されたダンテのマスクが……。

サン・ジョヴァンニ洗礼堂
Battistero di San Giovanni

詳しくは →P.105

天井画に描かれた地獄絵は必見！

洗礼盤の中をのぞいてみると……

To be continued...
ふたりの旅はヴェネツィアへと続く

旅立つ前にチェック！

発売中

小説
文庫本『インフェルノ』
上・中・下巻
各748円
著者：ダン・ブラウン
出版社：株式会社
KADOKAWA

発売中

映画
Blu-ray
『インフェルノ』
価格：1980円（税込）
発売元・販売元：
ソニー・ピクチャーズ
エンタテインメント

丘の上の教会から
ヴェッキオ橋まで工房地区
"オルトラルノ"をお散歩

TOTAL 10時間

オルトラルノのおさんぽ

TIME TABLE

- 9:30 サン・ミニアート・アル・モンテ教会
  - ↓徒歩20分
- 11:30 イル・トルキオ
  - ↓徒歩4分
- 12:15 ヴェッキオ橋
  - ↓徒歩3分
- 12:45 マドヴァ・グローヴズ
  - ↓徒歩3分
- 13:30 トラットリア・カンミッロ
  - ↓徒歩7分
- 15:30 サンタ・マリア・デル・カルミネ教会
  - ↓徒歩5分
- 19:00 ベルベレ

昔ながらの工房と新しいショップが共存する
アルノ川の向こう側、オルトラルノ地区。
古きよきフィレンツェの町並みを
眺めながらお散歩しましょ☆。

1 フィレンツェを一望できる 9:30
サン・ミニアート・アル・モンテ教会 San Miniato al Monte

観光客の多いミケランジェロ広場より、さらに高台にある教会。ファサードやカラフルな木製天井など、小さな教会ながら美しさは群を抜く。

Map 別冊P.13-D3

祭壇後ろのモザイク画

教会横にはリキュールや自然派食品を扱うショップも

1. 朝は空気が澄みキレイに見渡せる 2. ロマネスク様式のファサード

🏠Via delle Porte Sante 34 ☎055-2342731 ⏰9:30～13:00、15:00～19:00（日8:15～13:00、15:00～19:00）🔒無休 💴無料 🚌Santa Maria Novella駅から12番バスで約40分 🔗www.sanminiatoalmonte.it

すべてが一点物よ

2 型にはまらないデザインが人気 11:30
イル・トルキオ Il Torchio

マーブル紙と革を使い装丁や製本、さまざまなアイテムの制作をしているエリンさんの工房兼ショップ。アクセントを入れて少し"はずす"のが彼女のスタイル。

Map 別冊P.13-C2

バンドがあると便利です

開くと……

🏠Via de' Bardi 17 ☎055-2342862 ⏰10:45～13:00、14:00～17:00 🔒土・日、8月、クリスマス、年末年始 💳A.M.V. 🚶ヴェッキオ橋から徒歩4分 🔗www.legatoriailtorchio.com

1. 商品や材料が並ぶ店内 2. 作業の様子を見られることも 3. マーブル紙のノート€15（大）、€12（中）、€8（小） 4. フォトフレーム€35 5. 黄色い糸がアクセントのノート€45 6. 革のポーチ€120 7. さまざまな種類の紙を使ったノート€165

カッライア橋が架かるまで町で唯一の橋だった

1. 橋はいつも人でいっぱい 2. アクセサリーみやげを探しては？

3 フィレンツェで最も古い橋 12:15
ヴェッキオ橋 Ponte Vecchio

アルノ川に14世紀に架けられたフィレンツェ最古の橋。橋の両側に貴金属店と宝石店が軒を連ねるのは16世紀の終わりからで、15世紀には精肉店が並んでいた。

Map 別冊P.15-C3

🏠Ponte Vecchio 🚶ドゥオーモから徒歩10分

夜は橋がライトアップされ、昼間とは別の顔を見せる

📩 サン・ミニアート・アル・モンテ教会には、修道院コスメやお菓子などを売っているショップがあります。（鹿児島県・アリー）

4 3代続く老舗の手袋店 12:45
マドヴァ・グローヴズ
Madova Gloves

店内の壁一面に収められた手袋の多さに誰もが驚く。希望の色や素材を伝えよう。サイズはスタッフがひと目で見立ててくれるが、必ず試着してから購入を。

Map 別冊P.14-B3

🏠 Via Guicciardini 1r ☎055-2396526 ⏰10:30～19:00 🗓日・祝 Card A.M.V. 🚶ヴェッキオ橋から徒歩1分 URL www.madova.com

1. スウェード手袋€45.50～。裏地はシルク 2. レザーは創業当時からのロングセラー。裏地あり€45.50～

5 13:30
人気トラットリアで王道グルメ
トラットリア・カンミッロ
Trattoria Cammillo

60年以上続く老舗トラットリア。ていねいに作られる料理は、トスカーナの伝統料理から新しいアレンジを加えたものまで幅広い。エビのセライスは店いちばんの名物。

Map 別冊P.14-B3

🏠 Borgo San Jacopo 57r ☎055-212427 ⏰12:00～L.O.14:15、19:30～L.O.22:15 🗓火・水、8月、12/23～1/7 💰€45～ Card A.M.V. ⏰夜は必要 禁煙 英 WiFi無料 🚶ヴェッキオ橋から徒歩3分

1. ラグーソースの生タリアテッレ€16
2. カレー風味のエビのセライス€45

6 芸術家たちに影響を与えた場所 15:30
サンタ・マリア・デル・カルミネ教会
Santa Maria del Carmine

ミケランジェロやダ・ヴィンチが模写をしたブランカッチ礼拝堂を有する教会。マザッチョが描いたルネッサンス幕開けの祭壇画は必見！

1. 祭壇画のテーマは「聖ペテロの生涯」
2. マザッチョの傑作「楽園追放」

向かって左端の壁面に注目！

Map 別冊P.12-B2

🏠 Piazza del Carmine 14 ☎055-212331 ⏰10:00～17:00（日・祝13:00～、チケット販売は16:15まで）🗓火・水・木、1/1・6、復活祭、7/16、8/15、12/25 💰€10 🚶ヴェッキオ橋から徒歩15分

人気のエリアよ

ウッフィツィ美術館

Lungarno delle Grazie
Fiume Arno
Lungarno Serristori
Via San Niccolò

ミケランジェロ広場

Lungarno Torrigiani

Ponte S. Trinita
Ponte Vecchio
Ponte alle Grazie

Ponte A. Vespucci
Borgo S. Frediano

Piazza del Carmine

Via Santo Spirito
Via Maggio

Piazza S. Spirito
Via della Chiesa
Via del Campuccio
Via Romano

Piazza dei Pitti
ピッティ宮

工房が多い

サント・スピリト教会

週末は生地の数が増えるよ

Via delle Porte Sante

ボク、ミケランジェロ広場にいるから遊びに来てね

インテリアもこだわったよ

7 19:00
生地にこだわるピッツェリア
ベルベレ Berberè

支店増加中の注目店。全粒粉やグルテンフリーなど7種の生地があり、日替わりで楽しめる。人気のクラフトビールと一緒に小麦のおいしさを味わおう。

Map 別冊P.12-B2

🏠 Piazza De' Nerli 1 ☎055-2382946 ⏰19:00～23:30（土・日12:30～14:30、19:00～23:30）🗓無休 💰€20～ Card M.V. 🗓望ましい 英 WiFi無料 🚶Santa Maria Novella駅から徒歩12分 URL www.berberepizza.it 🚶Via dei Benci店ほか

1. トマト×モッツァレラ€12
2. 北イタリアのハム、スペック×ゴルゴンゾーラ€10.50
3. トマト×ケッパー×アンチョビ€11、ビール€6

フィレンツェ料理といえばこれ！
肉食女子が直行すべきレストラン

フィレンツェの名物料理を挙げれば、肉の名前がズラリと並ぶ。
そう、フィレンツェに来たら肉を食べずには帰れません！
地元からも観光客からも愛される絶品肉料理は、この5軒にあり。

トリッパの牛の胃袋煮込み

うちの
アリスタは
分厚いぞ～

サント・ステファノ
キャンティ・クラシコ
タンニンが多く、どっしりと重たい赤ワイン
€25/ボトル

ベストマッチ・ワイン

1kg以上の極厚Tボーンステーキ

B MUST EAT

アリスタ
Arista

€16

ローズマリーやニンニクを入れ込み、塩をふった豚のブロック肉を、オーブンでじっくり焼いたもの

フィレンツェ風豚肉のロースト

コルシ・バエラ
キャンティ・クラシコ
重過ぎず酸味が少なく、肉に合わせやすい。
€16/ボトル

ベストマッチ・ワイン

A MUST EAT

ビステッカ・アッラ・フィオレンティーナ
Bistecca alla Fiorentina

€58/kg

注文は1kg～。
みんなで
シェアしてね

塩コショウした牛肉を炭火でこんがり焼き、中はレアに仕上げている

A 家族経営の温かいお店
リストランテ・デル・ファジョーリ
Ristorante del Fagioli

創業者である父のレシピを息子たちが守り続ける人気店。自慢はビステッカやウサギのローストなど各種肉料理。家庭的な雰囲気を楽しんで。

Map 別冊P.13-C2 サンタ・クローチェ

🏠Corso Tintori 47r　☎055-244285
🕐12:30～15:00、19:30～22:30　🈺土・日、1/1、8月、12/24～26・31　💴€25～
Card不可 🈵夜は望ましい ᴡɪ-ғɪなし
🚶ヴェッキオ橋から徒歩7分

おすすめプリモ

野菜とトマトのソースのペンネ・ストシカーテ€13

おすすめコントルノ

ゆでてオリーブオイルと塩で味付けした白インゲン豆€6

B 町外れにある激ウマ食堂
トラットリア・ダ・ルッジェーロ
Trattoria da Ruggero

予約必須のトスカーナの伝統料理店。とにかく食材を大切にする料理の評判が客を呼び、今ではタクシーで駆けつける観光客で満席になることも。

Map 別冊P.12-B3 ロマーナ門周辺

🏠Via Senese 89r　☎055-220542　🕐12:00～14:30、19:30～22:30　🈺火・水、7月下旬から1ヵ月間、クリスマス、年末年始　💴€30～
Card A.M.V. 🈵夜は必要 🈁英 ᴡɪ-ғɪ無料
🚶ヴェッキオ橋から徒歩26分

おすすめプリモ

カレッティエラ€10は唐辛子とニンニクをふんだんに使ったパスタ

おすすめ肉料理

この店の肉料理で外せないもうひと品がこれ。ローストビーフ€16

C セレブが通うトラットリア
トラットリア・ソスタンツァ・トロイア
Trattoria Sostanza Troia

1869年創業の老舗店。店内には、シャガールからスピルバーグまで有名人のサインが満載。500gのビステッカなど、ほどよいボリュームの料理が多い。

Map 別冊P.14-A1 サンタ・マリア・ノヴェッラ

🏠Via del Porcellana 25r　☎055-212691　🕐12:30～14:00、19:30～21:00　客が帰れば閉店　🈺日・祝、8月に数週間、クリスマス、年末年始　💴€40～ Card M.V. 🈵必要 🈁英 ᴡɪ-ғɪ無料　🚶Santa Maria Novella駅から徒歩9分

おすすめプリモ

卵を回しかけただけなのにおいしいアーティチョークのオムレツ€20

おすすめ肉料理

バターチキン€23。バターを100gたっぷり使ってムネ肉をソテー

うちのは臭みがないって評判だよ！

5時間煮込んだミートソース

作り置きしないから14時頃にはない料理もあるよ

C MUST EAT

フィレンツェ風トリッパ
Trippa alla Fiorentina
€15

牛の第2胃袋（ハチノス）と野菜を煮込むだけ。トマトの酸味が野菜のうま味がハチノスを包み込む

ハウスワイン キャンティ
フレッシュで少し渋味のある味わい。€24/ℓ

ベストマッチ・ワイン

ハウスワイン サンジョヴェーゼ
どんな料理にも合う万能赤ワイン。€2/グラス

ベストマッチ・ワイン

E MUST EAT

マニケ・アル・ラグー
Maniche al Ragù
€8.50

牛肉のミートソースは、味わいの強さを出すために鶏のレバーを入れるのがポイント。パスタの種類は毎日替わる

コショウ風味の牛肉の赤ワイン煮

D MUST EAT

ペポーゾ
Peposo
€12

セージ、ローリエ、ニンニクでアレンジ

牛スネ肉を赤ワインと黒コショウでじっくり煮込む。クーポラ建設に関わる煉瓦職人が考案したといわれる

ハウスワイン キャンティ・ルフィナ
重さやタンニンはなく、軽い口当たり。€8/500mℓ

ベストマッチ・ワイン

ぜ～んぶ食べたい☆

D ランチのみの伝統料理店

トラットリア・ゴッツィ・セルジョ
Trattoria Gozzi Sergio

2015年に100周年を迎えた老舗トラットリア。毎朝手書きされるメニューには、旬の食材を使ったシンプルでおいしいトスカーナ料理が目白押し。

Map 別冊P.13-C1 サン・ロレンツォ

🏠Piazza di San Lorenzo 8r ☎055-281941 🕐12:00～15:00（ランチ営業のみ）休日、1/1、8月に数週間。12/25・26（不定休あり）€25～ Card A.M.V. 予望ましい Wi-Fi なし
Santa Maria Novella駅から徒歩8分

 おすすめプリモ

 おすすめ肉料理

牛肉のミートソースをかけたニョッキ。もちもち食感が◎

オッソブーコ€15。トマトソースをかけるのがフィレンツェ風

E "自分たちの味"が何よりの強み

トラットリア・マリオ・ダル1953
Trattoria Mario dal 1953

ワインの販売から始まったトラットリアは現在4代目。市場の品揃えにより毎日メニューは異なるが、初代から継承した味はまったく変わっていない。

Map 別冊P.13-C1 サン・ロレンツォ

🏠Via Rosina 2r ☎055-218550 🕐12:00～L.0.15:00（木・金12:00～L.0.15:00、19:00～L.0.21:00）休日・祝。8月 🍴ランチ€15～、ディナー€25～ Card M.V. 予必要 Wi-Fi なし URL www.trattoriamario.com
ドゥオーモから徒歩6分

 おすすめプリモ

 おすすめ肉料理

トスカーナパン、豆、野菜を煮込んだリボリータ€7.50

たっぷりのセージを使ったシンプルな鶏肉のロースト€7.50

プリモは、パスタなどメインの前に食す第1の皿。コントルノはメインの付け合わせ。豆や季節の野菜を使ったものが多い。

お役立ちイタリア語

【食材】

肉	カルネ	carne
牛肉	マンツォ	manzo
豚肉	マイアーレ	maiale
鶏肉	ポッロ	pollo
羊肉	ペコーラ	pecora
仔羊	アニェッロ	agnello
仔牛	ヴィテッロ	vitello
ウサギ	コニーリオ	coniglio
イノシシ	チンギアーレ	cinghiale
鴨肉	アーナトラ	anatra
鳩肉	ピッチョーネ	piccione

【焼き加減】

レア	アル・サングエ	al sangue
ミディアム	メディア	media
ウェルダン	ベン・コット	ben cotto

【部位】

ヒレ肉	フィレット	filetto
サーロイン	ロンバータ	lombata
牛の胃袋	トリッパ	trippa
レバー	フェーガト	fegato

トスカーナの美味美酒がたくさん！
地元で人気のエノテカへ

生ハム、サラミ、チーズ、野菜のオイル漬けに、極上のワインたち。
口中に広がるトスカーナをエノテカで体感しよう！

各州の名物ワイン をチェック！ →別冊 P.38

エノテカって何？
本来は、量り売りワインの販売店。多くはワインバーを併設し、おつまみとともにグラスワインを味わうことができる。気に入ったワインをその場で購入できるのもうれしい。なかには食事にこだわったリストランテに近い店もある。

セルフサービスでどうぞ
ラ・プロシュッテリア
La Prosciutteria

地元客にも観光客にも人気のエノテカ。理由は、トスカーナのグルメをリーズナブルにセルフサービスで楽しめるから。板にのったおつまみは、サイズを選ぶだけの簡単オーダー！

Map 別冊P.15-D3 チェントロ

🏠 Via dei Neri 54r ☎ 055-2654472 🕚 11:00～23:00 🈚 無休
💴 €10～ **Card** M.V. 予不要 英 **Wi-Fi** 無料 📍 シニョリーア広場から徒歩3分 **URL** www.laprosciutteria.com 🍴 ミラノ店ほか

ハウスワイン
Vino della Casa
€4/グラス

1. ワインは、グラスの付け根にある伝票を持ってカウンターで注文・精算を 2 食べたいものは指さしで 3 オリジナルTシャツの販売コーナーも

夕方早めならすぐに座れるよ

おつまみ盛り合わせ
Taglieri
€10/人～

ワインのストーリーも聞いてね～

オレンジワイン
Vino Orange
€6/グラス

サンジョヴェーゼ
Sangiovese
IGT€6/グラス

1 鶏レバーのパテ
Pate di Fegatini di Pollo €10

1 アンチョビなどが入ったパテはバラのような香りのワインと 2 店内はカジュアルな雰囲気 3 5時間煮込んだ牛肉には酸味が感じられる赤ワインを

牛ほほ肉の赤ワイン煮込み
€22

自然派ワインを飲みに地元っ子が通う
エノテカ・スポンターネア
Enoteca Spontanea

姉の料理に合うワインを弟が提案。イタリアを中心にヨーロッパの自然派を300種類ほど揃えている。ビオ食材にこだわった料理はトスカーナをベースに、サルデーニャのものも。

Map 別冊P.12-B3 サント・スピリト

🏠 Via Maggio 61r ☎ 055-0498258 🕔 17:00～24:00（アンティパスト19:00～L.O.23:00、プリモ・セコンド19:30～） 🈶 日・祝、8月 💴 €40～
Card M.V. 予食事は必要 英 **Wi-Fi** 無料 📍 ヴェッキオ橋から徒歩6分

使える
イタリア語

おすすめのワインはどれですか？	地元のワインが飲みたいです。	～なワインはありますか？
クアレ・ヴィーノ・ミ・コンシリア	ヴォッレイ・ベーレ・ウン・ヴィーノ・ロカーレ	アヴェーテ・ウン・ヴィーノ～？
Quale vino mi consiglia?	Vorrei bere un vino locale.	Avete un vino ～？

赤ワイン	白ワイン	スパークリング・ワイン	軽い	強い、しっかりとした	甘口	辛口	フルーティな
ヴィーノ・ロッソ	ヴィーノ・ビアンコ	スプマンテ	レッジェーロ	ロブスト	ドルチェ	セッコ	フルッタート
vino rosso	vino bianco	spumante	leggero	robusto	dolce	secco	fruttato

📩 店でいちばん安いハウスワイン（Vino della Casa）でも大満足のおいしさでした！（千葉県・なつこ）

地元で人気のエノテカへ

ゴルゴンゾーラのラビオリ
セージバターがけ
**Cappellacci di Radicchio e
Gorgonzola al Burro e Salvia**

ファットリア・ディ・ロダーノ・
ヴィアコスタ「キャンティ・クラシコ・
リゼルヴァ 2007」
**Fattoria di Rodano Viacosta
Chianti Classico Riserva 2007**

鶏レバーのテリーヌ
**Blocco di Terrina di Fegatini con
Pane Tostato e Riduzione al Vin Santo**
€12

ピッティ宮
を観賞したら
こちらへ

1. ワインに合うメニューが勢揃い。昼と夜でメニューが替わる 2. 壁一面のワインにテンションが上がる 3. ピッティ宮が見える テラス席

安全な食材で作る料理とワインを
エノテカ・ヴィーニャ・ヌオーヴァ
Enoteca Vigna Nuova

好きな時間に好きなものを食べられるように、おつまみだけでなく料理も提供。扱うワインは約600種と多く、すべてグラスで飲めるので、いろいろなワインを試すことができる。

Map 別冊 P.14-A2　サンタ・マリア・ノヴェッラ

🏠 Via dei Federighi 3r　☎055-280778　🕐12:00～23:00　🈺火　€20～　Card M.V.　🈂不要　🈎　📶無料　🚉Santa Maria Novella駅から徒歩10分　URL enotecavignanuova.it

1. 牛肉のタルタル€15とバルボリチェッラ・スーペリオーレ€8.50/グラス
2. カフェのような明るい店内　3. ロゼはハムにも野菜にも◎

ビステッカもおすすめだよ

チェラズオーロ・ダブルッツォ✦
Cerasuolo d'Abruzzo D.O.C.

野菜のグリルなど、ベジタリアンの盛り合わせ
Tagliere Vegetariano

トスカーナ産プロシュートサラミなどの盛り合わせ
Tagliere Toscano
€16～

ピッティ宮を望むエノテカ
ピッティ・ゴーラ・エ・カンティーナ
Pitti Gola e Cantina

ワインをこよなく愛するオーナー3人のこだわりワインリストは、小規模生産者からハイエンドまで幅広い。トスカーナの銘酒「キャンティ・クラシコ」は、3000本以上を揃えている。

Map 別冊 P.12-B2　サント・スピリト

🏠 Piazza Pitti 16　☎055-212704　🕐12:00～L.O.22:30（ランチ12:30～15:00、ディナー19:30～22:30）　🈺火　🍴ランチ€30～、ディナー€50～　Card A.M.V.　🈂必要　🈎　📶無料　🚉ヴェッキオ橋から徒歩4分　URL www.pittigolaecantina.com

ヴィーノ・ノービレ・ディ・モンテプルチャーノ・リゼルバ 2011
**Vino Nobile di
Montepulciano Reserva**

イタリアチーズの盛り合わせ
Formaggi Italiani
€10

チンタ・セネーゼ豚のサラミ
Salumi di Cinta Senese
€15

1. 赤ワインにはこちら　2. 白ワイン（Sudtirol Riesling）と北イタリア産ハム、スペックのクロストーネ（Crostone con Speck）€10　3. カウンターのほか、テラス席も

ワインラバーに愛される店
レ・ヴォルピ・エ・ルーヴァ
Le Volpi e L'uva

1992年に酒屋としてスタート。トスカーナ州内ではここでしか飲めない、良質な小規模ワイナリーのワインが豊富に揃う。グラスワインはなんと常時約15種を用意。日本人スタッフの常駐率が高いのも心強い。

Map 別冊 P.13-C2　サント・スピリト

🏠 Piazza dei Rossi 1　☎055-2398132　🕐12:00～21:00　🈺1/1、復活祭、8月に数週間、12/25・26　🍴€20～　Card A.M.V.　📶無料　🈎春～10月要予約　🚉ヴェッキオ橋から徒歩3分　URL www.levolpieluva.jp

赤なら重めor軽め、白なら辛口or甘口、とソムリエに好みを伝えてみよう。

着席カフェ&絶品ジェラテリアは町歩きの心強い

座って
ゆっくりできる
カフェ
caffetteria

人気レストランが手がけたベーカリーカフェ
サント・フォルノ S.Forno

さまざまな小麦粉を使い分けて焼いた昔ながらの地元パンやオリジナリティあるパンが評判。スイーツはイタリアの伝統菓子のほかフランス菓子も。トスカーナを中心とした食材も扱っている。

Map 別冊P.12-B2　サント・スピリト

🏠 Via Santa Monaca 3r 📞055-2398580
🕐7:30〜21:30（土・日8:30〜）⚫8月中旬に10日間、12/24・25 💶€5〜 Card J.M.V. 🪑不要 WiFi 無料 🚶ヴェッキオ橋から徒歩8分

1. 以前ベーカリーだった場所をリノベ　2. パニーノは日替わり。写真はレーズンとローズマリーが入ったパンにモルタデッラを挟んだもの。€7　3. 日替わりメニューは黒板に　4. お米を使ったブディーノ・ディ・リーゾ€1.80と紅茶€2　5. トスカーナ名物の塩なしパンも

スペシャルティコーヒーの先駆け的存在
ディッタ・アルティジャナーレ Ditta Artigianale

ロースタリーからスタートしたカフェは今では市内に6店舗を展開。ワインのように香りを楽しんで味わってほしいと、こだわった豆でていねいに入れている。

Map 別冊P.13-C2　サント・スピリト

🏠 Via dello Sprone 5r 📞055-0457163
🕐8:30〜20:00 ⚫無休 💶€1.50〜 Card M.V. 🪑不要 🚭 WiFi 無料 🚶ヴェッキオ橋から徒歩2分 URL dittaartigianale.com 🏠Via dei Neri店、Via L. Soderini店ほか

フィルターコーヒーは豆を選んでね

1. ティラミスから発想を得たコーヒーミス€6　2. エスプレッソ€1.50には3種のブレンドを使用。クロワッサン・リピエノ€1.70と　3. ヴィンテージ感を出したインテリア　4. 2階にも席がある

季節限定のコーヒードリンクもあるよ

✉ バルディーニ庭園にあるテラスカフェが好き。ミケランジェロ広場並みに見晴らしがよく、静かで落ち着きます。（千葉県・ゆみ）

味方なのです♪

立ち飲みのバールはたくさんあるけど、座ってお茶がしたい。そんなあなたにぴったりのカフェをご紹介。疲れを癒やしてくれるジェラテリアもチェック！

気分や時間で使い分け
ラ・メナジェル
La Ménagère

リストランテ、ビストロ、バール、雑貨店や花屋まで併設されたコンセプトレストラン。観光客には入りやすく、地元客には新鮮と、客足が絶えない。

1. 手前から、レモンタルト€6、フルーツタルト€6、カフェ€2.50、紅茶€6
2. 花の香りに包まれるカフェ空間

Map 別冊P.13-C1 サン・ロレンツォ

🏠Via dè Ginori 8r ☎055-0750600 ⏰7:00～翌2:00 休無休 €10～ Card A.M.V. リストランテは望ましい 英 WiFi無料 Santa Maria Novella駅から徒歩10分 www.lamenagere.it

好きな場所を選んでね

生花店前のカフェスペースは女子率が高い

ステキな生活用品も販売中

有名リストランテの系列カフェ
カフェ・チブレオ Caffè Cibrèo

イタリア屈指の名シェフ、ファビオ・ピッキの店。リストランテと同じ厨房で作られるメニューもあり、味わいは格別。クラシカルな雰囲気もいい。

バールには日本人バリスタも！

Map 別冊P.13-D2 サンタ・クローチェ

🏠Via Andrea del Verrocchio 5r ☎055-2341100 ⏰9:00～24:00 休1/1、8月、12/25・26 €3～ Card A.D.M.V. 不要 英 WiFi無料 ドゥオーモから徒歩12分 www.cibreo.com

1. 店内のテーブル席は少なめ。テラス席もおすすめ 2. カウンターでサクッと飲むのもいい 3. チョコレートのケーキ€8、カフェ€2

フィオレンティーナに人気のジェラテリア gelateria

ピスタチオ
イタリアで食べるならナッツ系を狙うべし！€2

Fragola×Banana
イチゴ×バナナ バナナとイチゴが50％以上も入って濃厚！€2

夏にはレモン×セージもおすすめ

Addrmentasocere
キャラメリゼしたピーナッツとピーナッツクリーム
ピーナッツはナッツ系が多いイタリアのなかでも珍しい。€2

ラ・ソルベッティエラ
La Sorbettiera

1934年から続く老舗。原材料が新鮮であること、すべてのベースになるクリームにこだわるなど原点回帰した味が特徴。古きよき味わいは子供にも人気。

Map 別冊P.12-B2 サント・スピリト

🏠Piazza Torquato Tasso 11r ☎055-5120336 ⏰12:30～24:00（日11:00～）休8/15、10～4月の水、12～2月 €2～ Card不可 WiFiなし ヴェッキオ橋から徒歩15分 www.lasorbettiera.com Via Mazzetta店ほか

ザバイオーネ×ジャンドゥーヤ
お酒を混ぜた卵黄のクリームとヘーゼルナッツチョコ味。€3

キャンティワイン
酸味がさわやかなフィレンツェらしいひと品。€3

Zabaione×Gianduja

Chianti Colli Fiorentini

ジャンドゥーヤは人気No.1！

Kiwi×Mela
キウイ×リンゴ キウイの種やリンゴの皮もいいアクセントに。€3

全素材がビオのジェラテリア
エドアルド・イル・ジェラート・ビオロジコ
Edoardo il Gelato Biologico

ドゥオーモを眺めながらジェラートをいただける好立地。原材料はすべてビオで、多くはトスカーナ産。手作業による伝統製法を大切にするこだわりの店。

Map 別冊P.15-D1 チェントロ

🏠Piazza del Duomo 45r ☎055-281055 ⏰11:30～23:00 ※季節により変動あり €3～ Card不可 不要 ドゥオーモから徒歩1分 www.edoardobio.com

人気再燃中の中央市場で 食べて、買って、楽しんで

市民の台所と呼ばれ、客が途絶えない中央市場。
安心安全においしいものが食べられると人気の「2階」と、
「1階」のおみやげ店を総チェック！

キアーナ牛はトスカーナのブランド牛だよ

食べる EAT

朝からガッツリ食べたいときに
ネルボーネ
Nerbone

フィレンツェ伝統の味、トリッパやランプレドットなどのモツ系が人気。中央市場内でも、地元客や観光客でひときわにぎわう店だ。

ピアット・ディ・ボッリート €8.50

📍中央市場1F
☎339-6480521　🕐8:00〜15:00（L.O.14:30）　🗓日、1月の1週間、8月の3週間、12/25・26　💶€12〜　💳不可
🚇Alla Vecchia Bettola（Viale Vasco Pratolini）

パニーノ・ディ・ランプレドット €5

キアーナ牛のハンバーガーが話題
ランブルゲル・ディ・キアニーナ
L'Hamburger di Chianina

認定飼料のみで育てたキアーナ牛の赤身95%と豚肉5%、塩コショウだけを使ったジューシーなパテは必食。

📍中央市場2F　🚇なし
🕐11:30〜24:00　🗓12/25
💶€9〜　💳D.J.M.V.
🚇不要　🈂英

チーズ入りハンバーガー・ディ・キアニーナ €9。チップス €4.50 も大人気！

買う BUY

フィレンツェみやげが見つかる
ラ・ボッテガ・ゴローザ
La Bottega Golosa

ドライトマトやポルチーニ、トスカーナワインなど、トスカーナの名産品が揃う。日本人スタッフもいるので、何でも聞こう。

📍中央市場1F　🚇なし
🕐7:00〜15:00
🗓日・祝　💳A.J.M.V.

ブドウの搾り汁を煮詰めたサバ €14。焼いた肉や魚などに

ヴェンキなどの量り売りチョコレート €5.50/100g

白くて大きい乾燥ポルチーニ €20/100g は店内最上級品

aruco持参で5%OFFにするよ！（一部商品を除く）

オリーブのオイル漬け各種 €6/1kg

€0.50で真空パックもOK♪

トリュフを練り込んだペコリーノチーズ €37/kg

24カ月熟成のパルミジャーノ・レッジャーノ €17.50/kg

サラミ＆チーズの専門店
マルコ
Marco

1865年創業の老舗。イタリア人が家庭で日常的に食べる国産チーズとサラミを扱う。なかでもチーズは40種以上あり迷うほど。

📍中央市場1F
☎055-287109
🕐7:00〜15:00（土〜17:00）
🗓日・祝　💳M.V.

 トイレもWi-Fiも無料なので、毎日通っちゃいました。ドリンクは専用カウンターで注文する仕組みなのでご注意を。（群馬県・なごみ）

フィレンツェ最大の屋内市場

中央市場 Mercato Centrale

2フロアに生鮮食品や飲食店、食品店が並ぶ。大幅改修で生まれ変わった2階は注目！

Map 別冊P.13-C1 サン・ロレンツォ

🏠Piazza Mercato Centrale ☎055-2399798 ⏰1F7:00〜15:00（土〜17:00）、2F9:00〜24:00（店舗により異なる）休1日、2F無休 🚇Santa Maria Novella駅から徒歩5分 URL www.mercatocentrale.it

職人が目の前で焼く
ピッツェリア

ラ・ピッツェリア・スッド
La Pizzeria Sud

行列必至のナポリピッツァ店。マルゲリータのほか、ナポリ、マリナーラ、サルシッチャなど、どれもシンプルでおいしい！

🏠中央市場2F ☎なし ⏰11:00〜24:00 休12/25 料€6.50〜 Card A.M.V. 予不要 英英 店英 WiFi無料

燻製ブッラータ、タマネギなどがのったソーニ・ディ・トロペア€14は夏のメニュー

3階のテーブル席でゆっくり食べってって

こんなビスコッティ探してました！ **1F**

パニー・ダ・ローリー
Pany da Lory

プラートの伝統菓子カントゥッチ（ビスコッティ）の専門店。はちみつとバターをたっぷり加え、やわらかな食感を実現。

🏠中央市場1F ☎055-216071 ⏰7:00〜15:00（土〜17:00）休日、1/1・6、復活祭、5/1、12/25・26 Card M.V. URL www.panydalory.it

アルケルメス&アーモンド（左上）、イチジク&ナッツ（右上）、カカオ&ホワイトチョコ（左下）、アーモンド（右下）各€22.50/kg

ヴィンサント・リキュール€7.50に浸して食べて

量り売りだから1個でも買えるよ

サンタンブロージョ
市場にも行こう

Mercato di Sant'Ambrogio

老舗精肉店のレストランスペース

マチェッレリア・ルーカ・メノーニ
Macelleria Luca Menoni

質のよさが評判の店が、肉料理を楽しめる場をとオープン。肉質や食べ時、使い方を熟知しているからこそ出せるおいしさを堪能した。

Map 別冊P.13-D2 サンタ・クローチェ

🏠Interno Mercato Sant'Ambrogio, Piazza Lorenzo Ghiberti 11 ☎055-2480778 ⏰7:00〜14:00（レストラン12:00〜L.O.14:00）休日・祝 料€12〜 Card J.M.V. 予望ましい 英英 店英無料 🚇ドゥオーモから徒歩12分 URL www.macellerialuca.it

メニューは季節で替わるよ

人気再燃中の中央市場

ジャガイモ、タマネギ、アンチョビが入ったトリッパのサラダ€11

タマネギ、アンダリマンなどで味付けしたタルタル・ボーポリ€16

トスカーナ州モンタルチーノの赤ワイン€5

フレッシュバジルのペーストやトマトと和えたソバの実€10.50

お役立ちイタリア語

これをください。
ヴォッレイ・クエスト
Vorrei questo.

真空パックにしてください。
ソット・ヴォート・ペル・ファボーレ
Sotto vuoto, per favore.

持ち帰ります。
ロ・ポルト・ヴィア
Lo porto via.

生ハムを100gください。
ヴォッレイ・ウネット・ディ・プロシュット・クルード
Vorrei un etto di prosciutto crudo.

調味料みやげの2大巨頭
オリーブオイル＆バルサミコ酢はどう選ぶ？

イタリア料理に欠かせない2大調味料といえば、オリーブオイルとバルサミコ酢。
本場で確かなものを見つけるために、しっかり予習してから食料品店へGO！

オリーブ オイル
Olio di Oliva

おもなオリーブオイルの産地

中部
トスカーナ州、ウンブリア州
トスカーナ産は青々とした果実とフルーティな風味と辛味がある。ウンブリア産は青々とした香りや辛味が特徴で、トスカーナ産より重厚感がある。

南部
プーリア州、カラブリア州、シチリア州
イタリア全土の生産量のほぼ半分を占める。プーリア産はオリーブ果実そのものの香り、辛味・苦味の少ないマイルドな味。カラブリア、シチリア産は温暖な気候から、多種多様なオイルが採れる。

北部 リグーリア州
リグーリア産は、イタリアでも優良とされているが、採れる量は少量。軽やかな香り、辛味・苦味が少ないマイルドで柔らかい味わいが特徴。

魚料理の仕上げやソースに

€18,90／500ml

B
甘くフルーティな香りと丸みのある味わいが特徴
品種：タッジャスカ

€12,50／250ml

ナッツや野生のハーブのような香りのオイル
品種：レッチョ・デル・コルノ

ラウデミオはいろんな会社が作ってるよ★

€16,90／250ml

A
トスカーナのオリーブ産地サンタテアのオイル
品種：フラントイオ

€5,90／100ml

A
濃厚でフルーティな風味のビオのEXヴァージン
品種：フラントイオ、レッチーノ、ペンドリーノ、モライオーロ

単一品種のオイル部門で多数受賞！

€17,90／250ml

A
肉や魚、野菜にも合うマルチなEXヴァージン
品種：フラントイオ

€4,98／100ml

フレッシュでやや苦味があるオイルは魚や野菜に合う
品種：フラントイオ、レッチーノ、ペンドリーノ

変わりダネ

€5,60／100ml

B
新鮮なレモンのフレーバーオイル。鶏肉や白身魚に
品種：フラントイオ

バルサミコ酢
Aceto Balsamico

🐦 **バルサミコ酢って？**
甘みの強いブドウを樽で長期間発酵、熟成させた酢で、ソースや料理の仕上げに使ったり、サラダにかけたり、またジェラートやフルーツにかけて食べることもある。なかでもモデナとレッジョ・エミリアで作られる「Tradizionale（トラディツィォナーレ）」は、添加物は一切なし、12年以上熟成させた、少量生産の高級品。

このボトルデザインはD.O.P.の証

€108／100ml

ラ・ボッテガ→P.124
モデナ産高級バルサミコ酢は肉のソース代わりに

ラベルの樽マーク1個で熟成2年の意味

€24,90／250ml

A
いたるところで目にする老舗＆超定番の商品

€18,60／250ml

B
ペーニャオリジナルは熟成違いで数種ある

€15,30／500ml

B
ドレッシングのほか調理前の肉のマリネにも使える

ロゴがたくさん書かれたペーニャの紙袋は、いかにもイタリアっぽくて好き！　サイズ展開も豊富！（東京都・モモ）

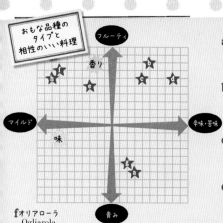

おもな品種の
タイプと
相性のいい料理

フルーティ

香り

↑ マイルド ← → 辛味・苦味

味

青み

a レッチーノ
Leccino
産地：トスカーナ
料理：野菜スープ、ゆで豆

b フラントイオ
Frantoio
産地：トスカーナ
料理：肉のカルパッチョ、豆スープ

c モライオーロ
Molaiolo
産地：トスカーナ
料理：魚介スープ、キノコグリル

d コラティーナ
Coratina
産地：南イタリア
料理：赤身肉グリル、豆スープ

e カザリーヴァ
Casaliva
産地：北イタリア
料理：魚のカルパッチョ、手作りマヨネーズ

f オリアローラ
Ogliarola
産地：南イタリア　料理：ミックスサラダ、白身魚のボイル

g ビアンコリッラ
Biancolilla
産地：シチリア
魚介のグリル、魚のタルタル

h タッジャスカ
Taggiasca
産地：北イタリア
料理：白身魚のグリル、ゆで野菜

知っておきたい用語

【等級】

＊ **エキストラヴァージン・オリーブオイル**
Olio Extravergine di Oliva
ヴァージン・オリーブオイルとはオリーブの果実を搾って潰しただけの、化学的処理を行わない一番搾りのオイル。官能検査や酸度によって「エキストラヴァージン」「ヴァージン」「オーディナリーヴァージン」に区別され、なかでもエキストラヴァージン・オリーブオイルは、酸度が0.8%以下で最高級のオリーブオイル。

＊ **オリーブオイル** Olio di Oliva
ヴァージン・オリーブオイルと精製したオリーブオイルをブレンドしたもの。精製オリーブオイルには味も香りもないため、通常はヴァージン・オリーブオイルを加えて風味を出す。

＊ **ラウデミオ** Laudemio
トスカーナ州中央部で産出されるオリーブオイルの品質を守るために組織された生産者組合が制定した厳しい基準に合格したエキストラヴァージン・オリーブオイルのこと。

【格付け】

＊ **D.O.P.** Denominazione di Origine Protetta
原産地名称保護制度で、欧州連合の定めた農産物および食品に対しての品質認定表示。

【製造法】

＊ **単一** Monocultivar
単一の農場で収穫されたオリーブの実のみを原料としたオイル。

＊ **ブレンド** Multicultivar
いくつかの品種をブレンドすることでオリジナルの味を作り出す。ブレンドの技術によって香り高い、コクのある、スパイシーなオイルを作り上げることができる。

【その他】

＊ **ビオ** Bio
有機栽培のオリーブを使ったオイル。ラベルには木、太陽など自然をイメージしたマークが付けられることも。

A グルメトレンドが丸わかり
イータリー・フィレンツェ店
Eataly Firenze
イタリア国内外に展開する大型チェーンの高級食料品店。国内で厳選された加工品や調味料が豊富で、トレンドがいち早くわかる。

Map 別冊P.13-C2　サン・ロレンツォ

🏠Via de' Martelli 22r　☎055-0153610
🕐9:30～22:00　🚫1/1、12/25・26
💳A.M.V.　🚉ドゥオーモから徒歩1分
🔗www.eataly.net　💬ミラノ・スメラルド店
（→P.178）ほか

食事もできるよ

B 最も有名な高級スーパー
ペーニャ Pegna
日用品から食材まで何でも揃う。イタリア人に愛されるロングセラー商品が多いので、絶対に外さないグルメみやげが見つかる。

Map 別冊P.15-D1　チェントロ

🏠Via dello Studio 8　☎055-282701
🕐10:00～19:00　🚫日・祝、復活祭・復活祭翌日、8/15、12/25・26　💳A.J.M.V.　🚉ドゥオーモから徒歩1分　🔗www.pegnafirenze.com

ドゥオーモのすぐ近くだよ

イチゴやチーズにかけると◎

€10/100ml

ラ・ボッテガ→P.124
クローサ
モストと白ワインビネガーで作るバルサミコ風調味料

€8.90/250ml

クリーム状のバルサミコ酢は使い方いろいろ

食材＆お菓子もCHECK！

1 トリュフとパルミジャーノのクリーム€10.50　2 ドライトマト€6.50　3 缶入りカントゥッチ€12.90　4 ピスタチオのヌガー€5.90　5 36ヵ月熟成のバルミジャーノ€33.80　6 レモン風味のクッキー€7.50　7 ポルチーニのペーストはブルスケッタに。€4.85　8 ジャンドゥーヤのトリュフチョコ€8.40

伝統が香るナチュラルコスメのおすすめを厳選ピックアップ

イタリア女子に愛される自然派コスメ♪フィレンツェ発の老舗ブランドからセレクトショップまでイタリアのコスメ事情を教えます。

for Face フェイス用

A お肌さっぱり。定番のローズウォーター€24

リフレッシュ

A 保湿成分たっぷりのイドラリア・クリーム€75

保湿

C ビタミンCが豊富なローズヒップオイル€25

アンチエイジング

C シワ改善やシミ予防効果のあるビタミンCを配合したクリーム€42

超敏感肌

for Body ボディ用

バブルバスとしても使えるよ

C シアバターを配合したハンドクリーム€13

C 体にも顔にも使えるSPF50+の日焼け止め€20

女ゴコロくすぐる人気商品

A 乾燥肌や日焼け後におすすめの保湿クリーム€75

B お肌がしっとりするアルガンオイル&アロエベラのボディクリーム€24

B バラの香りのボディソープは敏感肌用。€14

A ミントとカンファーの香りのクリームでむくみを改善。€29

A 世界で最も古い修道院コスメ
サンタ・マリア・ノヴェッラ薬局
Officina Profumo Farmaceutica di Santa Maria Novella

1221年が起源の、メディチ家にも愛された薬局。歴史を大切にしながら時代に合わせた商品を作っており、何百年も続くものから新商品まで約400点が店頭に並ぶ。

Map 別冊P.12-B2 サンタ・マリア・ノヴェッラ

🏠Via della Scala 16 ☎055-216276
🕘9:30〜20:00 🗓1/1、復活祭・復活祭翌日、8/15・16、12/25・26 💳A.D.J.M.V.
🚉Santa Maria Novella駅から徒歩3分
🌐eu.smnovella.com 🏬ローマ店、ミラノ店ほか

B 伝統と最新をミックスしたコスメ
アンティカ・スペツィエリア・エルボリステリア・サン・シモーネ
Antica Spezieria Erboristeria San Simone

1700年代に創業した修道院コスメの名を引き継ぐショップ。調合師のフェルナンダさんは、イタリアと店の伝統に最新情報を融合して香水、コスメ、ハーブティーを作っている。

Map 別冊P.15-D2 チェントロ

🏠Via Ghibellina 190r ☎328-1627355
🕘9:00〜20:00 🗓日 💳M.V.
🚉ドゥオーモから徒歩2分
🌐www.anticaerboristeriasansimone.it

C 中世のレシピを基に再現も
スペツィエリエ・パラッツォ・ヴェッキオ
Spezierie Palazzo Vecchio

1548年創業の薬局で薬剤師である現オーナーが引き継ぎ、コスメやサプリメント、香水を開発している。化学的なものを一切入れていないので、アレルギーのある人にも安心。

Map 別冊P.15-C2 チェントロ

🏠Via Vaccherecchia 9r ☎055-2396055
🕘夏季10:30〜20:00（日14:00〜）、冬季10:00〜19:30 🗓冬季の日、1/1、復活祭、12/25 💳A.M.V.
🚉ヴェッキオ橋から徒歩2分 🌐www.spezieriepalazzovecchio.it

✉サンタ・マリア・ノヴェッラ薬局は日本語の商品リストがあって便利でした。（東京都・アイ）

伝統が香るナチュラルコスメ

コスメ探しのイタリア語

化粧水 トーニコ tonico	保湿イドラタンテ idratante	乾燥肌用 ベル・ラ・ペッレ・ディスィドラタータ per la pelle disidratata
クリーム クレーマ crema		
オイル オーリオ olio	アンチエイジング アンティ・エタ/アンティ・ルーゲ anti età/anti rughe	オイリー肌用 ベル・ラ・ペッレ・グラッサ per la pelle grassa
石けん サボーネ sapone		
顔 ヴィーゾ viso	敏感肌用 ベル・ラ・ペッレ・デリカータ per la pelle delicata	
体 コルポ corpo		
手 マーニ mani		

敏感肌

保湿効果できめ細かな肌に

ミックス肌

アンチエイジング

B 肌のバランスを整えてくれるクリーム€28

C メイク落としもできる洗顔料€26

CREMA VISO Più riequilibrante

HYALURONIC ACID AGE REPAIR HYDRO-SERUM

C ヒアルロン酸入りセラムはクリームと使って。€40

A ターンオーバーを促すポーリン・クリーム€70

アンチエイジング

乾燥肌

B オリーブオイルとアロエベラ入りのクリーム

くちびる用

C 唇に潤いを与えるリップオイル€9

Soaps

デリケート肌

乾燥肌

右上から時計回りに、アーモンドソープ€12、赤ちゃんにも使えるオリーブソープ€5、クレンジングもOKのヴェルティーナソープ€25、泡立ちが細かいザクロソープ€12

A SAPONE AL MELOGRANO

A SAPODE ALLA MANDORLA

for **Health** 健康用

乾燥肌 敏感肌

A VELLUTINA

乾燥肌 敏感肌

C OLIVE OIL

おしゃれなパッケージ♪

C のどの痛み、イガイガに効くプロポリススプレー€12

B 体のむくみをとる効果のあるハーブティー€4/50g

C ハーブティーは60種類あるよ

セレクトショップにも注目！

バラの香りに癒やされる

ダメージケアをしてくれるエマルジョンはトマト配合。€18.90

マットな仕上がりに

A CREMA VISO

ラ・サボナリアのアイテムは人気フェイスクリーム€19

A Acqua Aromatica di Rosa 顔にも体にも使える天然アロマウオーター€8

まつ毛と眉毛に栄養を与えてくれるセラム€9.90

Niacinamide Zinco オイリー肌を整えるナイアシンアミドのセラム€8.90

発色が長持ちするリップペンシル€8.90

C LONG LASTING

ナチュラルコスメの専門店

エリアントス
Helianthus

敏感肌に悩まされ、ナチュラルコスメに興味をもったヴァレリアさんがオープンしたショップ。スキンケアからメイクアップアイテムまで、多くのイタリアンブランドを扱っている。

店名はラテン語でヒマワリなの

VISO SOLIDO DETERGENTE FACE CLEANSER 汚れをしっかり落としてくれる洗顔ソープ€10.90

保湿効果の高いリップでふっくら唇に€4.50

ブラシで塗って唇にふっくら

パウダーファンデーションは9色展開。€13.90

neve cosmetics

Map 別冊P.13-C2 チェントロ

⌂ Via Sant'Egidio 32r
☎ 055-2479059 ⏰ 10:00～13:00、16:00～19:30（月16:00～19:30、土10:00～13:00）休日 🅿 A.J.M.V.
ドゥオーモから徒歩7分

Fashion Accessories

一点物ばかりです

工房の町で
誰かに贈りたく

多くの工房がある職人の町、
モダンデザインもどこか温か
大切な人への

1. 布とビーズのネックレス
€30 2. フィレンツェの教
会をかたどったオブジェ。
左：€60、下：€38、上：
45 3. オリジナルのバッ
グ€29 4. 電気のコードを
使ったバングル€44とネック
レス€46 5. ボーダーの
トップス€52 6. リングは
重ねづけしても◎。各€19
7. ルッカの職人が手がけた
サンダル€120 8. ピ
ンク×茶がかわいい
スカート€94

イタリア人アーティストのアイテムが集合
マヌファクタ　Manufacta

アーティストや職人を助けたい
とセレクトショップをオープン。
エコを意識し再生以外のプラス
チックや合成繊維などを使った
ものは扱わないというこだわり
も。オーナーが手作りするバッ
グもかわいいと人気。

Map 別冊P.12-B2　サント・スピリト

🏠Borgo S. Frediano 157r
☎339-6724896 ⏰9:30～
13:00、15:30～19:30（木
11:00～19:00）🈺月・日、
1/1、12/25・31 card A.M.V.
🚶ヴェッキオ橋から徒歩12分
URL manufacta.gallery

Guanti

セミオーダーも
できますよ

着け心地抜群のレザーグローブ
EFGグァンティ　EFG Guanti

30年モードの世界で働いていたオーナーが考え
たイメージを形にした手袋は、エレガントでモダ
ン。クラシカルな形にも"小さなファンタジー"
を加え、ここにしかないオリジナルを作っている。

Map 別冊P.14-B1　チェントロ

🏠Via della Spada 28r　☎055-285597 ⏰14:00～20:00
🈺日、夏季の土、1/1、8月に1週間、12/25・31
card M.V.　🚶ドゥオーモから徒歩7分 URL www.efgguanti.it

1. ツートンカラーがスタイリッシュ 2. 大
きなリボンで上品ななかにもかわいさを 3.
青のレザーはクールな印象。 4. サイドのド
レープがエレガント。 5. クラシカルなタイ
プは色で差をつけよう。手袋は€50～180

💌 春に手袋ショップに行ったら、シーズン終わりのセールでお得に買えました！（群馬県・ちゃーちゃ）

見つけた
なる手仕事たち

フィレンツェ。伝統デザインも
さを感じるのが手作りのよさ。
プレゼントにぜひ。

どれもオン
リーワンだよ

Ceramiche

1. 伝統的な柄の小物入れ　2. ユリのマークのプレートはフルーツプレートや壁掛けに　3. レモン柄のソルト＆ペッパー入れ　4. オリーブやナッツなどを入れたい小皿　5. サラダサーバー　6. ピンクがかわいいバターケース

ていねいに描かれた美しい陶器

チェラミケ・ダルテ・リッチェーリ・ジュリアーノ
Ceramiche d'Arte Ricceri Giuliano

1500年代のルネッサンス期の柄や、フルーツやヒマワリなどの「イタリアンスタイル」を得意とする陶器工房の直営店。同じ題材でも絵付師によって違うのが手作りの味。

Map 別冊 P.13-C1　チェントロ

🏠 Via dei Conti 14r ☎338-3596526 🕙10:00～13:00、14:00～19:00 🈺日、1/1・6、復活祭、8月中旬から2週間、12/25・26 Card M.V. 🚇ドゥオーモから徒歩4分 URL www.riccericeramica.com

セレクト商品
もあります

Tessuto

オーナーのデザインを地元職人が形に

ジュリア・マテリア
Giulia Materia

サステナブルをコンセプトに余った布で作ったバッグやポーチ、服などが並ぶ。便利さとかわいらしさが融合したデザインや色が好きなジュリアさんらしいユニークな色の組み合わせが評判。

Map 別冊 P.12-B2　サント・スピリト

🏠 Sdrucciolo de' Pitti 13 ☎055-9753975 🕙10:00～19:00（日11:00～） 🈺月・火 Card A.M.V. 🚇ヴェッキオ橋から徒歩4分 URL www.giuliamateria.com

1. 斜めがけもできる巾着バッグ€50　2. ジュリアさんが描いたイラストがはがせる。各€2　3. ロゴが付いたペンケース€20　4. 小銭入れはリップやアクセサリーを入れてもいい。€12　5. 巻くタイプのペンケースも。€30　6. 収容力抜群のダッフルバッグ€70（大）　7. ヨット柄が涼しげなトップス€60

キャンティを飲み比べ
郊外のワイナリーで大人の社会科見学

フィレンツェから日帰りで行けるワイナリーへ。ワインを飲みながら楽しく学べるのは大人だけの特権！ 遠足気分でひと足伸ばしてみませんか？

Suburban winery

テイスティングはテラスかエノテカを選べる

プライベートツアーなのでどんどん質問して

キャンティってどんなワイン？
トスカーナ州の中央部、キャンティ地方で造られている、イタリアを代表する赤ワイン。サンジョヴェーゼ種を主体とした、酸味と果実味のバランスが取れた味わいが特徴。

年間生産量25万本です

70ヘクタールあるブドウ畑はキャンティ・クラッシコ地区のなかでも最古のひとつ

歴史ある畑で造るキャンティ・クラッシコ
ヴィッラ・レ・コルティ Villa le Corti

トレヴィの泉などを建設した教皇、クレメンス12世を輩出した名門貴族、コルシーニ家が営むワイナリー。いいワインの醸造とサステナビリティを柱にビオ、バイオダイナミック農法のブドウでワインを造っている。

Map 別冊P.12-A3 フィレンツェ郊外

🏠 Via San Piero di Sotto 1, San Casciano Val di Pesa
☎055-829301 ●ワイナリーツアー応相談／オステリア・エノテカ・ショップ11:00〜16:00、食事12:30〜L.O.14:30（月・火10:00〜15:00＊飲み物のみ、金・土10:00〜16:00、18:00〜L.O.21:30） ●ワイナリーツアー5〜10月予約制／オステリア月・火、エノテカ・ショップ5〜10月無休、11〜4月日・祝 ●ワインツアー€32〜／オステリア€40〜 CardA.M.V. ●ワイナリーツアー5〜10月望ましい、11〜4月必要 ●オステリア・エノテカ望ましい ●裏 ●●Vittorio Venetoバスターミナルから368・370・371番バスでSan Casciano Giardiniバス停下車、徒歩15分 ●principecorsini.com

ワイナリー見学

外でコルシーニ家の歴史やワイン造りのこだわりなどの説明を受けたら、ヴィラの地下へ移りワイン醸造の工程を見学していく。

1. 1604年に建てられたヴィラ 2. ブドウのフルーティさを閉じ込められるセメントタンク 3. ひんやりとしたに部屋に並ぶバリック（樽）で熟成 4. コルシーニ家の庭園ものぞける 5. かつてワインを保存していた部屋には1900年代のボトルが

ワイナリーがやっているアグリツーリズモに宿泊。ワインと自然を堪能できました！（香川県・さやか）

ワイン試飲

テイスティングはワイン4種類とオリーブオイル2種類。ひとつずつ味わいを説明してくれる。気に入ったらショップで購入して。

3本目注ぎます

1. ドン・トンマーゾ・キャンティ・クラッシコ・グラン・セレツィオーネD.O.C.G.€37 2. コルテヴェッキア・キャンティ・クラッシコ・リゼルヴァD.O.C.G.€29 3. レ・コルティ・キャンティ・クラッシコD.O.C.G.€17.50 4. スプマンテ・ロゼ・プリンチペ・コルシーニ€15

5. 新鮮な草やアーティチョークの香りがするD.O.P.のエキストラ・ヴァージン€16.50（左）とエキストラ・ヴァージン€17.20（右）

オイルもテイスティング

食事はオステリア、エノテカへ

併設のオステリアではオーガニックや地元生産者の食材を使ったトスカーナの伝統料理を提供。エノテカではおつまみやランチとワインを楽しめる。

1. トスカーナ料理をベースにしたワインに合う料理がいただける 2. エレガントな雰囲気のオステリア 3. エノテカはカウンター席とテーブル席がある

ワインテイスティングも楽しめるラグジュアリーアウトレットモールへ！

イタリアを代表するワインをテイスティングしよう

ワインテイスティング「トスカーナの味」

キャンティ・クラッシコ、ロッソ・ディ・モンテプルチアーノ、モレリーノ・ディ・スカンサーノの3種のトスカーナワインをペコリーノ・チーズ、パン、クラッカーとともに味わえる。

🕐10:00／12:00／16:00／19:00（所要時間30分）
●最少催行人数：2人
●言語：英語、イタリア語

トスカーナの田園地帯の中にある広々としたアウトレットモール

ほかにもイタリアならではのグルメ体験がかなう

オリーブオイルテイスティング「トスカーナ料理＆オリーブオイル」

3種類のトスカーナ産単品種オリーブオイルを試飲できる。伝統的なトスカーナ料理のランチとの組み合わせも魅力。

クッキングクラス「ペスト、パスタ、またはニョッキ」

プロのシェフが、伝統的な食材を使って定番のイタリアンレシピを教えてくれる料理教室。

🕐10:00／12:00／16:00／19:00（所要時間30分）
●€35／人

おもなイタリアンブランド

エトロ／グッチ／フェラガモ／ジョルジオ アルマーニ／トッズ／フェンディ／ボッテガ・ヴェネタ など

ラグジュアリーアウトレットでショッピング＋αの思い出作り

ザ・モール・フィレンツェ
The Mall Firenze

イタリアを中心にトップブランドが揃うフィレンツェ郊外のアウトレットモール。ショッピングだけじゃなく、ビューティー、フード、スポーツなど「メイド・イン・イタリー」を体験できるアクティビティも充実している。

Map 別冊P.12-A3 **フィレンツェ郊外**

🏠Via Europa 8, Leccio Reggello
☎055-8657775 🕐10:00～1900
🛑1/1, 復活祭、12/25・26 **Card** A.J.V. 🚍S. M.ノヴェッラ駅からシャトルバスで50分（チケットはWEBで事前購入可能）**URL**themall.it/jp 🚌 ザ・モール・サンレモ ※ワインテイスティングやグルメ体験はWEBより要予約

世界を代表する37のブランドが軒を連ねている

ピサ中央駅から北へ約
2kmのドゥオーモ広場

傾きは
3.99度！

斜塔

ドゥオーモ

洗礼堂

本当に
斜めなんだ！

ピサ　　　フィレンツェ

ピサへのアクセス

フィレンツェ　Santa Maria Novella駅
↓ 鉄道FS、RV、Rで1時間〜1時間30分
ピサ中央駅

ピサってどんな町？
斜塔やガリレオ・ガリ
レイを生んだ大学都市
として有名な町。フィ
レンツェから日帰り旅
行を楽しむ人が多い。

塔が
倒れちゃう

斜塔を
お持ち帰り
!?

あの写真が撮りたい！

斜塔で有名な
ピサの町へ

"奇跡の広場"と呼ばれる
ドゥオーモ広場には
ピサの3大見どころが集結！

1. おもしろ斜塔写真の定番といえば、これ。塔を必死に支
えるような表情でトライ　2. 遠く離れれば斜塔を持つよう
な写真も撮れる　3. 斜塔に上ると広場を一望できる

2 ロマネスク様式の外観に注目
洗礼堂　Battistero

ドゥオーモの正面に位置し、優雅なピサロマネ
スク様式が特徴。なかでも、細い柱や縁取りで
飾られた中層部分は美しい。内部も、説教壇や
八角形の洗礼槽など見どころたっぷり。

🏠Piazza del Duomo　☎050-560547　🕐夏
季9:00〜20:00、春・秋季9:00〜19:00、冬季
9:00〜18:00（入場は閉場の30分前まで）　🈺無
休　🎫ドゥオーモとの共通券€7、ドゥオーモ、ドゥオー
モ付属美術館など5ヵ所との共通券€10　🚌ピサ
中央駅からバスLAM rossa線で約10分、Torre 1
下車、または徒歩で25分　🔗www.opapisa.it

1 ピサを代表するランドマーク
斜塔（鐘楼）　Torre Pendente（Campanile）

1173年より建設された鐘楼。当時から少しずつ傾き続け、現在、
南へ3.99度傾く。倒壊対策工事を経て、ガイドとともに上るこ
とも可能（要予約）。6層からなるアーチは美しく、傾斜の不思
議もあいまって、昔から多くの人が写真撮影を楽しんでいる。

🏠Piazza del Duomo 17　☎050-835011　🕐夏季9:00〜
20:00、春・秋季9:00〜19:00、冬季9:00〜18:00（入場は
閉場の30分前まで）　🈺無休　🎫ドゥオーモとの共通券€20、ドゥ
オーモ、洗礼堂、ドゥオーモ付属美術館など5ヵ所との共通券€27
🚌ピサ中央駅からバスLAM rossa線で約10分、Torre 1下車、ま
たは徒歩で25分　🔗www.opapisa.it

3 ピサ最大の聖堂
ドゥオーモ
Duomo　Cattedrale

レースのような繊細なファサー
ドが印象的。内部には、巨大なモ
ザイクの天井画や「ガリレオのラ
ンプ」と呼ばれる振り子の法則の
着想を得たランプがある。

🏠Piazza del Duomo　☎050-3872211　🕐夏
季10:00〜20:00、春・秋季10:00〜19:00、冬
季10:00〜18:00（入場は閉場の30分前まで）
🈺無休　🎫洗礼堂との共通券€7、斜塔との共通
券€20、洗礼堂、ドゥオーモ付属美術館など4ヵ所と
の共通券€10。洗礼堂、斜塔、ドゥオーモ付属美
術館など5ヵ所との共通券€27　🚌ピサ中央駅から
バスLAM rossa線で約10分、Torre 1下車、また
は徒歩で25分　🔗www.opapisa.it

1. 濃淡の大理石で組
まれた壮大な身廊部
2. ピサロマネスク様
式の代表例

VENEZIA ★

ヴェネツィア

運河と細い路地が張り巡らされた、ヴェネツィア。
そんな迷路のような町に飛び込んでみよう。
ここで出合うものは、みんな異国情緒たっぷり。
定番のゴンドラだって、ヴェネツィアングラスだって、
ちょっと目線を変えれば、新しく見えてくる☆

V E N E Z I A

ヴェネツィアへのアクセス

✈ 飛行機：ローマから約1時間
🚆 鉄道：ローマからフレッチャロッサ（FR）、フレッチャアルジェント（FA）、イタロ（ITA）で約4時間、
フィレンツェからFR、FA、ITAで約2時間15分、ミラノからFR、フレッチャビアンカ（FB）、ITAで約2時間30分
🚌 バス：ローマから約8時間30分、フィレンツェから約4時間20分、ミラノから約5時間20分

ヴェネツィアは中世の家並みが残る水の都だよ

ヴェネツィア町歩きのヒント

ふむふむ…

大小の運河が流れる町ならではの風景に出合えるヴェネツィア。細い路地をゆっくり歩くのも楽しい。

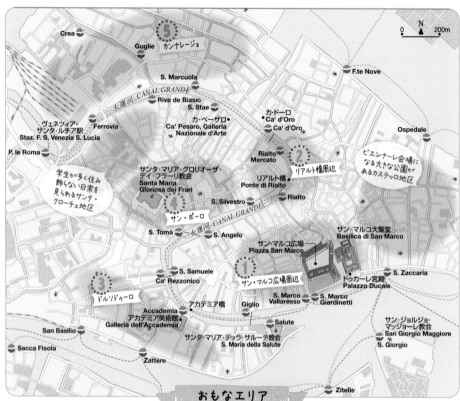

5

Crea

Guglie　カンナレージョ

S. Marcuola

F.te Nove

大運河-CANAL GRANDE

Riva de Biasio

S. Stae

カ・ドーロ
Ca' d'Oro

ヴェネツィア・
サンタ・ルチア駅
Staz. F. S. Venezia S. Lucia

Ferrovia

カ・ペーザロ・
Ca' Pesaro, Galleria
Nazionale d'Arte

Ca' d'Oro

Ospedale

P. le Roma

Rialto
Mercato

2　リアルト橋周辺

ビエンナーレ会場になる大きな公園があるカステッロ地区

学生が多く住み
飾らない日常を
見られるサンタ・
クローチェ地区

サンタ・マリア・グロリオーザ・
デイ・フラーリ教会
Santa Maria
Gloriosa dei Frari

リアルト橋
Ponte di Rialto

4

S. Silvestro

Rialto

サン・ポーロ

S. Tomà　大運河-CANAL GRANDE

S. Angelo

サン・マルコ大聖堂
Basilica di San Marco

サン・マルコ広場
Piazza San Marco

1

S. Zaccaria

S. Samuele

Ca' Rezzonico

サン・マルコ広場周辺

ドゥカーレ宮殿
Palazzo Ducale

3

ドルソドゥーロ

アカデミア橋

Giglio

S. Marco
Vallaresso

S. Marco
Giardinetti

Accademia

アカデミア美術館・
Galleria dell'Accademia

アカデミア橋

Salute

サン・ジョルジョ・
マッジョーレ教会
San Giorgio Maggiore

San Basilio

サンタ・マリア・デッラ・サルーテ教会
S. Maria della Salute

S. Giorgio

Sacca Fisola

Zattere

Zitelle

0　N　200m

おもなエリア

1 サン・マルコ広場周辺

いつも観光客であふれているヴェネツィアの海の玄関口。共和国時代の華やかさを感じる名所も多い。

必見スポット　サン・マルコ大聖堂　鐘楼
ドゥカーレ宮殿

2 リアルト橋周辺

町のシンボル、リアルト橋の周辺にはみやげ店やおしゃれ店が。市場では地元の生活ものぞける。

必見スポット　リアルト橋

3 ドルソドゥーロ

美術館やギャラリーなどが集まる文化的エリア。若者に人気のS. マルゲリータ広場もある。

必見スポット　アカデミア美術館
サンタ・マリア・デッラ・サルーテ教会

4 サン・ポーロ

観光客より地元住民が多いエリア。大きな広場もあるが、比較的静かなのでひと休みにもぴったり。

必見スポット　サンタ・マリア・グロリオーザ・デイ・フラーリ教会
スクオーラ・グランデ・ディ・サン・ロッコ

5 カンナレージョ

サンタ・ルチア駅周辺は旅行者でにぎわうが、東側はヴェネツィアでも最も庶民的なエリア。

旅プラン Q&A

旅 のテーマは？

最もヴェネツィアらしい観光といえばゴンドラ。ヴェネツィア派やモダンアートの鑑賞、迷路のような路地のそぞろ歩きも楽しい。

ヴァポレット！

トラゲット！

市内交通→別冊P.16

交 通手段は？

島内では車の乗り入れが禁止されているので、移動手段は徒歩か船（ヴァポレット）。水上タクシーや、対岸へ渡るときはトラゲットも便利。

食 べるべきものは？

アドリア海に囲まれたヴェネツィアでは、前菜からセコンドまで新鮮なシーフード尽くし。付け合わせにポレンタ（コーンミールを煮たもの）が多いのも特徴。

今どこ？ ココよ！

ワンワン！

治 安は？

比較的安全な町だけど、観光客の集まるサン・マルコ広場やヴァポレットの船内では特にスリに注意。細い路地が多く夜は迷いやすいので、ホテルへの道をきちんと覚えておいて。

旅のお助けinfo

標識を目印に歩こう

細い路地が入り組んだ迷路のようなヴェネツィアは、町のいたるところに「PER SAN MARCO」「PER RIALTO」など、ランドマークの方向を示した標識が出ている。

PER S.MARCO
PER RIALTO

アクア・アルタに注意！

秋から春頃に起こるアクア・アルタと呼ばれる浸水現象。特にサン・マルコ広場周辺は土地が低いため影響を受けやすい。町のいたるところに歩行用の台が設置されるが、水位の高いときは簡易長靴が便利。現地で購入可。

ほかの島にも行ってみよう

本島内の移動と同じように、ラグーナの島々にヴァポレットで行くことができる。日程に余裕があればぜひ訪れて。

観光案内所はこちら

現地の最新情報を手に入れるなら観光案内所へ。地図の配布やホテル、イベント、交通など、知りたい情報を案内してくれる。

サンタ・ルチア駅
（Ⅴ Ferrovia駅A・B乗り場前）
Map 別冊P.18-A1
☎041-041 ⏰7:10～21:00 無休

サン・マルコ広場周辺
Map 別冊P.21-C3
☎041-041 ⏰9:00～18:30 無休

SCHEDULE

1day 観光ルート

9:00		9:45		11:00		11:30		13:00		15:00		16:00		19:00
鐘楼 P.139	→徒歩1分	サン・マルコ大聖堂 P.138	→ヴァポレット＋徒歩8分	サンタ・マリア・デッラ・サルーテ教会 P.147	→徒歩8分	ゴンドラ・クルーズ P.140	→徒歩1分	アカデミア美術館 P.145	→徒歩10分	スクオーラ・グランデ・ディ・サン・ロッコ P.144	→徒歩3分	サンタ・マリア・グロリオーサ・デイ・フラーリ教会 P.144	→徒歩10分	リアルト橋 P.144

サン・マルコ大聖堂や鐘楼は行列ができるので朝早めがおすすめ

アカデミア橋周辺、サンタ・マルゲリータ広場のバールやバーカロで軽めのランチ

リアルト橋周辺でシーフードたっぷりのディナーを

サン・マルコ広場の美ポイントを徹底解剖!

ナポレオンが「世界で最も美しい広場」と絶賛した
サン・マルコ広場は、その言葉のとおり、
見るべき美しいポイントがいっぱい!

鐘楼

サン・マルコ大聖堂

サン・マルコ広場

ドゥカーレ宮殿

ヴェネツィアの中心的広場
サン・マルコ広場
Piazza San Marco

世界中から観光客が訪れるサン・マルコ広場。3方向を大理石の柱廊が囲み、敷石には幾何学模様のモザイクが施されたこの広場は、まるで美しい大広間のよう。

Map 別冊P.21-C2 サン・マルコ

🏛Piazza San Marco V 1・2番San Zaccaria駅・San Marco Vallaresso駅から徒歩2分

時計塔　サン・マルコ
旧政府　　　　大聖堂
サン・マルコ広場 ★
鐘楼 ★　　溜息の橋
　　　ドゥカーレ宮殿
コッレール　　有翼の
博物館　新政府　獅子像　サン・
　　　　聖テオドロスの　ザッカリア駅
　　　　石柱
サン・マルコ・
ヴァッラレッソ駅

★ライトアップされ幻想的な雰囲気に

朝

夜

朝は観光客も少なくとっても静か

町の守護聖人を祀る
サン・マルコ大聖堂
Basilica di San Marco

2000もの宝石で飾られたパラ・ドーロ

★上部と壁は金とガラスで覆われる

9世紀にエジプトから運ばれた聖マルコの遺体を納めるために建てられた大聖堂。

Map 別冊P.21-C2

サン・マルコ

🏛Piazza San Marco
☎041-2708311
⏰9:30〜17:15 (日、礼拝時14:00〜、入場は16:45まで) 休無休 料大聖堂€3、パラ・ドーロ€5、博物館€7 (予約料はチケットにより異なる) V 1・2番San Zaccaria 駅・San Marco Vallaresso駅から徒歩2分 URL www.basilica sanmarco.it

✉ 昼間のサン・マルコ広場は、観光客も多いけれど、鳩の数が半端じゃない?(新潟県・さくら)

きらびやかな内装に圧倒
ドゥカーレ宮殿
Palazzo Ducale

豪華な内観。階段も黄金でキラキラ！

ヴェネツィア共和国の富と権力を象徴する建物。ヴェネツィア共和国のドージェ（元首）の居城のほか、国会、行政、裁判を司る場所であり、牢獄でもあった。

ピンクと白の大理石、ビザンチン風のアーチが連なる柱廊が印象的

世界一大きな油絵

Map 別冊P.21-C2　サン・マルコ

🏠Piazza San Marco 1　☎041-2715911
🕘9:00～19:00（入場は18:00まで）　⊛無休　€25（コッレール博物館、考古博物館などとの共通券）　🚊①・②番San Zaccaria駅・San Marco Vallaresso駅から徒歩2分
🔗palazzoducale.visitmuve.it

大評議の間の正面の壁一面にはティントレットの『天国』が

サン・マルコ広場の美ポイントを徹底解剖！

鐘楼からの絶景はこちら →P.26

ラグーナとれんがの屋根がキレイ！

見晴らし台からはラグーナやヴェネツィアの町を一望できる

上から町を眺めるのね

360度のパノラマが広がる
鐘 楼
Campanile

888～1514年の間に建設された、高さ96.8mの鐘楼。1902年に突然倒壊したが、1912年に再建された。頂上部分には黄金のガブリエル大天使像があり、風見の役割も果たす。

Map 別冊P.21-C2　サン・マルコ

🏠Piazza San Marco　☎041-2708311
🕘9:30～21:15（入場は20:45まで）　⊛悪天候時　€10　🚊①・②番San Zaccaria駅・San Marco Vallaresso駅から徒歩2分
🔗www.basilicasanmarco.it

カルパッチョの絵画も必見
コッレール博物館
Museo Correr

14～18世紀のヴェネツィアの歴史と人々の暮らしを見ることができる博物館。上階の絵画館も見逃さないで。

Map 別冊P.21-C2　サン・マルコ

🏠Piazza San Marco　☎041-2405211　🕘10:00～18:00（入場は17:00まで）　⊛無休　€25（ドゥカーレ宮殿、考古博物館などとの共通券）　🚊①・②番San Zaccaria駅・San Marco Vallaresso駅から徒歩2分　🔗correr.visitmuve.it

---

金とブルーの美しい時計
時計塔
Torre dell'Orologio

Map 別冊P.21-C2　サン・マルコ

15世紀にコンドゥッチによって建てられた。屋上ではブロンズ製のムーア人が鐘を打って時を知らせる。

金を使った黄道12宮を表した文字盤

🏠Piazza San Marco　☎予約041-42730892　🕘英語：月11:00・14:00、火・水12:00・14:00、木12:00、金11:00・14:00・16:00、土14:00・16:00、日11:00　イタリア語：月12:00、木15:00、金～日12:00・15:00　⊛1/1、12/25　€12　⊛必要（要予約でガイド付きのみの見学、各回12人まで）　🚊①・②番San Zaccaria駅・San Marco Vallaresso駅から徒歩2分　🔗torreorologio.visitmuve.it

---

ドゥカーレ宮殿と牢獄をつなぐ橋
溜息の橋
Ponte dei Sospiri

有罪となった囚人が牢獄へ移されるときに通った橋。橋から外を眺めながら溜息をついたことからその名がついた。

Map 別冊P.21-C2　サン・マルコ

🏠Ponte dei Sospiri　🚊①・②番San Zaccaria駅から徒歩1分

P.33もチェック

ひと休みスポット

外観は風格が漂う。店内は深紅とゴールドが基調のインテリアで高級サロンのよう

気品あふれる店で優雅な時間を
カフェ・フローリアン
Caffè Florian

サン・マルコ広場の回廊に位置する、ヴェネツィアに残存する最古のカフェ。1720年の創業以来、カサノヴァやゲーテ、ディッケンズなどにも愛されたという。

テラス席もありますよ

Map 別冊P.21-C2　サン・マルコ

🏠San Marco 57（Piazza San Marco）　☎041-5205641　🕘9:00～23:00　⊛無休　€7～　ⒸA.D.J.M.V.　⊛無料　🚊サン・マルコ広場内　🔗www.caffeflorian.com

サン・ジョルジョ・マッジョーレ教会 **Map** 別冊P.21-D3 の鐘楼から見るサン・マルコ広場も美しい。

ヴェネツィアの美しさを堪能するなら
やっぱりゴンドラに乗らなくちゃ♥

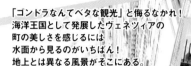

「ゴンドラなんてベタな観光」と侮るなかれ！
海洋王国として発展したヴェネツィアの
町の美しさを感じるには
水面から見るのがいちばん！
地上とは異なる風景がそこにある。

ゴンドラ
乗らないか〜い？

Andiamo in gondola

溜息の橋
通過〜！

サン・マルコ広場周辺区を
ゴンドラで巡りましょう

ゴンドラは乗り場だけでも数十ヵ所、それぞれにいくつかコースがあるので、その数は数えきれない。arucoのおすすめは主要な見どころを眺められるサン・マルコ広場近く発着のルート。小運河を通るので喧騒から離れて、ゆったり気分を味わえるはず。

サン・マルコ広場周辺コースの場合
時間：30分　料金：€80

牢獄につながる
橋だったんだ

Rio di S. M. Formosa

溜息の橋
Ponte dei Sospiri

日没時にゴンドラに乗り、橋の下でキスをすると永遠の愛が約束されるという言い伝えが

Rio di Palazzo

現在の建物は
15世紀に
建てられたよ

静かな小運河。聴こえるのは櫂を漕ぐ音と水の音のみ

小さな橋の下を
見上げるゴンドラ
ならではの眺め

ボクも
乗りたいな〜

ドゥカーレ宮殿
Palazzo Ducale

ヴェネツィア共和国の政庁だった建物。ピンクと白の大理石が美しい

夕暮れ時にゴンドラに乗ったらとってもロマンティックな雰囲気でした♥。（愛媛県・みちこ）

中はカルロ・スカルパの設計だよ

ゴンドリエーレかっこいい！

やっぱりゴンドラに乗らなくちゃ♥

ゴンドラの歴史

11世紀終わりに初めて現れたといわれるゴンドラ。当時は運河を渡る橋が今ほどなかったため、市民の重要な交通手段となった。ヴェネツィア共和国が最も繁栄していた16世紀には、ゴンドリエーレが1万人を超えていた。その後、大きな橋も架けられるようになり、市民の足としての役割を終えたゴンドラは、現在運河を遊覧する観光用になっている。

クエリーニ・スタンパリア絵画館
Museo Fondazione Querini Stampalia

14〜18世紀のヴェネツィア派の絵画が展示されている美術館

ゴンドリエーレは壁のミラーを確認しながら漕いでいく

勢いつけてあ〜らよっと

Rio di S. Silvestro

カサノヴァもここに住んでいたんだ

グリマーニ宮
Museo di Palazzo Grimani

グリマーニ家の邸宅が美術館に。大階段の豪華な天井画は必見

狭い小運河は櫂を漕ぐだけでなく壁を蹴って進むことも（上）、前後のゴンドラの様子を見るのも楽しい（左）

あそこから乗るのね！

Rio dei Vin

スタートしたらサン・マルコ運河へ漕ぎ出す

こちらのコースもおすすめ

リアルト橋周辺コース
大運河から始まり小運河を巡るコース。偉人が住んだ家が多くある

ドルソドゥーロコース
小運河がメインの静かなコース。ゴンドラ造船所などを見られる

GOAL

START

今回乗ったのはダニエリのゴンドラ乗り場
Map 別冊P.21-D2

サン・マルコ運河

遠くにサン・ジョルジョ・マッジョーレ教会が見える

知っておこう！ ゴンドラ Q & A

Q1 どこから乗るの？

A 「SERVIZIO GONDOLE」と書かれた緑の看板があるのが、ゴンドラ乗り場。近くにゴンドリエーレがいるので、ルート、時間、料金の交渉をして、話がまとまったら出発しよう

Q2 料金は？

A 公定料金は9:00～19:00は30分€90。19:00以降は35分€110。料金は1艘当たりなので、何人乗っても同じ（定員は5人）

Q3 営業時間は？

A 夏は9:00～23:00、冬は10:00～18:00くらい。ゴンドリエーレの朝は、ゴンドラの掃除から始まる

夕暮れ時はキレイだよ

Q4 ゴンドリエーレになるには？

A ゴンドリエーレは定員制で、その人数は425人。専門の学校はなく、家族や知り合いから実技を習い、実技のほか地理や歴史、言語の試験に合格すると3ヵ月間文化を学ぶことになる。2010年には女性初のゴンドリエーラが誕生。今では数人のゴンドリエーラが活躍している

Q5 ユニホームは？

海の男はボーダーさ

A トップスは紺か赤のボーダー、または白いセーラータイプ、パンツは黒か紺、靴は黒。冬になると黒い上着を着る人も

Q6 歌ってくれるの？

A 歌付きのゴンドラは、空きがあれば＋€120で手配してくれることも。手配していない乗り場もあるので、確実に乗りたいならツアーに参加を

Q7 雨が降ったら？

A 激しい雨の場合は中止になるが、小雨であれば運航している

Q8 ゴンドラの構造は？

左右非対称の船体

ゴンドラは1本の櫂で漕げるように、左舷のほうが長く左右非対称に作られ、ゴンドリエーレは、船尾近くで立ったままゴンドラを操る

装飾

シート部分の装飾や素材などは、ゴンドリエーレが自由に決めることができ、それぞれの個性が発揮される場所。ゴンドラ1艘の値段は€3000以上で、デザインに凝れば凝るほど高くなる

ペッティ

かつては、夜になるとライトを付けていた部分。現在は、何を付けてもよく、女神や勇者の像など、ゴンドリエーレによってさまざま。なかには、バラを飾っているゴンドリエーレもいるほど

全長約11m

フォルコーレ

櫂受けのこと。櫂を当てるポジションを変えることで、進行方向やスピードを調整する。素材は、クルミ、洋ナシ、サクラの木を使用

フェーロ

鉄という意味をもつフェーロ。片側に6つ、反対側にひとつある突起は、ヴェネツィアの6地区とジュデッカ島を表している。また、上部はドージェ（総督）の帽子を表し、その権力の象徴となっている

→ 進行方向

イケメンの漕ぐゴンドラに乗ったらお姫様のような気分が味わえました♡（埼玉県・薫）

伝統の衣装で変身〜！

年に一度のカーニバル★仮装して参加しちゃお♪

サン・マルコ広場には仮装した人がいっぱい

中世の衣装とマスクを身に着けた人々であふれ、町全体が幻想的な雰囲気になるカーニバル。ヴェネツィアでしか体験できない、夢のような世界に一度は飛び込んでみたい。

どんな衣装でもいいのよ

やっぱりゴンドラに乗らなくちゃ♥

1700年代のお嬢様のドレス（左）と舞台衣装（右）。各€400〜（最初の24時間）

ドレスを着てお姫様になれる!?

ラテリエール・ディ・トラジコミカ
L'Atelier di Tragicomica

1500〜1700年代の衣装をアンティーク調に再現しているので、雰囲気たっぷりのコスチュームを借りられる。予約必須でカーニバル中の飛び込みは受け付けていないので注意。

Map 別冊P.20-A2 サン・ポーロ

🏠San Polo 2874（Calle di Traghetto Vecchio）
☎041-721102 アポイントのみ、カーニバル期間中9:00〜19:00 💳M.V. 🚏1・2番San Tomá駅から徒歩1分 URL www.tragicomica.it →トラジコミカ（→P.143）

お手軽変身派はマスクを！

医者がペスト患者の診察に着けていたメディコ€110

ヴォルトは別名「幽霊」とも呼ばれる。€65

カーニバル用から劇場用まで

トラジコミカ Tragicomica

繊細で美しいマスクは、型作りからデザインまで、熟練の職人による手作りだからこそ。レディ・ガガもオーダーしたことがあるという。

Map 別冊P.20-A2 サン・ポーロ

🏠San Polo 2800（Calle dei Nomboli）
☎041-721102 ⏰10:00〜19:00 休1/1、復活祭、12/25 💳M.V. 🚏1・2番San Tomá駅から徒歩3分 URL www.tragicomica.it 🏠ラテリエール・ディ・トラジコミカ（→P.143）

フェイスペイントもやってみて

ヴェネツィアのカーニバル Q&A

Q1 カーニバルって何？
A 謝肉祭のこと。四旬節（カトリックの断食期間）が始まる前、食肉に感謝し、大いに食べて飲んで、羽目を外していたのが起源。

Q2 いつ開催されるの？
A 月末〜3月上旬の約2週間。復活祭を基準としているため、年によって異なる。2024年は、1月27日〜2月13日に開催予定。

Q3 どうして仮面を着けるの？
A 中世ヴェネツィアで、仮面を着けることで身分を隠し、貴族と庶民が交わって遊んでいたのが始まりといわれている。

Q4 会場はどこ？
A イベントの開催されるサン・マルコ広場がメイン。仮装している人は路地や広場など、町のいたるところで見ることができる。

水の都の必見スポット巡りは あえて路地に迷い込む！

一緒にいかが？

自動車の入れないヴェネツィアは、細く入り組んだ路地をてくてく歩いてみるのが最高におもしろい。地元の生活をのぞきながら、名所を回ってみよう。

サンタ・ルチア駅
リアルト橋
サン・マルコ広場

Map 別冊P.18-19

運河がキレイね

大運河沿いを歩いていこう

左／橋からの眺め
右／いつも観光客でいっぱい

リアルト橋
Ponte di Rialto

運河の両岸を結ぶ町のシンボル

大運河に架かる最大の橋。架橋当時は木造だったが、16世紀末に大理石製に替えられた。橋の上にはみやげ店などが軒を連ねる。

Map 別冊P.20-B1 サン・ポーロ／サン・マルコ

🏠 Ponte di Rialto Ⓥ1・2番 Rialto駅から徒歩1分

徒歩10分

中央身廊にはゴシック・ルネッサンス様式の聖歌隊席が

新鮮な魚が並ぶ、魚市場

サンタ・マリア・グロリオーサ・デイ・フラーリ教会
Santa Maria Gloriosa dei Frari

多くの芸術作品を有する教会

15世紀半ばに完成したゴシック様式の教会。内部にはティツィアーノの代表作が収められ、遺体も埋葬されている。

Map 別冊P.20-A1 サン・ポーロ

🏠 San Polo 3072（Campo dei Frari）
☎041-2728630 ◑9:00～18:00（日・祝13:00～、入場は17:30まで）
🚫1/1、復活祭、8/15、12/25
€5 Ⓥ1・2番San Tomà駅から徒歩5分 URLwww.basilicadeifrari.it

ティツィアーノ作『聖母被昇天』

6つある聖ロッコの同信会のひとつ。内部にはティントレットの傑作が多数飾られている。

Map 別冊P.20-A2 サン・ポーロ

🏠 San Polo 3052（Campo San Rocco）☎041-5234864 ◑9:30～17:30（チケット販売は17:00まで）🚫1/1、12/25 €10（26歳未満、65歳以上€8）Ⓥ1・2番San Tomá駅から徒歩5分 URLwww.scuolagrandesanrocco.org

ティントレット作『ピラトの前のキリスト』

まるでティントレットの美術館

スクオーラ・グランデ・ディ・サン・ロッコ
Scuola Grande di San Rocco

サン・ロッコ教会もあるよ

徒歩3分

サン・マルコ広場奥のゴンドラ乗り場あたりから見る夕景はとてもキレイ！（石川県・ユアン）

船の八百屋さんだよ〜

地元民が憩う
カンポ・サンタ・マルゲリータ

魔よけを探してみよう！

小運河を渡ります！

14〜18世紀のヴェネツィア派絵画を多く収蔵。ヴェネツィアを題材とした作品も多いので、昔の風景も楽しめる。

ヴェネツィア派巨匠の競演

アカデミア美術館
Gallerie dell'Accademia

水の都の必見スポット巡り

Map 別冊P.20-A3　ドルソドゥーロ

🏠 Dorsoduro 1050（Campo della Carità）　☎041-5222247
🕐8:15〜19:15（月〜14:00、チケット販売は閉館1時間前まで）
🚫1/1、12/25　€15　🚤1・2番Accademia駅から徒歩1分　URL www.gallerieaccademia.it

1. ジョルジョーネ作『嵐』 2. カルパッチョ作『リアルト橋から落ちた聖遺物の奇跡』 3. カルパッチョ作『ブルターニュの宮殿に来たイングランド大使』

徒歩10分

徒歩12分

サント・ステファノ広場でまったり♪

木製のアカデミア橋

アカデミア橋から見る夜景☆

ジェンティーレ・ベッリーニ作『総督ジョヴァンニ・モチェニーゴの肖像』

ジョヴァンニ・ベッリーニ作『二人の天使に支えられる死せるキリスト』

当時の生活や風俗を物語る

コッレール博物館
Museo Correr

徒歩1分

サン・マルコ大聖堂の正面、ナポレオンの翼に位置し、絵画、ガレー船の模型、古地図、貨幣などを展示している。　**詳しくは →P.139**

ヴェネツィアの海の表玄関

サン・マルコ広場
Piazza San Marco

今も昔も町でいちばん華やかな広場。大聖堂のテラスや鐘楼から眺めるのもおすすめ。　**詳しくは →P.138**

写真を撮りましょ

モダンアート大集合！
ドルソドゥーロでアート散歩

モダンアートを積極的に受け入れているヴェネツィア。
なかでも、ドルソドゥーロは大きな現代美術館があるので、
アート好きには絶対に外せないエリア。
昔ながらの町並みとのコントラストも楽しんで！

シュールでしょ？

18世紀に建てられたバロック建築だよ

TOTAL 7時間

ドルソドゥーロおさんぽ
TIME TABLE

- **10:30** グラッシ宮
  - ↓ 徒歩＋トラゲット5分
- **11:45** ペルラマードレデザイン
  - ↓ 徒歩6分
- **12:30** カンティーネ・デル・ヴィーノ・ジア・スキアーヴィ
  - ↓ 徒歩6分
- **14:00** ペギー・グッゲンハイム美術館
  - ↓ 徒歩1分
- **15:30** サンタ・マリア・デッラ・サルーテ教会
  - ↓ 徒歩1分
- **16:30** プンタ・デッラ・ドガーナ

1 世界最大級の現代美術コレクション
グラッシ宮 10:30
Palazzo Grassi

ヴェネツィア貴族の館が現代美術館として生まれ変わった。常設展はなく、6ヵ月ごとに替わる企画展を楽しめる。

Map 別冊P.20-A2

🏠San Marco 3231 (Campo San Samuele) ☎041-2401308 ⏰10:00〜19:00 (入館は18:00まで) 休火 €15 (プンタ・デッラ・ドガーナと共通) 🚉V2番San Samuele駅から徒歩1分 URLwww.pinaultcollection.com/palazzograssi

1.大運河沿いに建てられた大きな館 2.運河に面して置かれたオブジェにも注目！

ガラスには造形のリミットがないのよ

2 ガラスに魅せられデザイナーに 11:45
ペルラマードレデザイン
Perlamadredesign

モダンでありながら優しさを感じさせるアクセサリー。自然や景色からインスピレーションを得ているという。

Map 別冊P.20-A2

🏠Dorsoduro 3282 (Calle de le Boteghe) ☎340-8449112 ⏰10:30〜13:00、15:30〜18:30 休日 1/1、12/25・26 Card D.M.V. 🚉1番Ca' Rezzonico駅から徒歩4分 URLwww.perlamadredesign.com

1.透明と不透明のガラスを巻き付けたビーズのネックレス€190〜 2.空と大地をイメージしたネックレス 3.バタフライシリーズのピアス€37〜 (注文生産)

店内では作業風景ものぞける

チーズ＆ラディッキオ (左)、ツナ＆カカオ (上)、小エビ (右) のチケッティ。各€1.50、オンブラ€2.50

仲よし家族だよ〜

3 12:30 朝から地元っ子でいっぱい
カンティーネ・デル・ヴィーノ・ジア・スキアーヴィ
Cantine del Vino già Schiavi

1900年初頭に開店した家族経営のバーカロ。母娘で手作りするチケッティは伝統から意外性のある食材を使ったクリエイティブなものまで常時40種類ほどが並ぶ。ワインはヴェネト州にこだわらず500種類ほどを揃える。

Map 別冊P.20-A3

🏠Dorsoduro 992 (Fondamenta Nani) ☎041-5230034 ⏰8:30〜20:30 (14:00〜16:00に休憩する場合あり) 休1月に2週間、8月に2週間 €7〜 Card A.D.J.M.V. 🚾不要 予約なし 🚉1・2番 Accademia、2番 Zattere駅から徒歩3分 URLwww.cantinaschiavi.com

1.チケッティがずらり。レパートリーは100種類を超える 2.観光客も多く訪れる

チケッティは指さしでオーダーしてね

✉ザッテレの散歩は夕方がおすすめ。夕日がとてもきれいですよ。(沖縄県・れい)

4 緑と運河に囲まれた美術館 14:00
ペギー・グッゲンハイム美術館
Collezione Peggy Guggenheim

モダンアートコレクター、ペギー・グッゲンハイムの収集した作品を展示。ピカソ、デ・キリコなどの作品がある。

館内には緑あふれる庭園もあるよ

Map 別冊P.20-B3

🏠Dorsoduro 701
☎041-2405411
🕙10:00～18:00（チケット販売は17:30まで）🈭火、12/25
💴€16（26歳以下の学生€9）
🚇Ⓥ1番Salute駅から徒歩5分
URL www.guggenheim-venice.it

ミュージアムショップにはユニークなデザイングッズがいっぱい

5 大きなクーポラが運河に映える 15:30
サンタ・マリア・デッラ・サルーテ教会
Santa Maria della Salute

ヴェネツィア屈指のフォトジェニックな教会。17世紀のペストの鎮静化をマリアに感謝して建てられた。聖具室にはティツィアーノとティントレットの作品も。

夕暮れ時にサン・マルコ広場側から見るとキレイ☆

礼拝堂にあるティツィアーノの『聖霊降臨』

Map 別冊P.20-B3

🏠Dorsoduro 1（Campo della Salute）☎041-2743928
🕙4～10月9:00～12.00、15.00～17.30、11～3月9:30～12.30、15.00～17.30、聖具室は閉まっている時間帯があるのでWEBにて確認を 🈭無休 💴無料（聖具室€6）🚇Ⓥ1番Salute駅からすぐ URL basilicasalutevenezia.it

6 ヴェネツィアの最新アートスポット 16:30
プンタ・デッラ・ドガーナ
Punta della Dogana

フランスのピノー財団と建築家、安藤忠雄が組み、15世紀の旧税関を現代美術館に再生。レンガの空間にモダンアートが展示され、新旧の融合を感じられる。

Map 別冊P.21-C3

🏠Dorsoduro 2 ☎041-2401308 🕙10:00～19:00（入館は18:00まで）🈭火 💴€15（グラッシ宮と共通）🚇Ⓥ1番Salute駅から徒歩1分 URL www.pinaultcollection.com/palazzograssi

1.アート作品はもちろん、安藤忠雄が手掛けた内装にも注目 2.島の先端へ行ってサン・マルコ広場を眺めよう

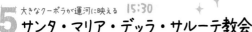

バロック建築の建物の中は、ヴェネツィア博物館

お散歩に行きましょう

カ・レッツォーニコ

トラゲット乗り場

① Campo Samuele

Ⓥ San Samuele

C.de le Boteghe

C. d. Traghetto Ca' Rezzonico

C.L.S. Barnaba

Rio Malpaga

C. dei Cerchieri

C. Fruttarol

Campo San Stefano

C.lle Toletta

Rio di San Trovaso

Fondam.Priuli

Ⓥ アカデミア橋

アカデミア美術館 ③

詳しくは→P.145

色彩豊かなヴェネツィア派の絵画が見られるよ

Fondam. Nani

Rio terra A. Foscarini

Piscina Forner d. chiesa

④ C. Calle Bastion
C. Cristóforo

Canal Grande

Ⓥ Salute

⑤

⑥

Fondam. d. Salute

Fondamenta Dogana

大運河キレイだな～

切符はないので乗船時に€2を係員に渡して

トラゲットで大運河を渡る
橋のない場所は、乗り合いの渡しゴンドラ、トラゲットを使おう。

Fondamenta Zattere ai Saloni

ヴェネツィアっ子の飲み方はバーカロでサクッとハシゴ酒

サクッと飲もう

ヴェネツィア人の生活とは切っても切り離せないバーカロ。夜はもちろん、朝から1杯、お昼はお手軽ランチなど、彼らは1日中使っている。飲みも軽い食事もできるお店なら、どんどん行かなくちゃソン！

How to order

1 飲み物を頼みましょう

ヴェネツィアではハウスワインのことを「オンブラ」と呼ぶ。ワインの名称や白ワイン、赤ワインなどでオーダーしてもOK。

いいよ オンブラね

オンブラを1杯ください。
ヴォッレイ・ウノンブラ
Vorrei un'ombra.

2 チケッティも頼みましょう

何にするかい？

チケッティの名前がわかるなら、"Vorrei ○○."と言おう。わからない場合は、指をさせばお皿に盛りつけてくれる。

（指をさして）これをください。
プレンド・クエスト
Prendo questo.

3 支払いをします

いくらですか？
クアント・ヴィエネ？
Quanto viene?

5だよ

食べ終わったらお会計。店によっては、オーダーしたものを自己申告する場合も。カード不可の店もあるので、現金は持っていって。

あいさつも忘れずに！

ひと口
パニーノ☆

バーカロって何？
ヴェネツィア特有の立ち飲み居酒屋のことで、本島だけでも80軒はある。地元っ子たちは、ワイン片手にチケッティをつまみながらおしゃべりを楽しむ。

定番のcicchetti チケッティ

バンコ（カウンター）に並ぶのが、ひと口サイズのおつまみ、チケッティ。定番物に各店のオリジナルなど種類はさまざま。ひとつ€1〜3が目安。

ポルペッタ polpetta
ミートボールのこと。肉、マグロ、ナス、ズッキーニ入りなどの種類がある

お店によって作り方が違うので食べ比べてみて
バッカラ・マンテカート baccalà mantecato
干し塩ダラをオリーブオイルやミルクでペースト状にしたもの

フリット fritto
シーフードのフライは、ヴェネツィアの伝統料理のひとつ

カルチョーフォ calciofo
アーティチョークの芯をゆでたもの。ほっくりと柔らかい

いろいろな種類があるよ

グリーリエ griglie
シーフードや野菜のグリル。季節によって内容は異なる

アランチーノ arancino
ライスコロッケ。形がオレンジに似ていることからその名がついた

パニーノ panino
パンに具を挟んだもの。チケッティはひと口サイズのものが多い

日本のサンドウィッチは"トラメッツィーノ（tramezzino）"

クロスティーノ crostino
パンの上にハムやチーズ、野菜などの具材をのせたもの

朝から開いているお店もあり、いつでもワインが飲めてお酒好きにはたまらない！（東京都・LELE）

€9〜13でこれだけ楽しめる！

伝統的なチケッティがたくさん

TOTAL €10.50

チケッティ€2〜。左から時計回りに、バッカラ＆ポレンタ、アーティチョーク、オムレツ、卵。オンブラ€2.50/グラス

ヴェネツィア最古のバーカロ
カンティーナ・ド・モーリ
Cantina do Mori

1462年創業のヴェネツィアで最も古いバーカロ。開店は8時で、朝からお酒を楽しむヴェネツィアらしい光景が見られる。

昔ながらの雰囲気を味わえるよ

Map 別冊P.20-B1 サン・ポーロ

🏠San Polo 429 (Calle dei Do Mori)
☎041-5225401 🕐8:00〜20:00 🈑日
💰€10〜 **Card**不可 🈑不要 **WiFi**なし
🚶リアルト橋から徒歩3分

カラメライズしたタマネギ€3（中）は人気のチケッティ

カジュアルな雰囲気の今時バーカロ
セパ　Sepa

カウンターには伝統を踏まえつつ創意工夫を凝らしたチケッティがずらり。サステナビリティにもこだわり、食材はほとんどが地元産だそう。

日替わりのリゾットもあるよ

バッカラとオリーブのポルペッタ€2.50（左）、酢漬けのエビ€3（右上）、コウイカのローースト€4（右下）、ワイン（1/4ボトル）€3.50〜

Map 別冊P.21-C1 サン・ポーロ

🏠San Marco 5482(Calle de la Bissa) ☎041-3026336 🕐11:30〜22:00（土・日〜23:00）🈑12/25・26 **Card**A.D.J.M.V.不要 🈑不要 **WiFi**無料
🚶①・1番Rialto駅から徒歩3分 **URL**sepa venezia.it

オリジナリティあふれるチケッティばかり

TOTAL €13

クロスティーニ€2.50〜。左からパプリカ＋ミーノチーズ、スペック＋アーティチョーク、アンチョビ＋ピスタチオ。ワイン€4〜/グラス

チケッティは日替わり 行くたびに異なる味を

TOTAL €11.50

おいしくヘルシーなワインを
ヴィーノ・ヴェーロ
Vino Vero

イタリア産をはじめ、フランス、ドイツ、スペインなど、400種ほどあるワインはすべてナチュラル製法で、日本に入っていないものもあるという。店内のワインはすべて購入可能。

作るスタッフごとに違うスタイルのチケッティが楽しめるよ

Map 別冊P.18-B1 カンナレージョ

🏠Cannaregio 2497 (Fondamenta della Misericordia) ☎041-2750044 🕐12:00〜23:00（月17:00〜）🈑無休 💰€6〜 **Card**A.M.V. 🈑不可 **WiFi**無料
🚶①1番Ca'd'Oro駅から徒歩5分 **URL**www.vinovero.it

地元っ子に愛されるお店
アイ・プロメッシ・スポージ　Ai Promessi Sposi

チケッティのおいしさが評判で開店と同時に客でいっぱいになる人気のバーカロ。奥はオステリアになっており、伝統的なヴェネツィア料理とシチリア料理がいただける。

Map 別冊P.18-B2 カンナレージョ

🏠Cannaregio 4367 (Calle dell'Oca) ☎041-2412747 🕐11:30〜14:15、18:30〜22:15
🈑夏季に数週間 💰バーカロ€5〜、レストラン€25〜 **Card**D.M.V. 🈑週末は望ましい **WiFi**なし
🚶リアルト橋から徒歩5分

毎日魚介と野菜のチケッティが並ぶ

オステリアでもチケッティをオーダーできますよ

TOTAL €9

チケッティの盛り合わせ€6（内容により異なる）とハウスワイン（赤）€3〜/グラス

前菜も！パスタも！メインも！
取れたてシーフード三昧

カニの甘味とうま味がた〜っぷり

レモンとオリーブオイルでシンプルに食べるグモガニのサラダ。€22

野菜は契約農家のものを使うよ

これもオーダー

焼いた魚に野菜をのせたひと品（日替わり）。写真はイシビラメとアンズタケ。€26

市内最大級のワインセラーが自慢
ヴィーニ・ダ・ジージョ
Vini da Gigio

伝統を大切にしながらも時代に合わせてアレンジしたヴェネト地方の料理を楽しめる。料理と一緒にさまざまなワインを味わえるよう、常時1000種ほどを揃えている。

窓際の席から小運河を眺められる

Map 別冊P.18-B1 カンナレージョ

🏠Cannaregio 3628/A (Calle Stua Cannaregio) ☎041-5285140 ⏰12:00〜14:30、19:00〜23:30 🚫月・火、1/1、1月に3週間、6月に1週間、8月下旬に2週間、12/24・25・31 💰ランチ€40〜、ディナー€60〜 Card A.M.V. 👔望ましい 🈀 🈁英 WiFi無料 🚇V1番 Ca'd'Oro駅から徒歩3分 URL vinidagigio.it

---

ナチュラルワインに合わせて
エストロ
Estro

600種以上のワインを扱うよ

自分たちが食べたいものを作りたいと始めたコンテンポラリー料理レストラン。伝統料理はアレンジを加え仕上げている。魚介は決まった漁師からだけ買い付けるというこだわりよう。

入口はワインバーになってるよ

Map 別冊P.18-B2 ドルソドゥーロ

🏠Dorsoduro 3778 (Calle Crosera) ☎041-4764914 ⏰12:30〜14:15、19:00〜22:15 🚫火、12/24・25 💰€60〜 Card M.V. 🈀夜、週末の昼は必要 🈁英 🈁英 WiFi無料 🚇V1・2番San Tomà 駅から徒歩5分 URL www.estrovenezia.com

これもオーダー

バッカラ・マンテカートなど、伝統の前菜の盛り合わせ€20

赤エビのカルパッチョはヨーグルトソースでさっぱりと

エビの頭でダシを取ったソース

ラグーナの魚介を入れたブサラソースのタリアテッレ

ヴェネツィアでよく食べられているのは？

イワシ、スズキ、ヒラメ、マグロ、ホタテ貝、ムール貝、カネ・ステレッリ（ホタテ貝の小さいもの）、ヤリイカ、モンゴウイカ、手長エビ、小エビなど、日本でもおなじみのものから、ちょっと珍しいものまで食べられている。

お役立ちフレーズ
旬の魚は何ですか？
クアレ・イル・ペッシェ・ディ・スタジョーネ？ **Qual e' il pesce di stagione?**

お役立ち単語						
マグロ トンノ tonno	イワシ サルデ sarde	小エビ ガンベレッティ gamberetti	ホタテ カパサンタ capasanta	クモガニ グランセオラ granseola	ヤリイカ カラマロ calamaro	イカスミ セーペ・イン・ネーロ sepe in nero
タラ バッカラ baccala	小エビ スキーエ schie	手長エビ スカンピ scampi	マテ貝 カパロンガ capalonga	シャコ カノーチェ canoce	小ダコ フォルペート folpeto	コウイカの卵巣 ラッティ・ディ・セッピア latti di seppia

✉️4〜5月と9〜10月にしか出回らないモエケという軟らかいカニ、絶品でした！（京都府・りょう）

海に囲まれたヴェネツィアだもの、やっぱりシーフードを食べたいよね！
新鮮だからこそ、素材そのものの味を生かしたシンプルな調理法で食べるのがヴェネツィア流。

大ぶりのシーフードをふんだんに使用

海の幸とチェリートマトのスパゲッティは、手打ちパスタがモチモチ。€31

父の代からやってるよ

魚介の前菜の盛り合わせ。中身は季節により異なる

昔のレシピを研究して生まれた味
トラットリア・ダ・フィオーレ
Trattoria da Fiore

チケッティが評判のバーカロを併設している

伝統を守り続ける昔ながらの味が自慢。キオッジャの市場まで行き仕入れる新鮮食材のみを使った料理は繊細な味わい。手間を惜しまない下準備が素材のうまさを引き出している。

Map 別冊P.20-A2 サン・マルコ

🏠San Marco 3461 (Calle de le Botteghe) ☎041-5235310
🕐12:30～15:00、19:00～最終入店21:00 (バーカロ11:00～22:00)
🈲月・火 💰ランチ€30～、ディナー€40～ 💳A.M.V. 👔望ましい
🗣英▶ 📶無料 🚶アカデミア橋から徒歩5分 🔗www.dafiore.it

伝統に各地のエッセンスをプラス
アイ・クアットロ・フェーリ・ストルティ
Ai 4 Feri Storti

天気のいい日はテラス席もおすすめ！

旅先で郷土料理を食べるのが好きだというシェフは、自身の食体験をヴェネツィア料理に取り入れてクリエイティブに仕上げている。野菜のソースなどでお皿の上をカラフルにするのも得意。

取れたてシーフード三昧

Map 別冊P.20-B1 サン・ポーロ

🏠San Polo 1278 (Calle Bianca Cappello) ☎041-5282144 🕐12:00
～14:30、18:00～22:00
🈲月・日 💰€30～ 💳M.V. 👔ハイシーズンは望ましい 🗣英▶ 📶なし 🚶リアルト橋から徒歩5分

これもオーダー

アサリ、ムール貝などが入ったスコリエーラはバジル入りオイルを振ってさわやかに。€36(2人前)

これもオーダー

定番のバッカラとキダイをマヨネーズであえたマンテカートの2種盛り。€17

祖父も父も料理人なんだ

柔らか＆しっとり調理された白身魚

真空低温調理したニベをルッコラのソースで。ソースに使う野菜は季節によって替わる。€18

これがヴェネツィアンスタイルのストリートフード

リストランテ出身のオーナーがオープン
アクア・エ・マイス
Acqua & Mais

伝統のヴェネツィア料理にフレンチのエッセンスをプラスした料理を売る小さなデリ。本格的な味をカジュアルに楽しめる。

できたてを食べてね

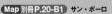

ライスコロッケ、アランチーノは中からチーズがトロ～リ。€1.80

Map 別冊P.20-B1 サン・ポーロ

🏠San Polo 1411/1412 (Campiello dei Meloni)
☎041-2960530 🕐8:00～20:30 🈲無休 💰€5～
💳M.V. 👔不要 🗣英▶ 📶なし 🚶リアルト橋から徒歩5分

バッカラ・マンテカートは、アツアツロトロのポレンタと一緒に。€3.50

プリプリのイカとエビのフリット。€15(大)、€11.50(小)

卵不使用のクリーム

A クリームは軽くてふわふわ。€2.50（カウンター）、€3（テーブル）

フワフワ

軽〜〜〜い

よく泡立てたマスカルポーネクリームがエアリー。€9

ヴィーニ・ダ・ジージョ→ P.150

ピスタチオ味！

アレンジ

イ・トレ・メルカンティ→ P.155

ティラミスの歴史
1960年代にヴェネト州トレヴィーゾの食堂で生まれたといわれるティラミスは、農家で滋養強壮に食べていた卵黄と砂糖のクリームにマスカルポーネチーズを加えたもの。

諸説あるんだって〜！/

シチリアのピスタチオを使用した、変わりダネ。€4.70 イチゴやマンゴーもある

あなたはどんな味わいが好み？

ヴェネト生まれの王道ドルチェ
各店自慢のティラミスを食べ比べ

日本でもおなじみのティラミスはヴェネツィアのあるヴェネト州が発祥。お店それぞれの味があるので、ぜひ食べ比べてみて！

伝統レシピをアレンジ

ユニーク

オリジナルのコーヒー使用

大人の味

クリームがとろ〜り

甘さ控えめ

ピスタチオのクリームを挟んだオリジナル。€6

セバ→ P.149

コーヒーのシロップがたっぷりでバランスがよく食べやすい。€4.50

イ・トレ・メルカンティ→ P.155

B ラム酒をたっぷり使い、香り豊か。€3

各店自慢のティラミスを食べ比べ

カフェ・ラテ€2（カ
ウンター）、€2.70
（テーブル）とチョ
コレート入りパン
€1

はい
どうぞ！

1. オレンジのグラニータ€2.50　2. オレンジ
ピールとチョコチップ入りクレーマ・デル・ドー
ジェ€2　3. レモン×イチゴのソルベット€3

いっぱい
食べてね

ロッソ（赤）のファサードが目印
イル・カフェ・ロッソ
Il Caffè Rosso

若者が集まる広場の中でも特に人気のカフェ。
契約農家の無農薬野菜を使用、その日に作っ
たものしか出さないなど、こだわりも強い。

Map 別冊P.18-A2　ドルソドゥーロ

🏠Dorsoduro 2963（Campo Santa Margherita）
☎041-5287998　🕐7:00〜翌1:00（テーブル10:00〜22:00）
📅日、12/25・26　💴€2〜　Card不可　🎫不要
🈺　🚭　Wi-Fi無料　🚤1・2番San Tomà駅から徒歩5分
URLwww.cafferosso.it

ジェラート好きが高じてオープン
ジェラテリア・イル・ドージェ
Gelateria il Doge

素材の産地にまでこだわったジェラートは、
口にしっかりと残るちょっと硬めなタイプ。
夏にはシェイクのようなグラニータも登場。

Map 別冊P.18-B2　ドルソドゥーロ

🏠Dorsoduro 3058/A（Rio Terà Canal）
☎349-8644864、339-1482164　夏季10:30〜24:00、
冬季10:30〜18:00　📅11/22〜約2ヵ月　💴€2〜
Card不可　🎫不要　🈺　Wi-Fiなし　🚤1・2番San Tomà駅から
徒歩5分　🏠Campo San Tomà店　URLgelateriaildoge.com

ヴェネツィアの
おいしい
休憩スポット

常時16種
ほどあるよ

1. ピーナッツバター
などで人気菓子の味
を再現したスニッ
カーズ€2.50　2. さ
っぱりとしたスイカ
×マンゴー€4.50

手前から、トラメッ
ツィーノ（プロシュッ
ト＋トマト＋ルッコ
ラ、ツナ＋オリーブ）
各€2.20（カウン
ター）、€2.70（テー
ブル）、フレッシュオレ
ンジジュース€4（カ
ウンター）、€5（テー
ブル）

素材の味が生きたジェラート
ラ・メーラ・ヴェルデ
La Mela Verde

良質な材料と徹底した温度管理で舌触り滑らかな
ジェラートに。フルーツフレーバーは素材そのも
ののよさが出るようつぶつぶ感を残すことも。

Map 別冊P.21-D2　カステッロ

🏠Castello 4977（Fondamenta de l'Osmarin）
☎349-1957924、348-2420964　🕐3〜10月11:00〜
22:30、11〜2月13:00〜20:00　📅10月末〜カーニバル
💴€2.50〜　CardJ.M.V.　🎫不要　🈺　🚭　Wi-Fiなし
🚤1・2・4.1・4.2番S. Zaccaria駅から徒歩4分

ヴェネツィアの名物サンドイッチを
スナック・バール・トレッタ
Snack Bar Toletta

学生に
人気だよ

ふわふわの薄切りパンにたっぷりの具を挟ん
だトラメッツィーノで有名なバール。毎日
30種がカウンターにずらりと並ぶ。

Map 別冊P.20-A3　ドルソドゥーロ

🏠Dorsoduro 1191（Calle Toletta）
☎041-5200196　🕐7:00〜20:00
📅12/24・25　💴€7〜　CardM.V.　🎫不要
🈺　🚭　Wi-Fiなし　🚤1・2番Accademia
駅から徒歩5分

何をお探しですか？

私たちに相談してね

ブォーノ
BUONO! なグルメみやげは

イタリアらしいおいしいおみやげを探すなら食材店がいちばん。スタ

パスタや鶏肉に合う重めの赤ワイン

€108

B

ヴェローナ郊外のジュゼッペ・クインタレッリのヴァルポリチェッラ・クラッシコ・スーペリオーレ

€3.90

A

ベーシックな卵パスタ、タリアテッレ・クラッシコ。トマトソースにもラグーソースにも合う

ワインによく合うよ

€6.50

C

ブラックオリーブのペースト。パンにのせたり、焼いたお肉や魚と一緒に

€12

C

ニンニク、オリーブオイル、唐辛子が入った、アーリオ・オーリオ・ペペロンチーノセット

€7

A

風味豊かなオイルです！

ニンニクと唐辛子のフレーバーがついたエキストラ・ヴァージン・オリーブオイル

€7.50

C

細かく砕いたシチリア産のピスタチオ。パスタやお菓子などに使って

クリーミーな味わい

C

€4.50

ティラミスがリキュールに。カクテルに使っても、そのまま飲んでも◎

€4

C

オーガニックのセモリナ粉と卵を使ったタリオリーニは、ヴェネツィアのメーカーのもの

バターを絡めてもおいしいよ

€5.50

A

ポルチーニ茸を練り込んだタリアテッレ。トマトソースで食べるのがおすすめ

お菓子みやげもマスト！

€5

3種類のクッキーが入ったかわいいネコ缶

€4.50

伝統的なトウモロコシ粉のクッキー、ザレーティ

€13

薄いクッキー、バイコリはヴェネツィア菓子の代表格

ヴェネツィアの風景が描かれた缶は伝統クッキーの詰め合わせ

€10

小麦粉、卵、バターで作ったシンプルなクッキー、ブッソラーイは、ブラーノ島が発祥

€7

B

COLUSSIというメーカーのバイコリの缶がかわいい！　スーパーやお菓子屋さんで売ってます。(長崎県・アヒル)

グローサリーストアをチェック

...ッフも詳しい人ばかりなので、おすすめを聞いてみるのもいいかも。

食材がずら〜り♪

€9.90 **A**
ゆでたパスタに絡めるだけのイカスミソース。イカスミを練り込んだパスタもある

いろいろな種類があるよ
€4 **C**
ニンジン、タマネギ、カボチャなどが入ったスパゲッティ・デル・ゴンドリエーレのもと

ヴェネト州の発泡性ワイン!
€8 **C**
酸味と柔らかさのバランスが取れたフルーティーなプロセッコD.O.C.

€7
ヴェネツィア発祥のカクテルなんだ
C
イタリア産のモモとプロセッコを使ったワインカクテル、ベリーニ・チプリアーニ

€13.90 **B**
香り豊かな黒トリュフとアーティチョークのペースト。パンに付けて食べたい

イタリアンカラーだよ
€5.50 **A**
ビーツ、タマネギ、ホウレンソウを練り込んだ3色タリアテッレ

€6 **C**
キャラメリゼしたタマネギ。グリルした肉やリゾット、チーズに合わせてもおいしい

お店のオリジナル
€6.60 **B**
パスタソースは種類が豊富。こちらはアサリのうま味がたっぷりのトマトソース

€9.30 **A**
つぶつぶ感を残したピスタチオペーストは、風味豊かでコクがある

A 4代続くパスタショップ
ジャコモ・リッツォ・パスティフィーチョ
Giacomo Rizzo Pastificio

奥に製造所があり、職人たちが手作りしたパスタを販売。スパイスやソースなど、パスタ料理に欠かせないアイテムも多く扱っている。

Map 別冊P.21-C1　カンナレージョ

🏠Cannaregio 5778 (Salizada San Giovanni Grisostomo) ☎041-5222824 ◉9:00〜13:00、15:30〜19:30 (水9:00〜19:30) 休日、復活祭・復活祭翌日、4/25、12/25・26 **Card**A.J.M.V. ◉リアルト橋から徒歩3分

B こだわりの食材が並ぶ
イ・トレ・メルカンティ
I Tre Mercanti

イタリア全土から厳選した食材やワインを集めたショップ。店内で食べられる数種類あるティラミス (→P.152) はマスト!

Map 別冊P.21-C2　カステッロ

🏠Castello 5364 (Campo della Guerra) ☎041-5222901 ◉12:00〜19:00 休火、1/7から2〜3週間、12/25 **Card**A.J.M.V. ◉サン・マルコ広場から徒歩2分 **URL**www.itremercanti.it

C 1965年創業の食材店
アリメンタリ・デ・ロッシ
Alimentari De Rossi

地元の特産品をセレクトし、日常の買い物やギフト選びをお手伝い。ショーケースには新鮮なハムやチーズをはじめ、常に良質なイタリア食材が並ぶ。

Map 別冊P.20-A2　サン・マルコ

🏠San Marco 3391 (Ramo de la Piscina) ☎041-5223272 ◉8:00〜19:30 (6・7月の水〜14:00) 休祝 ◉1番S. Angelo駅から徒歩3分 **URL**www.alimentariderossi.com

職人の技が光る！　ひとめ

€120

クラシカルな帽子は織物をリボンに使用

シルクで作った大きな花の飾りが印象的

€420

€90

€90

ゴンドリエーレの帽子はリボンの色が豊富

輸入したパナマ帽も扱っている

€150

ゴンドリエーレのベレー帽には大きなボンボンが

€190

ひいひいおばあちゃんの代から職人よ

ヴェネツィアで見つけた個
どれも一つひとつ大事に
日常に彩りを添えてくれ

ヴェネト州が認定する職人の店

ジュリアナ・ロンゴ
Giuliana Longo

代々帽子職人の家庭に生まれたジュリアさんの帽子は、旅、アート、自然からインスパイアされデザイン。カーニバル用に注文する人も多いという。ゴンドリエーレ用の帽子は義娘の作品。

Map 別冊P.20-B2 サン・マルコ

🏠San Marco 4813 (Calle del Lovo)
☎041-5226454 🕐10:00〜18:30 🗓日、
1/1、カーニバル後4週間、
復活祭・復活祭翌日、
8/15、12/25・26 [Card]
A.D.J.M.V. 🚉V1・2番
Rialto駅から徒歩1分
🌐www.giulianalongo.
com

クッションカバーのみは€10
〜15引きに

€103.28

ランチョンマット（左）
とナプキン（右）

€28.69

€26.23

刺繍が入った
ゲストタオル

自然や幾何学模様を取り入れたデザイン

手作業で仕上げた上質リネン

キアラステッラ・カッターナ
Chiarastella Cattana

キッチンやバスルームなど、
暮らしをトータルにコーディ
ネートできるリネン雑貨は
オーナー自らデザインしたも
の。長く使えるデザインと上
質の素材にこだわっている。

€15.16

色合いがきれいなキッチンタオル

各€24.59

クラシックなスタイル。
バイカラーのタイプもある

€120

Map 別冊P.20-A2 サン・マルコ

🏠San Marco 3216 (Salizzada San
Samuele) ☎041-5224369
🕐11:00〜18:30 🗓日・祝 [Card]M.V.
🚉V2番San Samuele駅から徒歩2分
🌐 www.chiarastellacattana.com

伝統に今らしさを加えているの

生地を持ち込めばオリジナルもできる

フリウリのおばあちゃんによる手縫い

ピエダテッレ Piedàterre

ヴェネツィア共和国のドージェ（元
首）の靴をモデルにしたパントフォリ。コーヒー豆の袋や自転車の
タイヤなど再生素材を使用し、かわ
いいだけじゃなく環境にも優しい。

ぼれヴェネツィアン雑貨

性あふれる小物たちは、作られた手仕事の逸品。るかわいさを持ち帰ろ！

各€6.50

€12

町のシンボル、有翼の
ライオンのキーホルダー

€21

オーナー手作りの
フォトアルバム

手漉き紙の封筒は
フォトスタンドにも
なる

€13

€12.50

ヴェネツィアをモチーフ
にしたアドレス帳

€12

マスクの鉛筆が
付いたメモ帳

オーナーが
店内で手作り
したアイテム
が並ぶ

ヴェネツィアモチーフがいっぱい
カルテリア・アイ・フラーリ
Carteria ai Frari

クラシックから現代的なものまである雑貨はほとんどがイタリア国内で手作りされたもの。折り紙に興味があるというオーナー自身の作ったカラフルなノート類も売っている。

Map 別冊 P.20-A2 サン・ポーロ

🏠San Polo 2954（Calle Larga）
☎041-5242619 🕙10:00〜13:30、
15:00〜18:30 🚫日・祝、1月の日
Card A.J.M.V. 🚏V1・2番San Tomá
駅から徒歩5分 URL www.carteria
aifrari.it

全部私たちの
フィーリングに
合ったものよ

めがねはヴェネツィア発祥という説も
オッティカ・カッラーロ
Ottica Carraro

デザインと質の高さに世界中にファンがいるメガネ店。肌に優しい樹脂を使っているので着け心地も抜群だ。定番のほかに季節ごとのスペシャルエディションもある。

Map 別冊 P.20-B2 サン・マルコ

🏠San Marco 3706（Calle della
Mandola）☎041-5204258
🕙10:00〜13:00、15:00〜19:00
🚫月・日、1/1、復活祭・復活祭翌日、
8月に2週間、12/25・26・31
Card A.M.V. 🚏リアルト橋から徒歩5分
URL www.otticacarraro.it

日本で
レンズを替えて
使えるよ

鮮やかな
青色の
ベルベット

モデルごと
に30色ほど
の色展開
がある

€125

赤のラウンドタイプ
はインパクト大

べっ甲風は売れ筋の
ボストンタイプを

€120

ストラップ付きで
足をしっかりホールド

濃い茶のテン
プルでシック
な印象に

€135

€115

室内では
ベルベットの
スリッパを

€130

Map 別冊 P.20-B1 サン・ポーロ

🏠San Polo 60（Ruga d. Oresi）
☎041-5285513 🕙10:00〜19:30
（日・祝〜18:30）🚫12/25 **Card** A.J.
M.V. 🚏リアルト橋から徒歩1分
URL www.piedaterre-venice.com

オリジナルの
靴下も
売ってるよ

€135

個性派さんには
グリーンのラウンドを

€125

赤とべっ甲の
組み合わせ
がおしゃれな
サングラス

€165

ヴェネツィアン ムラーノ島へ

ヴェネツィアのおみやげ代表といえば、
その生産地ムラーノ島へ行って、

サント・ステファノ広場にある時計塔

セットで欲しい！ピッチャーとグラス

多くのショップが並ぶ島の目抜き通り

ムラーノ島ってこんなところ
ガラス作りが盛んなムラーノ島。共和国時代の重要な交易品であったガラスは、製造技術の流出を防ぐために島に職人が幽閉されたことも。そのためヴェネツィアングラスはムラーノ島を中心に発展していった。

ガラス工房を描いたモザイク

風船を膨らますガラス職人の看板

お立ち寄りスポット

ショップにはガラスアクセサリーもあるよ

さまざまな時代のガラスを見ることができる

ガラスの歴史に触れよう
ガラス博物館 Museo del Vetro

ヴェネツィアングラスのコレクションは世界一を誇り、古代遺跡の発掘品から現代の作品までを展示している。建物は17世紀のジュスティアン宮。

Map 本誌P.159 ムラーノ島

Fondamenta Giustinian 8 ☎041-739586
10:00～18:00（入場は17:00まで） 休無休 料€10
交V3・4.1・4.2番Museo駅から徒歩2分
URL museovetro.visitmuve.it

ヴェネツィアングラスのシャンデリアも
サンティ・マリア・エ・ドナート教会
Ss. Maria e Donato

7世紀が起源のヴェネト・ビザンチン様式の教会。後陣の聖母のモザイク画や12世紀のモザイクの床は必見。

Map 本誌P.159 ムラーノ島

Campo San Donato 11 ☎041-739056 9:00～17:00（日・祝12:00～15:30） 休無休 料€3.50
交V3・4.1・4.2番Museo駅から徒歩2分 URL www.sandonatomurano.it

1. さまざまな模様のモザイク床
2. 聖水入れにはガラスを使用
3. L.バッティスタ作『聖母子』
4. 胸の前で両手を開く聖母

教会の隣には鐘楼がある

クリスマス前に行ったら、ガラス工房でクリスマスセールをやっていた。（東京都・さと）

グラス発祥の地行きたい！

色鮮やかなヴェネツィアングラス。
ガラスのあれこれを見て回っちゃおう！

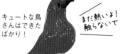

キュートな鳥さんはできたばかり！

まだ熱いよ！触らないで

モザイクを発見！島はさまざまなガラスであふれている

ヴェネツィアングラス発祥の地ムラーノ島へ行きたい！

これからくるくる回して丸くするよ

扉を開けて内部を見られるようにしている工房も

工房の前は中をのぞき込む観光客でいっぱい

ムラーノ島へのアクセス

Fondamente Nove駅 **Map** 別冊P.19-C1 からMuseo駅まで、V 4.1、4.2番で約20分、San Zaccaria駅からMuseo駅まで V 4.1、4.2番で約50分、Ferrovia駅からMuseo駅まで V 3番で約25分。ヴァポレット運航図は別冊P.17参照。

ムラーノ島

N 0 300m

オステリア・ラ・ペルラ・アイ・ビザテイ P.159
Venier
サンティ・マリア・エ・ドナート教会
Ss. Maria e Donato P.158
ガラス博物館 P.158
Museo del Vetro
Pal. da Mula
サン・ピエトロ・マルティーレ教会
S. Pietro Martire
Serenella
Serenella
Museo
ステファノ広場
Campo S. Stefano
P.160
Navagero
セグーゾ・ジャンニ P.161
アクアスタンカ P.159
ヴェトレリア・アルティスティカ・ヴィヴァリーニ P.161
Faro
Colonna
ヴェネツィアへ
S. Erasmoへ
Canale del Marani

エッチング技法を使った美しいグラス

本島よりもゆったりと時間が流れる

パスタは手打ちよ

バッカラが人気なの

シーフードと野菜のコラボ

アクア・スタンカ
Acqua Stanca

女性シェフが腕を振るう料理はどれも繊細な味わい。魚介をメインに野菜を取り入れるメニューは彩りも豊かだ。

1. 海の家をイメージしたインテリア　2. ドルチェは自家製。レモンメレンゲのケーキ

3. エビのグリル、ピリ辛マヨネーズソース（手前）、ホタテとズッキーニのニョッキ（奥）

Map 本誌P.159 ムラーノ島

♠Fondamenta Manin 48 ☎041-3195125 ⏰12:00～15:00、19:00～22:00（土12:00～15:00）休日 予€30～ Card A.M.V. 予週末は必要 英 WiFi 無料 V3・4.1・4.2番Colonna駅・Faro駅から徒歩5分 URL www.acquastanca.it

---

みんなに愛される素朴な家庭の味

オステリア・ラ・ペルラ・アイ・ビザテイ
Osteria la Perla ai Bisatei

60年前にオープンした店を引き継いだオーナーのこだわりは当時と変わらぬ料理を出し続けること。そんな味を求めて多くの地元客がやってくる。

1. アサリとムール貝のスパゲッティ€11　2. 優しい酸味のサルデ・イン・サオール€10　3. クリーミーなバッカラ・マンテカート€10　4. 昔ながらの雰囲気が漂う

Map 本誌P.159 ムラーノ島

♠Campo S. Bernardo 5/6 ☎041-739528 ⏰10:00～14:30 休水、8月に1週間、クリスマスから1週間 予€20～ Card M.V. 予週末は望ましい 英 WiFi なし V3・4.1・4.2番Venier駅から徒歩2分

天気がいい日はテラス席が人気

ムラーノ島で本物の ヴェネツィアングラスをGET!

気品ある色と優雅なシルエットをもつヴェネツィアングラスは
キラキラと輝く芸術品。熟練の技術だからこそ生み出される
本物の美しさを見たら、きっと心奪われてしまうはず!

ヴェネツィアングラスって?
高い装飾性と豊かな色彩が特徴のヴェネ
ツィアングラスは、1000年以上の歴史を
誇る。全盛期を迎えた16世紀にはさまざ
まな製法が生み出され、今日でも技術を受
け継いだ職人が一つひと
つ手作りで仕上げている。

レッティチェロと
いう網目の柄だよ

注目!

**700
ヴェネツィ
アーノ**
700 Veneziano

1700年代に作られた
スタイルをいう。クラ
シックなタイプはこの
スタイルが多い。

赤は発色がとて
も難しい色。
€480

レースガラスの
繊細な模様のグ
ラス€1800

深みのあるブル
ーが印象的。
€480

昔、浅いグラス
はワイン用だっ
た。€1800

葉っぱ形の栓が
付いた小瓶
€420

ねじり模様が入
った花瓶€840

花瓶
Vasi

置物
Oggetti

木に止まった小
鳥たち。€400

大きな花瓶は赤
が鮮やか。
€980

アクセサリーや食器類も!

きれいな
色ばかりです

ドムス・ヴェトリ・ダルテ
Domus Vetri d'Arte

ムラーノガラスのセレクトショップ。
トラディショナルなスタイルをベース
に、はやりも意識しながらモダンなデ
ザインも多く取り入れている。

Map 本誌P.159 ムラーノ島

🏠 Fondamenta dei Vetrai 82　☎041-739215
⏰10:00～18:00　📅1/10から1ヶ月間、12/24～26
💳A.D.J.M.V.　Ⓥ3・4.1・4.2番Colonnaから徒歩4分

作る工程を
展示で説明

ゴトはカラーバリ
エーションが豊富
なので迷ってしま
う。各€69

カラフルなミッレフィオー
リのプレート(19cm)€289

小皿は飾ったり、アクセサリー置
きに。各€69

　✉ヴェネツィアングラスはどれも手作りの一点物なので、自分しか持っていないというのがうれしいです。(沖縄県・さくら)

筒形グラス Goto

脚のないグラスはヴェネツィア方言で「goto＝ゴト（複数形はgoti＝ゴティ）」という。1950年頃から作られている。

ムリーネを組み合わせたの

モザイクでゴージャスに！
€1116（6個セット）

予約してから来てね〜

ムラーノ島で本物のヴェネツィアングラスをGET！

ムラーノ島製の証

島で製造されたことの証として、ムラーノ・ガラス協会に加盟している工房で作られた製品にはシールが貼ってある（赤と青があり）。

VETRO ARTISTICO®
MURANO

いろいろな色があるよ〜

ストライプ柄はシンプルモダン。€1200（6個セット）

クシャっとした形がユニーク

カラフルなムリーネがアクセント！
€120

1 炉の中は1200度！ 2 コンポートを成形中。作業は3人1組で行う 3 作業に使う道具たち 4 さまざまな色のガラス片が並ぶ

グラスからシャンデリアまで

ヴェトレリア・アルティスティカ・ヴィヴァリーニ
Vetreria Artistica Vivarini

さまざまなガラス製品を扱うショップ。店内は10の部屋に分かれており、カテゴリー別に商品が置いてあるのでとても見やすい。

Map 本誌P.159 ムラーノ島

🏠Fondamenta Serenella 5/6 ☎041-736077 ⏰9:00〜16:00 休12/25・26 Card A.D.J.M.V.
🚊V3・4.1・4.2番Colonna駅から徒歩3分 URL www.vivarini.it

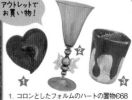

アウトレットでお買い物♪

1. コロンとしたフォルムのハートの置物€68
2. 脚に金箔を使ったゴブレット€75
3.色鮮やかなゴト€35〜

代々続く歴史ある工房を見学！

セグーゾ・ジャンニ
Seguso Gianni

1200年代から続くセグーゾ家の工房では、グラスからシャンデリアまで、さまざまなものを制作。敷地内にはアウトレットショップも併設している。

Map 本誌P.159 ムラーノ島

🏠Fondamenta Serenella 3 ☎041-739005
工房7:00〜16:00、ショップ10:00〜18:00
工房土・日・祝、ショップ無休（日は要電話確認）
Card A.D.J.M.V. 🚊V3・4.1・4.2番Colonna駅から徒歩2分 URL www.seguso.it

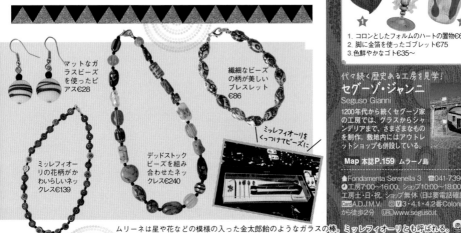

マットなガラスビーズを使ったピアス€28

繊細なビーズの柄が美しいブレスレット€86

ミッレフィオーリの花柄がかわいらしいネックレス€139

デッドストックビーズを組み合わせたネックレス€240

ミッレフィオーリをくっつけてビーズに

ムリーネは星や花などの模様の入った金太郎飴のようなガラスの棒。ミッレフィオーリとも呼ばれる。

ヴェネツィアを離れておとぎの世界へ
ブラーノ島で絵になる一枚をパチリ☆

かわいい町だにゃて

海に出た漁師が自分の家を見つけやすいように塗り分けたという
カラフルな家々が並ぶブラーノ島。絵本のなかにいるような
かわいいこの島は、フォトスポットがいっぱい！

A 駅の前にあるレストラン。
手作りの看板がキュート♪

B 橋の上からパチリ。立ち並ぶ家は
ほとんど2階建てか3階建て

C マリア像も多く見られる。
どれもパステルカラーでかわいい♪

ブラーノ島のおいしいお店

シェフも
ホテルの出身
なんだよ

サン・マルティーノ
教会が見えるよ

温かい
サービスで
もてなすよ

ふんだんに使った魚介を味わって
トラットリア・アル・ガット・ネーロ
Trattoria al Gatto Nero

ブラーノ島の家々が描かれたお皿にふんだんに盛られるシーフードは、毎朝市場や漁師から直接仕入れる新鮮なもの。スペシャリテは、ブラーノ料理のゴ（ハゼの一種）のリゾットだ。

1. 魚介のミスト€38
2. 魚介たっぷりの海の幸のスパゲティ€28/人（2人分からの注文）
3. ゴのリゾット€26/人（2人分からの注文）
4. ティラミス€8 5. 120席ある店内

Map 本誌P.163 ブラーノ島

⌂ Via Giudecca 88
☎ 041-730120 🕐 12:30〜15:00、19:30〜21:00（水・木・日12:30〜15:00）
🚫 なし 💴 €50〜 💳 A.M.V. 👔 望ましい 📶 無料
🚃 12番Burano駅から徒歩5分 🔗 www.gattonero.com

倉庫だった建物がオステリアに
オステリア・アル・ムゼオ Osteria al Museo

伝統に少しエッセンスを加えて、おいしさはもちろん目でも楽しめるような料理を心がけている。オーナーが元5つ星ホテルのコンシェルジュだったこともあり、ホスピタリティはピカイチだ。

1. 窓から広場を眺めて 2. 2階にも席がある 3. イカ墨とトマトで煮込んだイカ€23 4. アサリ、カラスミのスパゲットーニ€23

Map 本誌P.163 ブラーノ島

⌂ P.za Baldassarre Galuppi 113/115
☎ 041-735012 🕐 12:00〜15:30（5〜9月の土12:00〜15:30、17:15〜21:15）
🚫 水、12月末〜カーニバル 💴 €30〜 💳 A.M.V. 👔 週末は必要 📶 無料 🚃 12番Burano駅から徒歩6分 🔗 www.osteriaalmuseo.com

歴史ある
レースなんだ

ブラーノ島ってどんなところ？
レースと漁業の島、ブラーノ島。16世紀に漁網から派生したといわれるレース編みは、メルレットといわれる空中刺しで作られる。みやげ店で売られるものはほとんどが輸入品なので、注意して。

D 鮮やかな色の家が並ぶと
おもちゃみたいに見える♪

E 船の八百屋さんを発見。
海の町ならではの風景

F サン・マルティーノ教会の
鐘楼。ちょっと傾いてる！

おみやげはレースで決まり！

ゆったり
した島よね

ちくちくちくちくちく…

1. 香水のボトル€65
2. ハンカチ€15～
3. コースター€25
4. 蝶モチーフ€95～
5. 鍵モチーフ€250
6. 店内では実演も

ブラーノ島へのアクセス
Fondamente Nove駅 **Map** 別冊P.19-C1 から **V**12番でBurano駅まで42分。ムラーノ島から行く場合、Murano Faro駅（→P.159）から **V**12番で35分

ヴァポレットで行くのだ！

伝統を守りつつ新しいものを
エミリア Emilia

伝統的なレースを売る店が多いなか、"今"のテイストを取り入れながら、ファッション性の高い新しいデザインを生み出す唯一の店。

息子と
ふたりで
デザイン
するの

Map 本誌P.163　ブラーノ島

🏠 Piazza Galuppi 205
☎ 041-9345738　🕘 9:30～18:00
🚫 1/11から3週間、12/25　Card A.
D.J.M.V.　**V**12番Burano駅から
徒歩5分　URL www.emiliaburano.it

ブラーノ島

ムラーノへ **12**
トルチェッロへ **N 9** **12** Burano
BURANO **A**

Strada S. Mauro
リーヴァ・ローサ **R** F. S. Mauro
Corte Comare Cao Moleca

B
Corte Comare
Fondamenta di Terranova
C
Fondamenta della Pescheria
D
トラットリア・アル・
ガット・ネーロ
P.162
E

レース博物館
Museo del Merletto
エミリア P.163
Via B. Galuppi
オステリア・
アル・ムゼオ
S P.za P.162
B. Galuppi
F

サン・マルティーノ教会
S.Martino

Canale di Burano

N
0　　　200m

美術館と教会に行くアナタへ

ヴェネツィアで見る ルネッサンス芸術

"ヴェネツィア派" って何？
知ってから行くと、より楽しめるはず！

✳ ヴェネツィア派とは？

15世紀フィレンツェで花開いたルネッサンス芸術は、ヴェネツィアに伝わり16世紀に成熟期を迎えた。当時ヴェネツィアとその周辺で活躍した画家たちをヴェネツィア派と呼ぶ。ヴェネツィア派絵画の大きな特徴は色彩。海洋貿易や東方ビザンチンの影響を受けた明るい色味の絵画が多く、デッサン重視のフィレンツェ派に並ぶ2大流派となった。

✳ フィレンツェ派との違いは？

技法
フィレンツェ派が輪郭線を重視したのに対し、ヴェネツィア派は色の濃淡で物の形を描いた。光と影、華やかな色彩を用いた表現は、ビザンチン文化の影響といわれている。

画法
壁面に漆喰を塗り、水溶性絵の具で描くフレスコ画が主流だったフィレンツェ派。湿気の多いヴェネツィアではフレスコが使えず、何度も塗り重ねることができる油彩を使用し、キャンバスに描いた。

画題
フィレンツェ派は古代への憧憬を表現したが、ヴェネツィア派では現実的な画題が好まれた。神話や宗教的な画題でも、人物は身近にいる人間のように、背景は実際の町の様子が描かれていることもあった。

✳ この画家もヴェネツィア派

ジェンティーレ・ベッリーニ　ジョルジョーネ　ヴィットーレ・カルパッチョ　ほか

代表的な画家

ヴェネツィアで見られるおもな作品

✦ ジョヴァンニ・ベッリーニ
Giovanni Bellini
1430頃～1516年

画家の一家に生まれ、ヴェネツィア派の基礎を築いた画家。ヴェネツィアいちの工房を構え、共和国公認の画家として、宗教画やドージェの肖像などを描く。後期は自然な人間味あふれる画風となった。

『玉座の聖母と諸聖人』
Madonna in Trono e Santi
1505年
(サン・ザッカリア教会)

聖母子を中心に諸聖人たちがひとつの画面に集合した祭壇画。聖会話の形式を確立したベッリーニ。これは彼の最後の聖会話。

⟩ ジョヴァネッリ家が所蔵していたからだよ

『聖母子と洗礼者ヨハネと聖女』
Madonna con il Bambino, san Giovanni Battista e Una Santa
1500年頃／アカデミア美術館 (→P.145)

情緒的な風景描写が秀逸。『ジョヴァネッリの聖会話』とも呼ばれる。

✦ ティツィアーノ・ヴェチェッリオ
Tiziano Vecellio
1490頃～1576年

ヴェネツィア派最盛期の中心的画家。ベッリーニ工房で学ぶ。豊かな色彩と躍動的な表現でさまざまなものを画題にし、女性の官能美を引き出した作品は後の画家に大きな影響を与えた。

『ペーザロの祭壇画』
Madonna di Ca'Pesaro
1519～1526年
サンタ・マリア・グロリオーサ・ディ・フラーリ教会 (→P.144)

通常では聖母子と聖人を正面向きで左右対称に描く聖会話を、対角線上に配置した大胆な構図が特徴。

⟩ 聖具室の天井画だよ

『イサクの犠牲』
Sacrificio di Isacco
1542～1544年／サンタ・マリア・デッラ・サルーテ教会 (→P.147)

愛児を神に捧げる父親を緊迫感あふれるタッチで描いている。

✦ ティントレット
Tintoretto
1518～1594年

ティツィアーノの弟子。躍動的で明暗のコントラストがはっきりとした画風が特徴。師であるティツィアーノと、身体表現と構図を研究したミケランジェロの影響を受けている。

⟩ これは一部分だよ

『天国』Paradiso
1588～1592年／ドゥカーレ宮殿 (→P.139)

世界最大級の油絵といわれる作品。ダンテの『神曲』に基づく構図で描かれている。

⟩ 日常性と神秘性がひとつに描かれる

『最後の晩餐』Ultima Cena
1592～1594年 (サン・ジョルジョ・マッジョーレ教会)

奥行きのある斬新な構図と、イエスと弟子に当てられた光の演出がドラマチック。

★
MILANO

ミラノ

町なかにど〜んと建つ、ドゥオーモ。
あの大きなシンボルの周辺には
ショーウインドー越しに見る、おしゃれな洋服や雑貨に
思わず足を止めたくなっちゃう店がいっぱい。
流行発信地で、最新トレンドをゲットして帰ろう！
ワクワク、ドキドキするお散歩の始まり始まり〜♪

M I L A N O

ミラノへのアクセス

✈飛行機：ローマから約1時間
🚄鉄道：ローマからフレッチャロッサ（FR）、イタロ（ITA）で3時間10分〜3時間40分、
　　　　フィレンツェからFR、ITAで1時間55分、ヴェネツィアからFR、フレッチャビアンカ（FB）、ITAで約2時間30分
🚌バス：ローマから約8時間30分、フィレンツェから約4時間、ヴェネツィアから約5時間20分

おしゃれな
ミラネーゼが
たくさん！

ふむふむ…

TIPS FOR TOURISTS
ミラノ町歩きのヒント

華やかな最新モードと歴史的建造物。ミラノは、今と昔をタイムトリップしながら楽しめる、欲張りさんにぴったりの町！

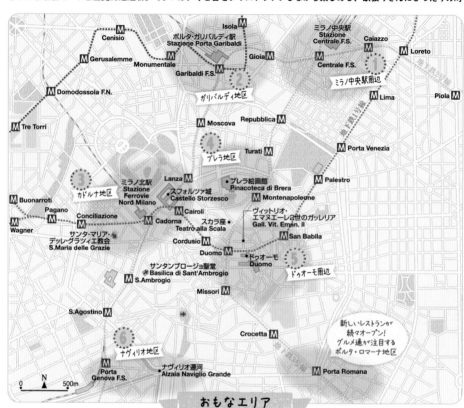

Ⓜ Cenisio

ポルタ・ガリバルディ駅
Stazione Porta Garibaldi

Isola Ⓜ

ミラノ中央駅
Stazione
Centrale F.S.

Caiazzo Ⓜ

Ⓜ Loreto

Ⓜ Gerusalemme

Monumentale

Garibaldi F.S.

Gioia Ⓜ

Centrale F.S. Ⓜ

1 ミラノ中央駅周辺

Ⓜ Domodossola F.N.

ガリバルディ地区

Lima Ⓜ

Piola Ⓜ

Ⓜ Tre Torri

Ⓜ Moscova

Repubblica Ⓜ

4 ブレラ地区

Turati Ⓜ

Ⓜ Porta Venezia

3 カドルナ地区

ミラノ北駅
Stazione
Ferrovie
Nord Milano

Lanza Ⓜ

プレラ絵画館
Pinacoteca di Brera

Palestro Ⓜ

Ⓜ Buonarroti

スフォルツァ城
Castello Storzesco

Ⓜ Montenapoleone

Pagano

Conciliazione

Cairoli Ⓜ

スカラ座
・Teatro alla Scala

ヴィットリオ・
エマヌエーレ2世のガッレリア
Gall. Vit. Eman. II

Wagner

Ⓜ Cadorna

Cordusio Ⓜ

Ⓜ San Babila

サンタ・マリア・
デッレ・グラツィエ教会
S.Maria delle Grazie

Duomo Ⓜ

・ドゥオーモ
Duomo

5 ドゥオーモ周辺

サンタンブロージョ聖堂
Basilica di Sant'Ambrogio

Ⓜ S.Ambrogio

Missori Ⓜ

Ⓜ S.Agostino

Crocetta Ⓜ

新しいレストランが
続々オープン！
グルメ通が注目する
ポルタ・ロマーナ地区

6 ナヴィリオ地区

ナヴィリオ運河
・Alzaia Naviglio Grande

Ⓜ Porta Romana

Ⓜ Porta
Genova F.S.

0 N 500m

おもなエリア

1 ミラノ中央駅周辺

国内外の列車が発着する玄関口。駅は常に観光客があふれ、周辺には多くのホテルが点在。

2 ガリバルディ地区

最旬ショップやレストランが集中。おしゃれなミラノっ子たちのお気に入りエリア。

3 カドルナ地区

ダ・ヴィンチ関連作品がある教会や城など、ルネッサンス期を代表する見どころたっぷり。

必見スポット　スフォルツァ城　サンタ・マリア・デッレ・グラツィエ教会

4 ブレラ地区

ブレラ絵画館をはじめ、美術関係施設が集まると同時に、ヴィンテージショップも多い。

必見スポット　ブレラ絵画館

5 ドゥオーモ周辺

ミラノ観光の中心地。ドゥオーモ周辺には、おみやげ屋台から高級店までが軒を連ねる。

必見スポット　ドゥオーモ　ヴィットリオ・エマヌエーレ2世のガッレリア

6 ナヴィリオ地区

古きよき風景が残る一方、個性的なショップやバーも多い。毎夜アペリティーボを楽しむ若者や観光客でにぎわう。

旅プランQ&A

旅 のテーマは？

ファッション＆建築好きはミラノへ！ 最新モードをキャッチしたり、ゴシックやルネッサンス期の壮麗な建物に感動したり。

交 通手段は？

おもな見どころのそばにはメトロ（地下鉄）が走っているので便利。時間に縛られず町を散策するなら、のんびりトラム（路面電車）での移動もおすすめ。

市内交通 → 別冊 P.22

食 べるべきものは？

富の象徴である黄金色のカツレツやリゾットなどの伝統料理はマスト。北イタリア全域はもちろん、国内外の名物美食が集まるのも大都市ならでは。

治 安は？

2015年のミラノ・エキスポを機にセキュリティが強化され、より安全に。ただし、観光客を狙ったスリや置き引き、ホテル内での盗難も報告されているので警戒を。

怖いわ… 俺が守るぜ！

スッキリ！

旅のお助けinfo

共通チケットを使おう

公共交通機関が発達しているミラノは、メトロ、トラム、バスの切符が共通。買う手間が省けるので1日3回以上乗る人は、1日券か2日券を買ってみよう。

切符の種類と料金をチェック！→ 別冊 P.22

世界遺産だよ

『最後の晩餐』鑑賞は事前予約を

ダ・ヴィンチの名画『最後の晩餐』は、完全予約制。旅程が決まったらすぐに日本でインターネット予約を。公式サイトが完売のときは、高くつくがツアー催行会社のサイトで探そう。

観光案内所はこちら

現地の最新情報を手に入れるなら観光案内所へ。地図の配布やホテル、催事、交通など、知りたい情報を案内してくれる。

ドゥオーモ周辺
Map 別冊 P.29-D1
🏠 Piazza Duomo 14 ☎02-88455555 ⏰10:00〜18:00（土・日・祝〜14:00）休無休

ドゥオーモ周辺
Map 別冊 P.29-C1
🏠 Via dei Mercanti 8 ☎02-85155931 ⏰10:00〜18:00（土・日・祝14:30〜）休無休

SCHEDULE

1day 観光ルート

8:00	9:00	10:15	11:00	13:30	15:00	16:15	18:00
ヴィットリオ・エマヌエーレ2世のガッレリア	ドゥオーモ	モンテ・ナポレオーネ通り	ガリバルディ地区	ブレラ絵画館	スフォルツァ城	サンタ・マリア・デッレ・グラツィエ教会	ナヴィリオ運河
	→ 徒歩1分	→ 徒歩9分	→ 徒歩7分	→ 徒歩15分	→ 徒歩10分	→ 徒歩13分	→ 地下鉄4分＋徒歩8分
P.27	P.168			P.168	P.171	P.169	P.27
周辺のバールで朝食を！	ブランドストリートへGO！	最旬ショップやレストランが集中！ランチも◎	隣接するセンピオーネ公園でひと休み		名作『最後の晩餐』は要予約！	運河沿いにはアペリティーボ店がズラリ！	
		Map 別冊 P.26-B3					

ミラノの
シンボルを広場
から眺めて!

上:ドゥオーモ広場。こんな広場が身近にあるミラノっ子がうらやましい 左:教会内部へは無料で入れる。美しいステンドグラスは見る価値大!

カメラ
Pointはココ!
正面向かって左側の道を教会の奥の角まで歩いてみて。違った表情に出合える!

ミラノで最も有名なランドマーク
ドゥオーモ
Duomo

1386年から500年もの歳月をかけて建てられたゴシック建築の傑作で、ミラノの代名詞ともいえる。世界で2番目に大きい大聖堂は3400体もの彫像で装飾され、天気によって大理石の色が微妙に変わって見える。

Map 別冊P.29-C1 ドゥオーモ

🏠Piazza del Duomo ☎02-361691 ⏰大聖堂8:00～19:00、屋上9:00～19:00(ともにチケット販売は18:00まで) 休無休(屋上のみ5/1、12/25) 料大聖堂、博物館の共通券€8、大聖堂、テラス(エレベーター)、博物館の共通券€16、大聖堂、テラス(階段)、博物館の共通券€22 📍M1・3号線Duomo駅からすぐ URLwww.duomomilano.it

ミラノのお散歩はココからスタート
絶対外せない3大スポットへGO!

主要観光スポットがコンパクトにまとまっているミラノの町。中心的存在のドゥオーモや、『最後の晩餐』で有名なサンタ・マリア・デッレ・グラツィエ教会、イタリアを代表する美術館のブレラ絵画館など……。全部一気に回っちゃおう。

マドンニーナに
会いに行こう!

行ってみよ

① チケットを購入。屋上へは階段かエレベーターで

いらっしゃい

② ゴシック建築のディテールが見られる

③ 135本の尖塔があり、先端には聖人の彫像が!

精巧な
細工!

いたー!

④ 屋根の上を歩き、最後はマドンニーナとご対面!

毎月第1日曜は
無料だよ!

イタリア屈指の美術館
ブレラ絵画館
Pinacoteca di Brera

15～18世紀のロンバルディア派とヴェネツィア派の作品が中心だが、現代美術や彫刻も収蔵されている。アーチの回廊がある美しい中庭もある。

Map 別冊P.26-B3 ブレラ

🏠Via Brera 28 ☎02-72105141 ⏰8:30～19:15 (チケット販売は18:00まで) 休月、1/1、12/25 料€15 📍M3号線Montenapoleone駅から徒歩10分 URLpinacotecabrera.org

見逃せない
必見作品はこちら!

ヨセフと結婚
します

ラファエッロ
『聖母の婚姻』
(24室)

マンテーニャ
『死せるキリスト』(7室)

復活された
キリスト様
では…?

カラヴァッジョ
『エマオの晩餐』(29室)

フランチェスコ・アイエツ
『キス』(37室)

夜、ライトアップされたドゥオーモが幻想的で忘れられません。(神奈川県・けいこ)

連続する
アーチが美しい

じっくり
見学してね

スフォルツァ家が勢力を振るった時代に、建築家ソラーリによって完成。八角形のドームと回廊の後陣は、ルネッサンス期の天才建築家ブラマンテによるもの。日本語オーディオガイドのレンタルも可能（有料）。

Map 別冊P.28-B1 ドゥオーモ周辺

⌂Piazza S.M. delle Grazie 2 ☎02-4676111
⏰『最後の晩餐』見学8:15〜18:45、教会10:00〜12:20、15:00〜17:30（土・日・祝 15:30〜17:30）『最後の晩餐』月 『最後の晩餐』見学料€15 『最後の晩餐』は必要 M1・2号線Cadorna駅から徒歩8分 URL legrazie
milano.it

教会内部はブラマンテが手がけたルネッサンスの建築空間

レオナルド・ダ・ヴィンチ作
『最後の晩餐』は必見！

Ultima Cena (Cenacolo Vinciano)
1495〜1498年頃

キリストが12人の弟子に向かって、自分を裏切る弟子の存在について語っている様子を表現した作品。空間構成、神秘的な光線、人々の控えめな表情など、ダ・ヴィンチの巧みな技を感じる。修道院の食堂の壁画として描かれた。

ユダはどこにいる？
従来ユダだけがテーブルの手前に座る、光輪がないなどで裏切りを表していたが、ダ・ヴィンチは全員を横並びに配置し、キリストやほかの使徒にも光輪を描いていない。ユダの手にはキリストを売ったお金が握られ、顔には光が当たらないようになっている。

レオナルド・ブルー
過去何度も修復されているが、唯一青色が、ダ・ヴィンチが描いた色に近いとされている。

バルトロマ / 小ヤコブ / ペテロ / ヨハネ / トマス / ピリポ / ダダイ / アンデ / ユダ / イエス・キリスト / 大ヤコブ / マタイ / シモン

ダ・ヴィンチの最高傑作
サンタ・マリア・デッレ・
グラツィエ教会（最後の晩餐）
S. Maria d. Grazie

目に焼き
つけてね

テーブルクロスに注目！
テーブルクロスには折りシワまであり、突如集められたイエスに告白された急場を物語る。

宝石入りの絵の具で描かれた!?
聖人たちの洋服の襟部分には、黄金やラピスラズリなどの宝石を使用。スフォルツァ家の財力が想像できる。

足の甲は重なっていたらしい…
キリストの消えた足元部分は食堂に通じる出入り口だった。足は十字架に処されたとき同様、甲を重ねていたとされている。

消失点を探せるかな？
遠近法を使って描くにあたり、中心点となる場所。ここが中心となり奥行きを測るための線が引かれていった。

予約方法 鑑賞時間は15分の入れ替え制、各回最大35人。チケットは2〜3ヵ月前に発売。完全予約制なので発売されたら早めの予約がおすすめ。当日は予約時間の30分前までに受付窓口で予約番号、パスポートを提示してチケットと引き換える。
● インターネット予約（英語・イタリア語） URL cenacolovinciano.vivaticket.it
希望日時、人数、氏名、クレジットカード情報、メールアドレスなどを画面の指示に従って選択、決済が完了すると予約番号が表示される。登録したメールアドレスにも送られてくる。予約時間の24時間前までは名義変更が可能。完売になっていても空きが出る場合があるのでこまめにチェックを。
● 当日予約 当日空きがある場合は受付窓口で予約ができるので、朝イチで並んでみるのも手。ただし、空きの有無は行ってみないとわからず、長い列もできている。
● オプショナルツアー 公式サイトで完売する日時でも予約できる場合がある。公式サイトより料金が高くなるが、日本語の対応も可能。

3月9日のチケット2枚、予約したいです
ヴォッレイ・プレノターレ・ドゥエ・ビリエッティ・ペル・イル・ノーヴェ・マルツォ
Vorrei prenotare due biglietti per 9 Marzo.
Please make a reservation
for 2 persons on March the 9th.

電話で予約するなら

予約番号をもう一度お願いします
プオ・リペーテレ・イル・ヌメロ・ディ・プレノタツィオーネ？
Può ripetere il numero di prenotazione?
Please repeat the reservation number.

2015年12月より『最後の晩餐』を鑑賞する旅行者に限り、写真撮影が可能に！ フラッシュ、自撮り棒、動画撮影はNG。

ダ・ヴィンチとともに歩く ミラノとっておきのお散歩コース

土木工学や軍事兵器などの開発に力を入れた、ダ・ヴィンチのミラノ生活。技術者としてのズバ抜けた才能は博物館で。画家本来の天才ぶりは、絵画館とスフォルツァ城で実感しよう。ダ・ヴィンチの足跡をたどれば、ミラノの名所が散策できちゃう。

わしのことを思いながら歩いておくれ

おいらが案内するぜ

彼は今でもスターよね

TOTAL 9時間

ダ・ヴィンチおさんぽ TIME TABLE

10:00	アンブロジアーナ絵画館
↓ 徒歩18分	
13:00	レオナルド・ダ・ヴィンチ記念国立科学技術博物館
↓ 徒歩7分	
14:30	パルティッチェリア・ビッフィ
↓ 徒歩5分	
15:30	サンタ・マリア・デッレ・グラッツィエ教会
↓ 徒歩13分	
16:00	スフォルツァ城
↓ 徒歩6分	
18:00	ラ・ボッテガ・デル・ヴィーノ・ミラノ

Via Legnano
Via Vincenzo Monti
Via Boccaccio
Ⓜ Conciliazione
Corso Magenta
Via Caradosso
Via S. Vittore
Ⓜ S.Ambrogio
Via Olona
Via G. Carducci
サンタンブロージョ聖堂
カトリック大学
リッタ宮
Cadorna Ⓜ
Piazza Castello
Ⓜ Cairoli
V.Brisa
Via Meravigli Ⓜ Cordusio
Via Moneta
Via Cordusio

守護聖人を祀るサンタンブロージョ聖堂

『ダ・ヴィンチ作「音楽家の肖像」』

2　13:00
ダ・ヴィンチの偉大さを実感

レオナルド・ダ・ヴィンチ記念国立科学技術博物館

Museo Nazionale della Scienza e della Tecnologia "Leonardo da Vinci"

科学技術に関する資料や模型のほか、鉄道や飛行機の実物まで展示されている。ダ・ヴィンチ展示室には、彼の残したデッサンをもとに作られた興味深い模型がいっぱい。

Map 別冊P.28-B2

🏠 Via San Vittore 21 ☎02-485551 ⏰9:30～17:00(土・日・祝は～18:30。チケット販売は閉館30分前まで) 🗓月(祝は除く)、1/1、12/24・25 💶€10 🚇M2号線S. Ambrogio駅から徒歩1分 URL www.museoscienza.org

1.通路が広く見学しやすい　2.ダ・ヴィンチ生誕500年を記念して建てられた　3.説明とともに模型を展示

館内には科学実験などのワークショップもある

ダ・ヴィンチすごい!

1
数少ない男性肖像画は貴重　10:00

アンブロジアーナ絵画館

Pinacoteca Ambrosiana

一般公開された世界初の美術館といわれ、図書館や学校も併設する学術研究の場として知られる。ダ・ヴィンチ『音楽家の肖像』、カラヴァッジョ『果物籠』は必見。

1.ミラノ司教の邸宅を絵画館に。おもにロンバルディア派、ヴェネツィア派を所蔵
2.十数点しかない油彩画で唯一の男性肖像画

建物前にはダ・ヴィンチの日時計が

Map 別冊P.29-C1

🏠Piazza Pio XI 2 ☎02-806921 ⏰10:00～18:00(チケット販売は17:30まで) 🗓火、1/1、復活祭、12/25 💶€15 🚇M1・3号線Duomo駅から徒歩4分 URL www.ambrosiana.it

---

170　スフォルツァ城の中庭は芝生が広く、のんびりしていて気持ちよかった。(鳥取県・よっぴぃ)

センピオーネ公園　ミラノ中央駅
スフォルツァ城
ドゥオーモ

Map 別冊P.24～25

1.店内はカウンターとテーブル席に分かれる
2シャンティリークリーム入りシューほか €2～

コーヒーで
ひと休み♪

3 街角に建つ有名菓子店 14:30
パスティッチェリア・ビッフィ
Pasticceria Biffi

Map 別冊P.28-A1

1847年創業の伝統あるパスティッチェリア。ドルチェは、すべてイタリア産の材料で作られる。コーヒーや紅茶、チョコラータと一緒に味わおう。

🏠Corso Magenta 87 ☎02-48006702 ⏰6:30～20:30 🚫12/25午後 💰€5～ [Card]A.M.V. 不要 WiFiなし 🚇1号線Conciliazione駅から徒歩2分 [URL]www.biffipasticceria.it

教会内部も見どころ満載！人気スポットだよ

わしの絵は15分間しか見られんぞ！

1.ハガキなら、たった€1でダ・ヴィンチの傑作をお持ち帰りできる 2ダ・ヴィンチを模ったしおり€2.50

4 ダ・ヴィンチの名作を求めて！ 15:30
サンタ・マリア・デッレ・グラツィエ教会
Santa Maria delle Grazie

名建築家ブラマンテが改築したという、ルネッサンス期最大の建築物。ダ・ヴィンチの名作『最後の晩餐』の鑑賞は事前予約が必要。

詳しくは→ P.169

ダ・ヴィンチとともに歩く

5 中世へタイムスリップ 16:00
スフォルツァ城 Castello Sforzesco

ミラノの実権を握ったヴィスコンティ家の城跡に、スフォルツァ公爵が住居兼要塞として建築。現在は博物館になっている。ルネッサンス期の宮殿をのぞいてみよう。

Map 別冊P.26-A3、28-B1

🏠Piazza Castello ☎02-88463700 ⏰城7:00～19:30、博物館10:00～17:30（チケット販売は16:30まで）🚫城は無休、博物館は月、1/1、5/1、12/25 💰城は無料、博物館€5 🚇1号線Cairoli駅・Cadorna、2号線Lanza駅・Cadorna駅から徒歩3分 [URL]www.milanocastello.it

ミケランジェロ作！

1.城前の広場も気持ちいい
2.博物館内のダ・ヴィンチ作『アッセの間』は必見！
3.話題の作品、ロンダニーニのピエタ像

わしの栄光をミラノの町で知るがよい！

ダ・ヴィンチとミラノ
1482～99年の17年間をミラノで過ごした、ダ・ヴィンチ。このとき、ミラノ公に気に入られ依頼されて描いたのが『最後の晩餐』だ。スカラ広場には、ダ・ヴィンチの像が堂々と立っている。

Map 別冊P.26-B3、29-C1

たくさん食べてね♪

6 900種の豊富なワインが自慢 18:00
ラ・ボッテガ・デル・ヴィーノ・ミラノ
La Bottega del Vino Milano

有名リストランテ、マルケージで修業したシェフが腕を振るう料理は、伝統的ながら洗練されたもの。ワインはもちろん、カクテルも豊富で料理に合った1杯を作ってくれる。

Map 別冊P.26-A2

🏠Piazza Lega Lombarda 1 ☎02-34593030 ⏰17:00～翌2:00 🚫復活祭・復活祭翌日、8月に2週間、12/24～1/6 💰€50～ [Card]A.D.M.V. 👔望ましい WiFi無料 🚇2号線Moscova駅から徒歩5分

1.フォアグラのブリオッシュ添え 2ジントニック€10～35 3チョコムース入りカンノーロ 4ウサギ肉のラグーソースパスタ

ダ・ヴィンチは、ナヴィリオ運河（→ P.27）の設計にも関わったといわれている。

カツレツとリゾットはも
おいしい料理があるんで
愛してやまない地元料

オッソブーコとミラノ風リゾット
Ossobuco con Risotto alla Milanese
€30
仔牛の骨付きスネ肉の煮込みとサフラ
ン、パルミジャーノチーズ、バターで味
付けしたリゾット **C**

カツレツ "プリマヴェーラ"
Cotoletta con l'Osso "Primavera"
€20
薄くたたいた骨付き豚肉をゴマと
ピーナッツオイルで揚げ、トマトの
マリネをのせたもの。本来は牛肉を
バターで揚げ焼きにする **A**

ピッツァ並みに
デカイよ！

ミラノ風トリッパ
Busecca
€16
ほかの都市でも見かけるトリッパ
（牛肉の胃袋煮込み）に、インゲン
豆のスープを加えたもの **B**

ミラノNo.1カツレツをいただきます！
ダ・マルティーノ
Da Martino

1950年から続くピッツェリア兼トラッ
トリア。今では、ミラノいちおいしい巨
大カツレツが食べられる店として話題。

Map 別冊P.26-A1 ガリバルディ

⌂ Via Carlo Farini 8 ☎02-6554974
🕐12:00〜14:30、19:30〜23:00
🚫月、8月に数週間 🍴ランチ€20〜、ディナー
€30〜 Card M.V. 🍷望ましい 🚬不可 Wi-Fiなし
Ⓜ5号線Monumentale駅から徒歩5分
URL damartino1950.com

鉄道マンを癒やし続けた伝統料理店
ロステリア・デル・トレノ
L'osteria del Treno

国鉄の社員食堂だったレストラン。北
イタリアの地産地消にこだわり、スロー
フード協会が認定する食材も多数使用。

Map 別冊P.27-C1 レプッブリカ

⌂ Via San Gregorio 46 ☎02-6700479
🕐12:00〜15:00、19:30〜23:00（土19:30〜
23:00）🚫日、8月に2週間、12/25〜1/6 🍴ラ
ンチ€4.70〜、ディナー€32〜 Card M.V. 🍷望ま
しい 🚬可 Wi-Fiなし Ⓜ3号線Repubblica
駅から徒歩4分 URL www.osteriadeltreno.it

1960年代の家庭がテーマ
リーゾエラッテ
Risoelatte

インテリアや食器、音楽までが1960年代と
いうノスタルジックなお店。料理は伝統に
今風のエッセンスをプラスしている。

Map 別冊P.29-C1 ドゥオーモ周辺

⌂ Via Manfredo Camperio 6 ☎02-39831040
🕐12:30〜15:30（L.O.14:00）、19:30〜23:30（L.O.
21:30）🚫1/1、12/25・26・31 🍴€30〜
Card A.D.M.V. 🍷必要 🚬不可 Wi-Fiなし
Ⓜ1番線Cairoli駅から徒歩2分 URL www.risoelatte.
com ⌂ Ticinese店

カツレツといえば、ダ・マルティーノ！ プリマヴェーラ（トマトのマリネ）は、ジャガイモに変更できますよ。（静岡県・S）

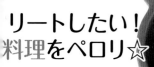

リートしたい！
料理をペロリ☆

ちろん、それ以外にも
す！ ミラネーゼたちが
理をいただきます♪

カッスーラ
Cassoeula
€16 🅱
腰肉や皮など、さまざまな豚肉の
部位とキャベツを煮込む。キャベツ
に豚のうま味が染み込んでいる

オリジナル
メニューです

リーゾ・エ・
ラッテ・"ヴィオラ"
Riso e Latte "Viola"
€16 🅲
燻製スカモルツァの
スモーキーな風味がする
リゾットは、ビーツクリームで
ピンク色に

ミラノ風カツレツ
Cotoletta di Vitello
alla Milanese con l'Osso
€30 🅲
仔牛肉に卵とパン粉を付けてバターで揚
げたもの。分厚く骨が付いている肉を使う
のが本来のミラノ風

ミラノの前菜盛り合わせ
Misto
Milanese
€14 🅱
上から時計回りに、
ミラノサラミ、ラルド、牛肉
パテ、サルヴァ（クレマ産
チーズ）、旬野菜の
マリネが入る

こちらも名物！

ミラノ料理は黄金色！？
かつてミラノは、経済的に豊か
で富の象徴として料理も黄金に
仕上げられた。そのため、「ミ
ラノ風」と名の
つく黄金
色の料理
が多い。

並ばないイタリア人が並ぶ！？
ミラノの2大行列グルメ

ラノで行列する店といえばここ！

レイーニ Luini
イタリア名物、パンツェロッティ（揚
ザパン）の店。軽い食事には総菜
を、お茶には甘味系をどうぞ。

モッツァレラ＆トマトソース入り€2.80

Map 別冊 P.29-D1 ドゥオーモ周辺

🏠Via Santa Redegonda 16 ☎02-86
61917 🕐10:00～20:00
泊。夏季に数週間 Ⓑ€2.80～ Card不
不要 菜 英〇 田下なし
M1・3号線Duomo駅から徒歩3分
URL www.luini.it

軽いランチ
にもいいよ

生地や具の種類
が多く、無数の
組み合わせあり

たくさん作っても売れちゃう人気店

GBバール GB Bar
レシピ数150を誇るパニーノで有名な
バール。地元っ子が食べている普通の食
事を、観光客が体験できる貴重な一軒。

Map 別冊 P.29-D1 ドゥオーモ周辺

🏠Via Agnello 18 ☎02-863446 🕐7:00
～18:30 （土9:00～
19:00） 🅓日 Ⓑ€8～
CardM.V. 予不要 菜
英〇 田下なし M1・3
号線Duomo駅から徒歩4分

最高級生ハムのク
ラテッロとモッツァ
レラ入り€6

パニーハ
€6～

燻製したカジキ
とモッツァレラ
入り€6

デザイン発信地のカフェタイムはおしゃれ空間で

1. 1880年に建てられた馬車庫付きの宿舎の面影を残した店内　2. リコッタ＆レモンのケーキ€4とカフェ€2

私は常連なのよ

刻まれた時間を感じられるカフェ

Café Gorille　カフェ・ゴリッレ

1日中何か食べられるフランスのビストロがお手本。リラックスした雰囲気のなかで、生産者から届く新鮮食材を使った料理やスイーツをいただける。

Map 別冊P.26-B1　ガリバルディ

🏠 Via Gaetano de Castillia 20
☎02-6887627　🕗8:00〜24:00
（金〜翌1:00、土10:00〜翌1:00）
🈳月、1/1、復活祭・復活祭翌日、8月中旬に10日間、12/25・26・31
💴€3.50〜　**Card** A.D.M.V.
不要　英▶　WiFi無料　Ⓜ2・5
号線Garibaldi F.S.駅から徒歩10分
URL www.cafegorille.it

ごはんもおいしい！

カボチャとショウガのクリームソースのパスタ、オレッキエッテ

1. フレッシュラズベリーのタルト€7とアメリカーノ€1.70　2. グレーや黒に木目調を合わせたインテリア

朝食やランチもあるよ

おうちにいるような心地よい空間

Pavé　パヴェ

落ち着いた雰囲気と味が評判のカフェ。ドルチェは、イタリアのほかにフランスやアメリカのレシピをアレンジしたものもある。

Map 別冊P.27-C2　レプッブリカ

🏠 Via Felice Casati 27
☎02-94392259　🕗8:00〜
21:00（土・日8:30〜19:00、
ランチ12:00〜15:00）🈳月、
復活祭・復活祭翌日、5/1、8
月中旬に1週間、12/25
💴€4〜　**Card** M.V.　不要
英▶　WiFi無料　Ⓜ3号
線Repubblica駅から徒歩5分
URL www.pavemilano.com

ごはんもおいしい！

サワードウで作ったクロワッサンにハムとフォンティーナチーズを挟んで。€5.50

ミラノはおいしいジェラテリアが急増中♪

BUONO
Gelato

CIACCO

ピスタチオ×ジャンドゥーヤ×マルサラ酒クリーム
Pistacchio×Gianduia×Notte in Oriente

アプリコット×レモン＆バジル
Albicocca × Limone e Basilico

フルーツの味をしっかり、さわやかなソルベッタ€3

オリジナルのマルサラ酒クリームは、シナモンやカルダモン入り。€3

ヘルスコンシャスなジェラテリア

Ciacco　チャッコ

ベルガモ店、パルマ店を成功させミラノに進出。フードサイエンスを学んだオーナーによるヘルシーな味わいが話題に！

Map 別冊P.29-C1　ドゥオーモ周辺

🏠 Via Spadari 13　☎02-39663592
🕗8:00〜20:00（土12:00〜、日14:00〜）
🈳1/1、復活祭、12/25　💴€3〜　**Card** A.D.M.V.
不要　英▶　WiFi無料　Ⓜ1・3号線
Duomo駅から徒歩3分　URL www.ciaccogelato.it

✉私は牛乳アレルギーなのですが、イタリアには牛乳不使用のジェラートがたくさんあっておいしく食べられました！（京都府・Y.Y.）

過ごしたい♥

旅行中の町歩きでクタクタになったときの癒やしスポットをご紹介。ミラノなら味だけじゃなくおしゃれなインテリアも楽しめちゃう！

1. 店内はシンプルでスタイリッシュ　2. 左から、シナモン・ロール€2.80、エスプレッソ€2（テーブル）、カプチーノ€2.50、カルダモン・ロール€3

日替わりランチもあるよ

世界各国の要素を取り入れたカフェ

Loste Café　ロステ・カフェ

デンマークの名店ノーマなどで経験を積んだペストリーシェフとソムリエがオープン。こだわりのスペシャルティコーヒーやワインと一緒にパンを楽しめる。

Map 別冊P.27-D3　トリコローレ

🏠 Via Francesco Guicciardini 3　☎02-45375475　🕐8:00～17:00（日～14:00）　🚫12/24午後・25～1/3　💰€6～　Card A.J.M.V.　予不要　映不可　WiFi無料　Ⓜ4号線Tricolore駅から徒歩2分　URLlostecafe.com

朝から晩までいつ行っても大満足

Pasticceria Gelsomina
パスティッチェリア・ジェルソミーナ

季節の食材を大切にしたメニューはその数が多く、スイーツや軽食だけでなくしっかりとした食事やアペリティーボもできる。ミラノの若者の間で人気が爆発したマリトッツォもぜひ。

Map 別冊P.27-C2　レプッブリカ

🏠 Via Carlo Tenca 5　☎02-6671 3696　🕐8:00～18:30　🚫8に3日間ほど　Card A.D.M.V.　予不要　映不可　WiFi無料　Ⓜ3号線Repubblica駅から徒歩2分　🏠 Via G. Fiamma店 URLpasticceriagelsomina.it

広々明るいお店ですよ

1. ベリーとレモンクリームのタルト€8とリンゴ、ニンジン、ショウガのジュース€6.50　2. 南イタリアをイメージしてタイルなどを使っている

レモン、クミン＆ジンジャー
Limone, Curcuma & Zenzero
さっぱりレモンにターメリックとジンジャーがアクセント。€3.20～

スプリゾローナ×ロースト小麦
Sbrisolona×Farro Toast
バター＆アーモンドのタルトに炒った小麦を合わせて。€3.20～

ヘーゼルナッツ×チョコレート×ピスタチオ
Nocciola×Cioccolato×Pistacchio Crudo
定番フレーバー3種。濃厚ながら優しいおいしさ。€3.20～

定番からユニークなフレーバーまで

Pavé Gelati & Granite
パヴェ・ジェラーティ＆グラニーテ

口の中でフワッと溶けるジェラートは、素材の味を楽しんでほしいと甘さと油分が控えめ。甘さが残らないのでいくらでも食べられそう。

Map 別冊P.29-D1　ドゥオーモ周辺

🏠 Via Cesare Battisti 21　☎02-37905498　🕐13:00～19:30（土・日14:00～20:00）　🚫夏季に数週間　💰€3.20～　Card M.V.　予不要　映不可　WiFiなし　Ⓜ1号線San Babila駅から徒歩10分　URLwww.pavemilano.com　🏠 Via Cadore店

パヴェ・ジェラーティ＆グラニーテのフレーバーは、普段の食事からもインスピレーションを受けているそう。

ミラノの ナイトライフは アペリティーボ からスタート★

ディナー前にサクッと1杯。イタリア全土で見られる習慣はミラノが発祥。地元スタイルで夜を楽しむなら、まずはお酒で乾杯しよう。

友人4人で開いたお店だよ

スパークリング好きならマスト！
Il Secco
イル・セッコ

扱うイタリア産スプマンテはなんと120種以上。ミラノで飲めるのはここだけというものも。おつまみに使う食材は質のいいおいしいものばかり。

▼全部スパークリング！

グラスでは7種ほどを飲める。小規模生産者から仕入れたものも多い。

Map 別冊P.24-B3
ナヴィリオ
🏠 Via Fumagalli 2
☎ 02-48677328　🕐 17:00〜24:00（金・土〜22:00）
🚫 1/1、6月に数週間、12/24〜26　💶 €10〜
🪑 M.V.　👔 不要
🅿 無料　🚇 2号線P.ta Genova F.S.駅から徒歩7分
🌐 www.ilsecco.com

1. 内装は自分たちで仕上げた　2. ハムとチーズの盛り合わせ€10〜とフランチャコルタ€7〜/グラス　3. プロセッコ€5〜/グラス。おつまみが付く

1. テラス席でゆっくりとくつろぎたい　2. ウイスキーベースのカクテル€10　3. ウオッカとパッションフルーツのカクテル€10　4. 改装したばかりの店内

▼ディナーもぜひ！

旬の素材を取り入れたシェフの創作料理。見た目でも楽しめる。

料理学校が経営するレストラン
Al Cortile
アル・コルティーレ

キッチンでは元生徒のシェフと生徒が一緒に組んで腕を振るう。アペリティーボは19〜21時。定番のほか、「ローマ料理」など月替わりのテーマメニューも提供。

お酒にはスナック類が付きます

Map 別冊P.25-C3
ナヴィリオ
🏠 Via Gioviale 7
☎ 345-4020347
🕐 19:00〜翌1:00　🚫 日
💶 €6〜　🪑 A.M.V.
👔 不要　🅿 無料　🚇 2号線P.ta Genova F.S.駅から徒歩17分
🌐 www.alcortilei.com

ナイトライフはアペリティーボからスタート★

アペリティーボって？

アペリティーボとは食前酒という意味で、ディナーの前にお酒と軽食を食べる習慣のことも表すようになった。スタイルはドリンクにおつまみプレートが付くものやビュッフェ形式のおつまみが付くものなどお店によってさまざま。大体18〜21時頃まで。

ドゥオーモを眺めながらアペろう

Terrazza Aperol
テッラッツァ・アペロール

イタリア生まれのリキュール、アペロール社が手がけるバーは、目の前がドゥオーモという好立地。テラス席が◎。

Map 別冊P.29-C1 ドゥオーモ周辺

マストドリンクはこれ！
アペロールを白ワイン＆ソーダで割ったアペロール・スプリッツ €19は必飲！

🏠Piazza Duomo angolo Galleria Vittorio Emanuele II ☎なし ⏰11:00〜23:00(土・祝)〜 ⏰無休 €3 💳A.D.M.V. 🈂不要 🅿無料 🚇M1・3号線Duomo駅からすぐ 🔗ilmercatodelduomo.it

がんがんカクテル作るぞ〜

1. インテリアはオレンジがアクセント 2. テラスの特等席を狙って 3. アペリ時間にはカクテルにおつまみ（写真は2人分）が付く。各€19

Mag Cafe
マグ・カフェ

オリジナルカクテルがおいしい店

薬局だった店舗をそのまま使った店内。毎月登場する新作のオリジナルカクテルを目当てに来る常連客も。

Map 別冊P.28-B3 ナヴィリオ

1. にぎやかだけど落ち着く店内 2. ユニークなカクテル多数 3. カクテル€10〜11

フレンドリーなお店だよ

🏠Ripa di Porta Ticinese 43 ☎02-39562875 ⏰7:30〜22:00(土・日9:00)〜 ⏰12/31 €10〜 💳M.V. 🈂週末は望ましい 🚇2号線Porta Genova駅から徒歩6分

ベジタリアンもOK！

ピクルスや野菜を使ったベジタリアンのためのおつまみも。リクエストしてみて。

アペリは18時〜20時30分よ

1. レトロでおしゃれなインテリア 2. フレッシュジンジャーとウォッカのカクテル€9〜とおつまみ

アペリのあとはそのままディナーを

Dabass
ダバス

ミラノっ子に人気のカクテルバー＆リストランテ。シェフの記憶のなかのおばあちゃんの味を最新の技術で再現したメニューを楽しめる。

Map 別冊P.25-D3 ポルタ・ロマーナ

おつまみがおいしい！

お酒を頼むと付いてくるのは、ハム、チーズとホームメイドのフォカッチャ。

🏠Via Placenza 13 ☎349-3565436 ⏰18:00〜翌1:00(金・土〜翌2:00、日〜24:00) ⏰月、8月に数週間 €30〜 💳M.V. 🈂食事は望ましい 🅿無料 🚇3号線Porta Romana駅から徒歩5分

177

見やすく陳列されているよ

世界に47店舗展開する食のデパート

コンセプトは"食べる、買う、学ぶ"。イタリア中の約5000の生産者から集めた商品は2万5000種類にも上る。レストランも併設し、メニューに使われる食材はすべて店内で購入できる。

Map 別冊P.26-B2　ガリバルディ

🏠Piazza XXV Aprile 10　☎800-975880　🕐8:30～23:00　🚫1/1、12/25　Card A.D.J.M.V.　🚇M2号線Moscova駅、2・5号線Garibaldi FS駅から徒歩5分　URL www.eataly.net ほか▶フィレンツェ店ほか

劇場だった建物をリノベーション。店内でコンサートを開催することも

Eataly Milano Smeraldo
イータリー・ミラノ・スメラルド店

ジェノヴェーゼ・ペースト
バジル、ニンニク、松の実のペーストは温めてからパスタに絡めて
€6.98

オリーブ
大粒でジューシーなグリーンオリーブはお酒のおつまみにピッタリ
€5.70

リゾットを作ろう！

片口イワシのオイル漬け
ピエモンテではバターと一緒にパンにのせるのが伝統的な食べ方だそう
€5.90

お米
精米時に取れた胚芽を再統合して栄養たっぷりのカルナローリ米
€3.90

肉、魚、野菜何にでも合う

オリーブオイル
フルーティさとスパイシーさが調和したシチリア産。料理の仕上げに使って
€9.90

コーヒー
優しい味わいのアラビカ種。フィルター、フレンチプレス、モカマシンもOK
€5.90

シエナの伝統菓子

パンフォルテ
砂糖漬けしたフルーツやアーモンドが練り込まれた柔らかいケーキ
€7.90

クッキー
1878年から変わらない味で愛され続けるバタークッキー、クルミリ
€20.90

パルミジャーノ
46ヵ月熟成のパルミジャーノ・レッジャーノはシャープな味わい
€41.90/kg

チーズやお肉と一緒に

イチジクのモスタルダ
フルーツをマスタードシロップに漬けて作ったスパイシージャム、モスタルダ
€5.50

 グルメみやげならイータリー！　バラマキからちょっといいものまで何でもあります。(奈良県・聖)

しいレア食材探し

イタリア全土からやってきたおいしい商品がずらり。生産数が少なく、ほかでは見つからないものもあるので、食通さんにも喜ばれるはず。

カフェの奥がショップコーナー。オーガニックコスメも扱っている

厳選アイテムが並ぶオーガニック食材店

オーナーがセレクトするのは丹精込めて作られた小規模生産者のもの。パッケージデザインも意識するが、いちばん大事なのはおいしさ。カフェもあるので買い物後にひと休みできる。

Map 別冊P.27-D3 ダテオ

⌂ Via Macedonio Melloni 33 ☎02-38246796 ◷11:00～14:00、15:30～20:00（月15:30～20:00、土10:15～19:30）休日（11月～12/25は営業）、1/1～6、復活祭・復活祭翌日、8月、12/25・26 Card A.D.J.M.V. M4号線 Dateo駅から徒歩7分 URLwww.terroirmilano.it

ストーリーのある商品ばかりです

Terroir Milano
テロワール・ミラノ

500mℓのボトルです

ジャンドゥイヤ
ビーン・トゥ・バーでジャンドゥイヤは牛乳不使用なのにクリーミー
€16.20

オリーブオイル
4種のオリーブをブレンドしたシラクーザ産オイルは香りが豊かでマイルド
€18.10

ピスタチオ・スプレッド
ピスタチオの風味をそのまま瓶に詰め込んだクリーム。パンやジェラートと一緒に
€15.50

フレーグラ
クスクスのような粒状パスタはサルデーニャの名物。魚介のソースによく合う
€7.40

臭いけどおいしい～！

コラトゥーラ
うま味が凝縮された片口イワシの魚醤。魚介、パスタ、米料理の最後に振りかけて
€22.20

マグロのオイル漬け
脂がのったマグロの腹の部分をシチリア産の有機オリーブオイルに漬けたもの
€26.40

ケッパー
スローフード認定されたシチリア・サリーナ島のケッパー。軽く水洗いして使って
€8.20

フジッローニ・リガーティ
有名レストランでも使われているピエトロ・マッシのショートパスタ
€6.20

トマトソース
希少な古代品種のトマトで作ったソースは香りが強く、味が凝縮されている
€13.10

少数生産のワインだよ

オレンジワイン
パンテッレリーア島のワインはパイナップルやモモのような甘味と酸味がある
€64.80

スーツケースの底辺は安定性が高いけれど、キャスターの衝撃を受けるので割れ物はやや中央寄りに詰めて。

セレクトショップで旬をチェック

MULTI BRAND

ミラネーゼスタイル
セレクト vs. ヴィン

ミラノの町にはファッショニスタがい
もちろん、ヴィンテージをうま

シルクのボー
ルネックレス
各€35

青レンズの
サングラス
€25

花柄の
ブラウス €79

ギンガムチ
ェックの麻
ジャケット
€309

スタンドカ
ラーのコッ
トンブラウス
€139

ラフィアの
ハット
€59

シチリアのデ
ザイナーによ
るプリントT
€53

ヴェネツィアで
作られたバッグ
€245

ナイロンの
バッグとス
トラップ
€23（バッグ）
€15（ストラップ）

さわやかカラ
ーの麻ジャケ
ット
€175

メタルカラー
のポシェット
€55

スマイルマー
クのリング
各€45

バドメ・アミ
ダラのピン
€75

タンザニアの生
地で作ったジャ
ケット
€151

ゆったりしたサロペ
ットワイドパンツ €235

電話のダイ
ヤルが付い
だバッグ
€207

ウエストがア
クセントのス
カート
€207

ストラップ
シューズ
€195

ストライプ
のソックス
€24

重ねタックワ
イドパンツ
€225

ぽってりシル
エットのサボ
€170

収納力たっ
ぷりのバッグ
€225

天然ゴムのリ
ング
各€12

フリンジの付
いたフラット
サンダル
€380

フラワー・マ
ウンテンのス
ニーカー
€195

メンズも
ありますよ

オリジナルシューズはカラ
ーバリエーションが豊富

各€99

ボーダー柄
も多いよ

毎日着られるデザインをセレクト

CivicoNove チヴィコノーヴェ

ほかの人とはちょっと違う服を着たい気持ちを
満たしてくれる品揃えが評判。メイド・イン・イ
タリーのイタリアンブランドも多く扱っている。

Map 別冊P.27-D2　ポルタ・ヴェネツィア

シューズデザイナーが開いたショップ

Bottegatre ボッテガトレ

インテリアや家具からどんな服が合うかイメージ
してセレクト。ふたつの価格帯のアイテムを扱い、
高いものとお手軽なものを組み合わせて楽しめる。

Map 別冊P.28-A3　ポルタ・ジェノヴァ

🏠 Via Tortona 12　☎02-25134675　🕐10:30〜19
⊗月・日　CardA.D.J.M.V.　Ⓜ2号線Porta Genova F.S.駅か
ら徒歩5分　URLwww.bottegatre.com

🏠 Via Bartolomeo Eustachi 33　☎02-84070913
🕐10:00〜19:30（月15:00〜、日15:00〜19:00）
⊗1/1・10〜16、復活祭・復活祭翌日、8月に2週間、
12/25・26。　CardA.M.V.　Ⓜ1号線Lima駅から徒歩6
分　URLwww.civiconove.com

Wait and Seeというショップがお気に入り。スタッフさんもみんなおしゃれでした。（秋田県・マロン）

をまねしたい！
テージファッション

っぱい。最旬のトレンドファッションは
く取り入れるのがミラネーゼ流。

一点物ヴィンテージをゲット

VINTAGE

1960年代の
イヤリング
€90

存在感のある
ネックレス
€175

チョーカー
ネックレス
€95

シャネルの
ネックレス
€1008

1990年代の
シャネルのバッ
グ
€2850

七宝焼のよう
なネックレス
€45

50～60年代
イタリアの
ワンピース
€300

ウンガロの
ブレスレット
€150

パステルグ
リーンのハイ
ヒール
€120

ピンクのサ
テンワンピー
スはプラダ
€330

ツーピースのような
クロエのワンピース
€425

フェンディ
のバッグ
€375

オリジナル
もあるよ！

人気のバン
ダナ柄サロ
ペット
€275

シックな色のフラ
ットシューズ
€85

1920～30年
代のシースル
ーバッグ
€130

クローバー
が型押しさ
れた財布
€85

ストライプワ
ンピースはフ
ィンランド製
€220

デッドストッ
クのワンピ
ースは1970
年代のもの
€150

落ち着いた紫
色のアンクル
ブーツ
€75

ミッソーニのウ
ェッジソール
€150

ドレスも普段使いの洋服も
Madame Pauline Vintage
マダム・ポリーン・ヴィンテージ

20世紀半ばのパリのアパルトマンをイメージ
した店内には、ハイブランドからお手頃なも
のまで並ぶ。アクセサリーの品揃えが豊富。

Map 別冊P.26-A3、29-C1 スフォルツァ城周辺

プラダのヨット
形ブローチ
€170

♠ Foro Buonaparte 74　☎02-49431201　🕐 10:00～
14:00、15:00～19:30（月12:30～14:00、15:00～19:30）
休祝、8月に1週間　Card A.M.V.　Ⓜ M2号線Cairoli駅から徒
歩1分　URL www.madamepaulinevintage.it

カラフルなワンピがいっぱい
Pourquoi Moi Vintage
プールクワ・モワ・ヴィンテージ

仕事にもアクセサリーを着ければ夜のお出か
けもOKなカジュアルシックが得意。仕立て
職人が手がけた洋服を中心に揃えている。

Map 別冊P.28-B3 ナヴィリオ

北欧のものも
たくさん

♠ Via Mario Fusetti 7　☎339-5792838　🕐13:00～
19:00（日14:00～18:00）　休月、8月に1週に1週間、12/20～29
Card D.M.V.　Ⓜ M2号線Porta Genova F.S.駅から徒歩7分

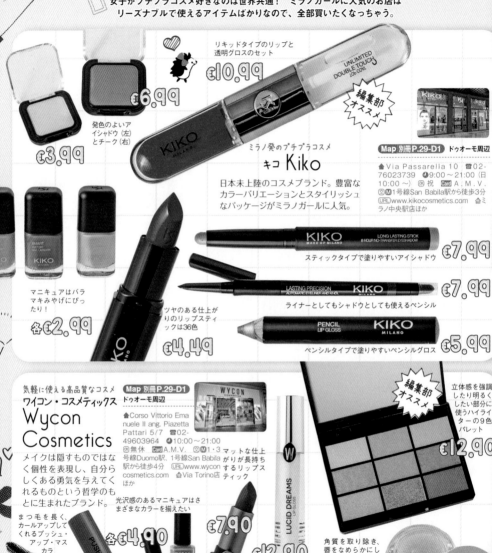

あれもこれも欲しくなる！
使えるコスメをプチプラ買い

女子がプチプラコスメ好きなのは世界共通！ ミラノガールに人気のお店は
リーズナブルで使えるアイテムばかりなので、全部買いたくなっちゃう。

リキッドタイプのリップと
透明グロスのセット

€10.99

€6.99

発色のよいアイシャドウ（左）とチーク（右）

€3.99

ミラノ発のプチプラコスメ

キコ Kiko

日本未上陸のコスメブランド。豊富なカラーバリエーションとスタイリッシュなパッケージがミラノガールに人気。

Map 別冊P.29-D1 ドゥオーモ周辺

🏠 Via Passarella 10 ☎02-76023739 🕘9:00～21:00（日10:00～）🈺 祝 Card A.M.V. 🚇M1号線San Babila駅から徒歩3分 URL www.kikocosmetics.com 🔵ミラノ中央駅店ほか

マニキュアはバラマキみやげにぴったり！

各€2.99

ツヤのある仕上がりのリップスティックは36色

€4.49

スティックタイプで塗りやすいアイシャドウ
€7.99

ライナーとしてもシャドウとしても使えるペンシル
€7.99

ペンシルタイプで塗りやすいペンシルグロス
€5.99

編集部オススメ

気軽に使える高品質なコスメ

ワイコン・コスメティックス

Wycon Cosmetics

メイクは隠すものではなく個性を表現し、自分らしくある勇気を与えてくれるものという哲学のもとに生まれたブランド。

Map 別冊P.29-D1 ドゥオーモ周辺

🏠Corso Vittorio Emanuele II ang. Piazetta Pattari 5/7 ☎02-49603964 🕘10:00～21:00 🈺無休 Card A.M.V. 🚇M1・3号線Duomo駅、1号線San Babila駅から徒歩4分 URL www.wyconcosmetics.com 🔵Via Torino店ほか

マットな仕上がりが長持ちするリップスティック

光沢感のあるマニキュアはさまざまなカラーを揃えたい

立体感を強調したり明るくしたいハイライターの9色パレット

€12.90

まつ毛を長く、カールアップしてくれるプッシュ・アップ・マスカラ

€7.90

各€4.90

€7.90

€12.90

唇に輝きを与えるリップグロスで仕上げを。保湿効果もあり

角質を取り除き、唇をなめらかにしてくれるリップスクラブ

€9.90

編集部オススメ

PUPAとWyconというブランドは、かわいいパッケージのコスメがありました。（福岡県・かおるる）

オリーブオイルの
入ったマルセイユ
石鹸
€2.28

マーカーの
ようなペン
先で書きやす
いアイライナー
€8.50

長時間ボ
リュームを
キープしてくれ
るマスカラ
€15

ウォーターブルー
プのスティックア
イシャドウ
各€16.50

PUPAのアイ
シャドウは個性
派カラーの組
み合わせが◎
€14.75

全国に500以上の店舗を構える

ティゴタ Tigotà

コスメ、トイレタリー用品、洗
剤などを扱う日用雑貨店。長年
愛されているブランドのほかオ
リジナル商品も扱っている。

編集部
オススメ

Map 別冊 P.29-C2 ドゥオーモ周辺

🏠 Via Torino, 14 Ang. Via Stampa 📞02-80503467 🕘9:00〜
20:00（日10:00〜）🚫1/1, 復活祭、12/25 💳M.V. Ⓜ3号線
Missori駅から徒歩8分 🔗www.tigota.it ● Via Filzi店ほか

マットで立体的な
仕上がりになる
リップシャドウ
各€5.90

ハンドクリーム
は華やかなロー
ズの香りに
癒やされたい
€2.99

ボトルがかわい
いボディローショ
ンはイチジク
の甘い香り
€4.99

オーツ麦とカレン
デュラのフェイス
ミストは肌の赤み
を抑える鎮静効果
も
€4.50

保湿力抜群
のカタツムリ成分
配合シートマスク
€2.99

割れやすい爪を
保護するネイル
ストレングスナー
はオリーブオイル
を配合
€9.40

使い切りのフェイス
パックはザクロ成分
入りのエイジングケ
アタイプ
€1.99

アルガンオイルが配合
されたハンドソープ
€3.50

ホホバオイルが入っ
た色付きリップバー
ムはヌーディカラー
をセレクト
€7.65

編集部
オススメ

スーパーでもリーズナブルなフェイスケア＆ボディケアアイテムが見つかっちゃう！

エッセルンガ→P.39

ローズウォーターのク
レンジングシートは低
刺激なので敏感肌でも
OK
€2.03

1878年創業
のメーカー
が手がける
イタリア版
ベビーパウ
ダー
€1.30

1867年の発
売からイタ
リア女性に
愛され続け
るローズウ
オーター
€2.65

シアバターと
アーモンド
オイルを配合
したハンドク
リーム
€2.42

無香料、無着
色の伝統製
法で作るマル
セイユ石鹸は4個入り
€2.62

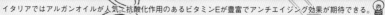

今、イタリアではアルガンオイルが人気。抗酸化作用のあるビタミンEが豊富でアンチエイジング効果が期待できる。

週末のミラノステイはお得！？
メルカートで掘り出し物探し

おしゃれ大好きミラネーゼの週末
お出かけ場所は、メルカート（市場）！
アンティーク雑貨やヴィンテージ
ファッションを見つけにGO！

HOW to
メルカートは
**値段交渉も
楽しい♪**

point 2
細部までチェック
実際に手に取って、
キズがないかなどの
細部まで確認をする
ことを忘れずに！

どれ、どれ？

ありがとう！
グラッツィエ！
Grazie！

これおすすめなんだよ！

point 1
じっくり探そう
雑貨から洋服に食材
までとにかく種類も
いろいろ。時間をか
けて物色しよう。

あっ、これかわいい〜。
ちょっと見てもいいですか？
ケ・ベッロ！
ポッソ・ダーレ・ウノッキアータ？
**Che bello!
Posso dare un'occhiata?**

point 3
支払いは現金で
カードの可否はまち
まちなので、基本的
に現金支払いと心得
ておこう。

キュートでリーズナブルなキッチ
ンクロスは、バラマキみやげに！
€0.50（左）
€2.50（右）

柄も
色もたくさん
あるよ

GOODS
雑貨
好きさんは
こちら♪

シンプルで大きな
サイズが使いやす
い、ランドリーボ
ックス€15

LAUNDRY

Mercato di
Papiniano

メルカート・ディ・
パピニャーノ

衣料品、雑貨、食料品
のテントがパピニャー
ノ通りにずらりと軒を
連ねる。靴や小物、生
活用品などの雑貨店が
特に多く、豊富な品揃
えは見ているだけでも
ワクワクする。イタリ
ア製の革小物も激安価
格で手に入る。

ちょっと変わった形の
モカマシーン€10

マルチボック
スは、部屋の
小物収納に役
立ちそう。
€5

Parfumerie
DES
Galeries St.-Martin
SAVONS, PROPRIETAIRE
13, Boulevard SAINT-MARTIN

気に入る雑貨が
たくさん
見つかるよ！

イタリアらしい
アイテムも
ゲット！

Map 別冊P.28-B2　サンタゴスティーノ

🏠 Viale Papiniano　🕐土7:30〜18:00（火〜
13:00）　Ⓜ2号線S.Agostino駅からすぐ

キッチンのマス
トアイテムセッ
トもこの安さ!!
€1.50

フィエラ・ディ・シニガリアなら、運河沿いを散歩したり、アペリティーボを楽しんだり充実した1日が過ごせます。（大阪府・M）

メルカートでの注意点

1 スリ

人が多いメルカート内では、商品選びに夢中になっているときが要注意！ もし出くわしてしまったら、「Ladro! ラードロ！(泥棒！)」と叫んで。

2 ガラクタ、偽物

貴重なアンティークやヴィンテージだと思っていたものが、実はガラクタや偽物だった……なんてことも。支払い前に、もう一度確認することを忘れずに。

3 交渉 気をつけて！

観光客は値段をふっかけられることもしばしば。まずは笑顔で値段交渉を！ 断りたいときは、「No, Basta! ノ・バスタ！(結構です！)」と言おう。

FASHION
ファッション好きさんはこちら♪

MAX&Co. のシャンブレーのワンピース €39

アレとコレと…

ドレッシーな黒のワンピース €39

色使いがかわいいノーカラーコート €90

アクセントになるトッズのパンプス €140

マルニのサンダルスニーカー €190

シンプルなプラダのパンプス €250

Mercato di Via Fauchè

メルカート・ディ・ヴィア・ファウシェ

カネーヴァ広場近くにはイタリアブランドの洋服、ハイブランドのシューズがお手頃価格で手に入るストールが並ぶ。駅寄りには生鮮食品のストールがあり、地元住民が買い物をする日常の風景が見られる。

Map 別冊P.24-B1 ジェルサレンメ

🏠 Via Giovanni Battista Fauchè ⏰火 8:00〜14:00、土8:00〜18:00 Ⓜ5 号線Gerusalemme駅から徒歩3分

置物にもなりそうなウサギのソルト&ペッパー €35

おしゃれっ子が注目する
マーケット発のショップ

East Market Shop

イースト・マーケット・ショップ

マーケット開催日と旅行スケジュールが合わない人に朗報。人気マーケットが常設ショップをオープン！ ヴィンテージファッションや国内外のアーティストの作品や雑貨など、マーケットから厳選した個性的なアイテムが並ぶ。

パステルカラーがかわいい聖母マリアのキャンドル 各€14

ヴィンテージカップにイラストをプリント。€35

Map 別冊P.27-D2 ポルタ・ヴェネツィア

🏠 Via Bernardino Ramazzini 6 ☎02-36588037 ⏰11:00〜19:30（月15:00〜）❌1/1、復活祭・復活祭翌日、8月中旬に2週間、12/25・26 Card A.M.V. Ⓜ1号線Porta Venezia駅・Lima駅から徒歩8分 URL www.eastmarketmilano.com

イースト・マーケットにも行こう！

月に1〜2回、工場跡地で開催。ビンテージファッション、雑貨などプロから個人まで約250のストールが出店している。

Map 別冊P.25-D1 ランブラーテ

🏠 Via Privata Giovanni Ventura 14 ☎392-0430853 ⏰日10:00〜21:00（不定期）Ⓜ2号線Lambrate F.S.駅から徒歩15分 URL www.eastmarketmilano.com

胸ポケットに刺繍が施されたピンクのシャツ €39

リサイクルバンダナを使ったワンピースはオリジナル。€280

ユニークな物ばかり

花を飾った姿はちょっぴりシュール？ 羊の花瓶 €75

レトロな雰囲気のフラワープリントワンピース €39

迷彩柄ジャケットの背中には大きなロブスターの刺繍 €160

ホテル派？　アパートメント派？
どちらのステイスタイルがお好み？

どこに泊まろうかにゃ

心地いい部屋は旅をより豊かにしてくれる。日常を忘れて旅の特別感を求めるならホテル、現地に住んでいる気分を味わいたいならアパートメント。あなたはどちらを選ぶ？

1,2 モダンでエレガントな雰囲気の客室。朝食はチケットを受け取り、近くのバールに食べに行く

非日常を味わうならホテル

Map 別冊P.6-B2
スペイン広場周辺

ROMA
快適なプチホテル
La Piccola Maison
ラ・ピッコラ・メゾン

スペイン広場まで徒歩7分、トレヴィの泉まで徒歩6分など、ローマの主要観光スポットがほぼ徒歩圏内。朝食は付かないが、ホテル付近にはバールがたくさん並ぶ。

🏠Via dei Cappuccini 30
☎06-42016331 FAX06-42016331 💰シングル€60～、ダブル・ツイン€80～ Card A.D.J.M.V. 英▶ 🛏5室
WiFi有料 🚇MA線Barberini駅から徒歩1分 URLwww.lapiccolamaison.com

駅に近くてとても便利！

1,2 明るい内装の客室と好立地で、ひとり旅の女性客も多い

おちつく～

次もまた来たくなる！
B&B Caffè e Cuscino
B&Bカフェ・エ・クッシーノ

ローマの中心にあるホテルで、2010年にリニューアル。清潔で広々とした部屋と、観光地へのアクセスのよさが自慢。親切なサービスも、訪れる人の心を癒やしてくれる。

Map 別冊P.7-D2
テルミニ駅周辺

🏠Via Gaeta 70 ☎333-8201232 💰シングル€80～、ダブル€130～ CardM.V. 英▶
🛏3室 WiFi無料 🚇MA・B線Termini駅から徒歩5分 URL www.bebcaffecuscino.it
✉info@bebcaffecuscino.it

FIRENZE
ブランド店が立ち並ぶ通りに立地

Il Tornabuoni Hotel
イル・トルナブォーニ・ホテル

13世紀に建てられた邸宅の中にあるホテルは、ルネッサンス時代にインスピレーションを得たインテリアが印象的。一部の客室には15世紀のフレスコ画が残っている。

Map 別冊P.14-B2
サンタ・マリア・ノヴェッラ

🏠Via de' Tornabuoni 3
☎055-212645 FAX055-283594 💰€400～
CardA.D.J.M.V. 英▶ 🛏62室
WiFi無料
🚇ヴェッキオ橋から徒歩5分
URLwww.hyatt.com/en-US/hotel/italy/il-tornabuoni/flrub
✉info@iltornabuonihotel.com

1. 大胆な色使いや調度品がおしゃれ 2. 町を一望できる屋上にはシャンパンバーがある

カラフルなお部屋です

1 広々とした朝食ルーム 2 エレガントな客室。大理石のバスルームは贅沢な気分に

ヨーロッパらしい格調高いホテル
Hotel Santa Maria Novella
ホテル・サンタ・マリア・ノヴェッラ

サンタ・マリア・ノヴェッラ広場に面した女性に好評のホテル。その理由は、クラッシックなヨーロピアンスタイルと、オリジナルのアメニティだ。

Map 別冊P.14-B1
サンタ・マリア・ノヴェッラ

🏠Piazza Santa Maria Novella 1
☎055-271840 FAX055-27184199 💰シングル€162～、ダブル€198～ CardA.D.J.M.V. 英▶
🛏38室 WiFi無料 🚇Santa Maria Novella駅から徒歩2分
URLwww.hotelsantamarianovella.it
✉info@hotelsantamarianovella.it

　✉ヴェネツィアは大きなトランクを持ってホテルに行くのが大変。駅から橋が少なく行けるところがおすすめです。(神奈川県・莉央)

VENEZIA

窓から庭が見えるよ

サン・マルコ広場の近く

Ca' del Nobile
カ・デル・ノービレ

18世紀の建物を利用したホテルは、クラシックでエレガントな雰囲気が魅力。梁を見せた天井のあるゲストルームにはヴィンテージの家具が配されている。

1. 落ち着いた印象のデラックスルーム
2. カーザノーヴァは、レンガの壁と女子憧れの天蓋付きベッドがロマンティックな雰囲気

Map 別冊P.21-C2
サン・マルコ

🏠 San Marco 987 (Rio Terrà delle Colonne)
☎041-5283473
FAX041-8623431
🛏ダブル€140〜 Card M.V.
🏨6室 WiFi無料 V1番 San Marco Vallaresso駅から徒歩5分、1・2番Rialto駅から徒歩10分
URLwww.cadelnobile.com
✉info@cadelnobile.com

1. 陽光がたっぷり入って明るい寝室
2. ブルーがテーマカラーのバスルーム

Map 別冊P.20-A1
サン・ポーロ

緑豊かな庭付きホテル

Oltre il Giardino
オルトレ・イル・ジャルディーノ

自分の家のようにくつろいでもらいたいと、自宅を改装してオープンしたプチホテル。スタッフの対応やインテリアなど、心地いい空間が広がる。

🏠 San Polo 2542 (Fondamenta Contarini)
☎041-2750015
FAX041-795452 🛏ダブル€180〜、ジュニア・スイート€200〜、スイート€250〜
Card A.M.V. 🏨6室 WiFi無料
🚉Santa Lucia駅・リアルト橋から徒歩15分
URLwww.oltreilgiardino-venezia.com

ゆったり！

MILANO

友達の部屋に泊まる気分で

Room Mate Giulia
ルーム・メイト・ジュリア

世界中に広がりを見せるルーム・メイト・ホテルが、ドゥオーモの近くにオープン。好立地に加え「友達に会いに行く」というコンセプトにちなんだユニークなインテリアも話題になっている。

Map 別冊P.29-C1
ドゥオーモ周辺

🏠 Via Sivio Pellico 4
☎02-80888900
FAX02-56561898
🛏シングル・ダブル€259〜
Card A.M.V. 🏨85室
WiFi無料
🚇M1・3号線Duomo駅から徒歩2分 URLroom-matehotels.com

1. ポップでキュートなロビー 2. デラックスルーム。自分や友達の部屋にいるような気分でリラックスできる

1. 客室の壁には大きな中央駅やドゥオーモなどミラノの名所の写真が 2. ポップで明るい朝食ルームとレセプション

ステキな色使いだね

中央駅から徒歩5分という好立地

B&B Hotel Milano Central Station
B&Bホテル・ミラノ・セントラル・ステーション

Map 別冊P.27-C1
ミラノ中央駅周辺

2017年オープンのモダンなホテル。イタリアの建築&デザイン誌『プラットフォーム』のベスト・イタリアン・インテリア・デザイン・セレクションにも選ばれた。

🏠 Via Napo Torriani 9
☎02-66711210 🛏シングル€100〜、ダブル€130〜
Card A.M.V. ☕英 WiFi無料
🏨120室
🚇M2・3号線Centrale駅から徒歩5分
URLwww.hotel-bb.com

ホテル派？ アパートメント派？

暮らすように旅するならアパートメント

いいお部屋だね♪

おすすめアパートメント

MILANO

木の梁が印象的なアパート。センピオーネ公園が近いので、散歩したりランニングしたり、「暮らすように旅する」を楽しめちゃう。

ソファベッドを使えば3人まで宿泊可能

天窓から日光が差し込み明るい空間に

スタイリッシュなサイドテーブルが置かれたキッチン&リビング

使い勝手のいいバスルームは清潔感あふれる

暮らしに必要なものが揃う

洗濯機

滞在中はいつでもサポート

Halldis
ホールディス

オシャレ！

食器類

30年以上の経験があるアパートレンタル会社。イタリア各地にさまざまなテイストのアパートを取り扱うので、きっと好みの部屋が見つかるはず。

☎02-38592848　Card M.V.　📠英
URL www.halldis.com　✉ info@halldis.com
※場所の詳細は予約後に教えてもらえる
※ホールディスのサポートは予約したアパートに関することのみ

（アパートメントDATA）センピオーネ

宿泊人数：～3人　€200～／泊
間取り：1ベッドルーム

料理や掃除に必要なものが備わる

ROMA

スペイン広場から400mという好立地。95㎡の空間には広々としたリビング、ダブルベッドが置かれた寝室が2つありゆったりとくつろげる。カラフルなインテリアも印象的。

（アパートメントDATA）スペイン広場周辺

宿泊人数：～4人　€273～／泊
間取り：2ベッドルーム

FIRENZE

アパートの魅力はなんといってもドゥオーモが見えるテラスからの眺め。独立したキッチンがあるので、きちんと料理をしたい人にピッタリ。どこに行くにも便利な立地もうれしい。

（アパートメントDATA）チェントロ

宿泊人数：～4人　€162～／泊
間取り：2ベッドルーム

VENEZIA

木目の家具や飾られた雑貨がどこかノスタルジックな雰囲気で落ち着く空間。リアルト橋に近く便利な環境ながら、静かなのでゆったりくつろげる。

（アパートメントDATA）カンナレージョ

宿泊人数：～2人　€96～／泊
間取り：1ベッドルーム

188　✉ アパートは料理好きさんにおすすめ。マーケットでおいしい食材を買ってイタリア料理に挑戦できます！（山梨県・RISA）

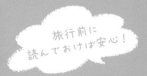

旅行前に
読んでおけば安心！

安全・快適
旅の基本情報

旅って楽しみだけど、やっぱりなんだか心配……。
そんな気持ちも、前もって基本情報やトラブル対処法を
読んでおけば、どこかに吹き飛んじゃうはず！
あとは、トランクに荷物とワクワクを詰め込むだけ！

INFOMATION

aruco的 おすすめ旅グッズ

忘れ物はないかな?

「何を持っていこうかな♪」……そう考えるだけで、ワクワク、すでに旅は始まっている。機内での必需品や現地であったら便利なものなど、快適で楽しい女子旅のためのおすすめグッズをご紹介。ぜひ参考にして、旅をパワーアップさせてね!

旅のお役立ちアイテム

□ ペタンコシューズ

石畳の道や坂道が多い、イタリア。かわいいペタンコシューズならおしゃれに、軽快に町歩きを楽しめる。旅は歩きやすい靴が一番!

□ 帽子／サングラス／ストール

イタリアの日差しは強烈なので、夏に行くなら帽子やサングラスを忘れずに。サングラスはUVカットのものがおすすめ。ストールは機内の空調や朝晩の冷え込み、日焼け対策にも。夏に教会に入るときに露出もカバーできる。

□ 折りたたみバッグ／折りたたみ傘

急な雨や日差し避けに、折りたたみ傘を備えておこう。また、イタリアのスーパーでは袋がモロイうえ、有料。メルカートでは袋がもらえなかったり……なんてことも。エコバッグをひとつかばんに入れておけばすべて解決!

eco. bag

□ ビーチサンダル

機内やホテル、アパートメントでくつろぐときなど活躍の場所し! 軽くてかさばらないビーチサンダルは旅のマストアイテム。

□ ジッパー付きビニール袋／ウエットティッシュ

食べ歩きの際や食事の前に役立つ、ウエットティッシュ。ジッパー付きビニール袋は、液体を機内に持ち込む際や瓶など割れ物をおみやげに持ち帰るときにも使える。いろいろ役立つこのふたつは多めに持っていくのがおすすめ。

□ 保湿クリームとリップクリーム

女子の天敵、乾燥……。機内もイタリアの町も乾燥しているので、保湿効果のあるクリームとリップは必須アイテム。

lip cream

基本の持ち物チェックリスト

貴重品
- □ パスポート
- □ 現金（ユーロ、円）
- □ クレジットカード
- □ eチケット控え
- □ 海外旅行保険証書

洗面用具
- □ シャンプー、リンス
- □ 歯磨きセット
- □ 洗顔ソープ
- □ 化粧水、乳液

衣類
- □ 普段着、おしゃれ着
- □ 靴下、タイツ
- □ 下着、パジャマ
- □ 手袋、帽子、スカーフ

その他
- □ 常備薬
- □ 生理用品
- □ 筆記用具
- □ 電卓
- □ 目覚まし時計
- □ 雨具
- □ カメラ
- □ 電池、充電器
- □ 携帯電話
- □ 変圧器、変換プラグ
- □ スリッパ
- □ サングラス
- □ 裁縫道具
- □ プラスチックのスプーン、フォーク

機内手荷物のアドバイス

飛行機内はとても乾燥しているので、乳液やクリームが必需品。化粧水はすぐに気化してしまうので、かえってカビカビになることも。夏でも席によっては寒い場合もあるので、ストールや靴下で体温調節をして。スリッパや歯ブラシなどのリラックス＆リフレッシュグッズ、携帯品・別送品申告書を書くボールペンも忘れずに!

→ 機内持ち込み制限についての詳細はP.192をチェック!

知って楽しい！ イタリアの雑学

ちょっぴりカタく感じるかもしれないけど、出発前にイタリアの歴史や文化、習慣など、ほんの少～し勉強しておこう！ 観光はもちろん、買い物や食事をするときに、現地の人とのコミュニケーションもぐんと楽しくなること間違いなし！

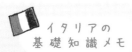

イタリアの基礎知識メモ

正式名称	イタリア共和国　Repubblica Italiana
国旗	緑、白、赤の三色旗。通称「トリコローレ」
国歌	マメーリの讃歌　Inno di Mameli
人口	約6036万人（'21）　面積　30万1328㎢
首都	ローマ　Roma
元首	セルジョ・マッタレッラ大統領　Sergio Mattarella
政体	共和制
民族	ラテン系イタリア人　宗教　カトリック約97%
言語	イタリア語。地方によりフランス語、ドイツ語

（勉強になるなぁ）

イタリアのトリビア

古代ローマの水道は今なお現役

11本の幹線水道が市内に水を供給し共同浴場が栄えた古代ローマ。そのうちの1本（ヴィルゴ水道）は修復され、今も噴水に水を送っている。トレヴィの泉はその終着地。

ダ・ヴィンチも食べていたスープ

レオナルド・ダ・ヴィンチの好物だといわれるのが、野菜のスープ「ミネストラ」。当時はまだイタリアにトマトが伝わってきていなかったため、トマトは入っていなかった。

ミッキーマウスの名前が違う!?

イタリアでミッキーマウスはネズミを意味する「Topo（トーポ）」からきた名前「Topolino（トポリーノ）」と呼ばれている。ちなみに、ドナルドダックは「Paperino（パペリーノ）」。

不吉なのは17日の金曜日

お墓に刻まれる「VIXI」（私は生きた＝今は死んでいる）を並び替えるとローマ数字の17になるので、17は何かと避けられる数字。さらに、キリストが亡くなったのが金曜日で……。

イタリアが舞台の名作映画

『ローマの休日』（→P.76）『インフェルノ』（→P.114）のほかにもイタリアを舞台にした映画はたくさん！ 旅に出る前にイタリアの風景を見て、言葉を聞いて、気持ちを高めよう！

イタリアのおもなイベントカレンダー

1月～2月	冬のセール(Saldi)…上旬～約2ヵ月間 イタリアブランドも安価でGETできる！
2月～3月	カーニバル(ヴェネツィア) 世界3大カーニバルのひとつ
3月	フェスタ・デッラ・ドンナ…8日 女性の日。男性が女性にミモザの花束を贈る
3月～4月	復活祭(全土)3月末～4月中旬 キリストの復活を祝う日。家族や親戚と昼食を楽しむ（毎年変わる。2024年は3月31日）
4月	ミラノサローネ(ミラノ)…中旬 家具、インテリアの国際展示会
	ローマ建国記念日(ローマ)…21日 古代ローマ人に扮した仮装パレードが行われる
6月	中世サッカー競技(フィレンツェ)…24日 16世紀当時のユニホーム姿で戦う
6月～9月初旬	野外オペラ(ローマ、ヴェローナほか) 夏の風物詩、野外オペラ
7月	救世主の祭(ヴェネツィア)…第3土曜 ヴェネツィアの2大年中行事のひとつ
7月	夏のバーゲン 州ごとにセール期間が違うので、要チェック！
8月上旬	
8月下旬～9月上旬	ヴェネツィア国際映画祭(ヴェネツィア) 世界最古の映画際。3大映画際のひとつ
9月	歴史的レガッタ(ヴェネツィア)…第1日曜 大運河で行われるボートレース
9月上旬～翌5月	セリエAシーズンスタート イタリアサッカーシーズン開幕
11月頃～翌6月頃	オペラシーズンスタート(各地の歌劇場) イタリア全土のオペラハウスで開幕
12月	クリスマス(各地)…25日 キリスト教国のメインイベント
	カウントダウン(各地)…31日 大晦日から始まるにぎやかな年越しイベント

年間の祝祭日 → P.11

- ●『ニュー・シネマ・パラダイス』（ロケ地：シチリア）
- ●『イル・ポスティーノ』（ロケ地：プローチダ島）
- ●『ライフ・イズ・ビューティフル』（ロケ地：アレッツォ）
- ●『冷静と情熱のあいだ』（ロケ地：フィレンツェ、ミラノ）
- ●『天使と悪魔』（ロケ地：ローマ）

イタリア入出国かんたんナビ

飛行機で
ビューン!

イタリアへは、直行便かどこか1都市を経由しての入国になる。
経由国がシェンゲン協定加盟国なら入国審査はその国で行うことになり、
非加盟国ならイタリアの空港で簡単な入国審査を受ける。

日本からイタリアへ

1 イタリア到着

直行便でイタリアに入った場合、飛行機が到着したら、まずは入国審査（IMMIGRATION）の表示のあるブースへ向かおう。

↓

2 イタリア入国審査

日本を含む一部の国からの渡航者には電子ゲートによる出入国審査が導入されている（14歳未満は有人ゲート「非EU加盟国（All passports）」を利用）。ゲート通過後にパスポートにスタンプが押印される。「入国カード」のようなものはなく、90日以内ならビザは不要。

↓

3 荷物の受け取り

案内板で搭乗便名の表示があるターンテーブルを探し、預けた荷物をピックアップ。

↓

4 税関検査

免税範囲であれば検査はなく、「税関申告書」の記入も必要ない。免税で持ち込めるものは、右の表でチェックしよう。

↓

5 到着ロビー

ツーリストインフォメーションや両替所、レンタカーカウンター、カフェ、レストランなどもある。市内への移動手段については、P.194〜を参照。

イタリアへのフライト

日本からイタリアへの直行便は、ITAエアウェイズのみ（羽田ーローマ）。ほかの航空会社を利用する場合は、最低どこか1都市を経由することになる。所要時間は直行便で約12時間30分〜、乗り継ぎ便で約14時間50分〜。

●シェンゲン協定加盟国から入国する場合

ヨーロッパの国々で結ばれた、通行自由化と手続きの簡素化を目的とした協定。加盟国で飛行機を乗り継いでイタリアに入国する場合、経由地の空港で入国審査が行われるため、イタリアでの入国手続きは不要。加盟国は、イタリア、オーストリア、オランダ、ギリシア、クロアチア、スイス、スウェーデン、スペイン、チェコ、デンマーク、ドイツ、ノルウェー、ハンガリー、フィンランド、フランス、ベルギー、ポルトガル、マルタなど27ヵ国（2023年10月現在）。

●欧州旅行にも電子渡航証が必要に!

2024年より日本国民がビザなしでシェンゲン協定加盟国に入国する際、ETIAS（エティアス、欧州渡航情報認証制度）電子認証システムへの申請が必須となる予定。ウェブサイトなどで最新情報を確認しよう。

イタリア入国時の免税範囲

品名	内容
酒類	度数22度以上のアルコール飲料1ℓ または22度未満の酒類2ℓ、ワイン4ℓ、ビール16ℓ（17歳以上）
たばこ	紙巻き200本、または葉巻50本、あるいはきざみたばこ250g（17歳以上）
その他	€430相当（15歳未満は€150相当）のもの

※€1万相当額以上の現金・TCを持っている場合は税関に申告が必要

荷物について

機内持ち込み制限

ITAエアウェイズのエコノミークラスの場合、身の回りの品を除き、重さ8kg、各辺の長さが55×35×25cm以内のもの1個に限り持ち込み可能。これとは別に、身の回り品（アタッシュケース、ハンドバッグ、ラップトップPC、12歳未満の子供用ベビーカー）も持ち込むことができる。また、どの航空会社も、100㎖以上の液体物の持ち込みが制限されている。100㎖以下の容器に入れた液体を、縦、横の合計が40cm以内のプラスチック製の透明な袋（ジッパー付き、ひとり1枚）に入れれば問題ない。詳細は各航空会社に確認を。

機内預け荷物重量制限

ITAエアウェイズのエコノミークラスの場合、23kg以内、3辺の合計が158cm以内の荷物を1個まで預けられる。細かい超過規定に関しては、航空会社やクラスによって異なるので問い合わせを。

空港で役立つ英会話は表紙の裏面をチェック!

イタリアの入国審査は電子ゲートなので、行列もなくスムーズに進みました。（島根県・まるこ）

イタリアから日本へ

1 搭乗手続き

案内板を見て帰国便のチェックインカウンターへ。eチケット控えとパスポートを提示し、搭乗券を受け取る。セルフチェックイン機があれば利用してもよい。機内預け入れ荷物を預けて、クレームタグ（引換券）を受け取る。

↓

2 イタリア出国審査

パスポート、搭乗券を提出し、出国手続きを行う。

↓

3 セキュリティチェック

機内持ち込み手荷物のX線検査とボディチェックを受ける。

↓

4 出発ロビー

番号を確認して、搭乗ゲートへ。ロビーには免税店やフードコートなどがある。

↓

5 帰国

税関審査では、機内で配られた「携帯品・別送品申告書」を提出する。別送品がある場合は2枚必要。提出したら到着ロビーへ。Visit Japan Webに登録すれば、書面の申告用紙が不要。税関検査場電子申告ゲートを利用してスピーディに入国できる。
URL vjw-lp.digital.go.jp

へぇ、
そうなんだ

ハムは日本に持ち込み不可
動物（ハムやソーセージなどの肉製品を含む）や植物（果物、野菜、種）などは、税関検査の前に所定の証明書類の提出や検査が必要。実際に許可取得済みの肉製品はほとんどないので、持ち込めないと思ったほうがよい。

A面　B面

署名　地球歩子

免税について
EU以外の居住者が、TAX-FREE取扱店で、1軒合計€154.94以上の買い物をした場合に適用。免税書類の作成にはパスポート番号が必要。

免税手続きのしかた
空港の免税手続きカウンターで、免税書類（購入店で作成）とレシート、未使用の購入商品、パスポート、航空券を提示。手続きが完了するとレシートが渡される。還付金はクレジットカードへの返金、または、現金（ユーロ）から選択できる。免税手続きが電子化されていない店舗で購入し、クレジットカードへ返金してもらう場合は、書類にスタンプをもらい専用のポストに投函する。イタリア出国後、ほかのEU諸国を経由する場合は、最終出国地で手続きを行う。

日本入国時の免税範囲　税関 URL www.customs.go.jp

品名	内容
酒類	3本（1本760mℓ程度のもの）
たばこ	紙巻きたばこ200本、または葉巻50本、加熱式たばこ個装等10個、その他のたばこ250g ※免税数量は、それぞれの種類のたばこのみを購入した場合の数量。複数の種類のたばこを購入した場合の免税数量は半分。
香水	2オンス（1オンスは約28mℓ）オー・デ・コロン、オー・ド・トワレは含まれない）
その他	20万円以内のもの（海外市場合計価格）
おもな輸入禁止品目	・麻薬、向精神薬、大麻、あへん、覚せい剤、けしがら ・けん銃等の銃砲・爆発物、火薬類 ・貨幣、有価証券、クレジットカード等の偽造品、偽ブランド品、海賊版等

※免税範囲を超える場合は追加料金が必要。海外から自分宛に送った荷物は別送品扱いになるので税関に申告する。

空港から市内への交通

4都市それぞれに国際空港があり、
2023年10月現在日本からの直行便が到着するのは
ローマ。フィレンツェ、ヴェネツィア、ミラノへは、
乗り継ぎ便を利用する。各空港から市内へのアクセスはこちら。

国際線と国内線が発着する
フィウミチーノ空港
（レオナルド・ダ・ヴィンチ空港）
Aeroporto di Fiumicino（Aeroporto Leonardo da Vinci）

 ## 鉄道

空港～テルミニ駅

空港からテルミニ駅までは、直行電車のレオナルド・
エクスプレス（Leonardo Express）を利用するのが便
利。
空港発 6:08～23:23までの15分おきに運行
テルミニ駅発 5:20～22:35までの15分おきに運行
●所要時間：約30分 ●料金：€14

空港～ティブルティーナ駅

空港からティブルティーナ駅まではFL1線オルテ方面
行きの普通電車が運行している。テルミニ駅まで行く
には、ティブルティーナ駅で地下鉄B線に乗り換えが
必要。
空港発 5:57～22:42まで15～30分間隔で運行
ティブルティーナ駅発 5:01～22:01まで15～30分間
隔で運行
●所要時間：約45分 ●料金：€8

バス

空港からテルミニ駅までSITバス・シャトル（SIT Bus
Shuttle）など5社が運行している。深夜ならコトラル
（COTRAL）を利用しよう。

コトラル

空港～テルミニ駅（ローマ国立博物館前）～
ティブルティーナ駅間
空港発
1:45、2:45、3:45、4:45、5:45（日・祝0:45、1:45、
2:45、3:45、4:45、5:45）
ティブルティーナ駅発
0:30、1:30、2:30、3:30、4:30（日・祝23:30、0:30、
1:30、2:30、3:30、4:30）
※ティブルティーナ駅出発後、5分でテルミニ駅到着
●所要時間：約1時間 ●料金：€5（バス内購入€7）

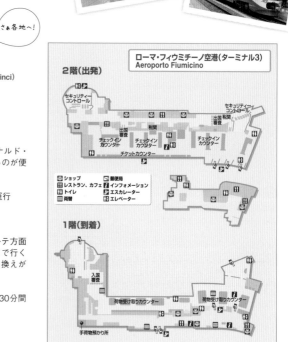

ローマ・フィウミチーノ空港（ターミナル3）
Aeroporto Fiumicino

2階（出発）

1階（到着）

SIT バス・シャトル　空港～テルミニ駅

空港発
7:30～21:35まで、30分から1時間間隔で運行
テルミニ駅発
4:45～20:00まで、30分から1時間間隔で運行
●所要時間：約1時間 ●料金：片道€7、往復€13

 ## タクシー

ローマ市の
紋章をチェック！

到着ロビーの正面出口前にタクシー乗り場がある。客引きは
相手にせず、白い車体でローマ市の紋章が目印の正規タクシー
に乗ること。
●所要時間：約40分
●料金：€50（空港～市内中心部は一律料金。これに深夜料金、
荷物の超過料金などが追加される）

ローマ市内と空港間のタクシーは一律料金なので、メーターを気にしなくてよかったです。（山口県・あすか）

ココも覚えておいて！

ローマ

格安航空会社の便が発着する **チャンピーノ空港** Aeroporto di Ciampino

バス 空港からテルミニ駅までバスが運行。
空港発 8:30～23:30まで1～2時間間隔で運行
テルミニ駅 4:30～21:30まで1～2時間間隔で運行
●所要時間：約40分
●料金：片道€6、往復€11

タクシー ●所要時間：約35分
●料金：€31（空港～市内中心部は一律料金。これに深夜料金、荷物の超過料金などが追加される）

フィレンツェ

国際線と国内線が発着する

アメリゴ・ヴェスプッチ空港（ペレトーラ空港）
Aeroporto Amerigo Vespucci（Aeroporto Peretola）

キレイな空港よ

 トラム

空港からウニタ広場までT2線が運行している。
空港発 5:00～翌0:04（金・土～翌1:31）まで日・祝、早朝・夜間の一部を除き約5分間隔で運行
Unità停留所 5:00～翌0:30（金・土～翌2:00）まで日・祝、早朝・夜間の一部を除き約5分間隔で運行
●所要時間：約20分 ●料金：€1.70（重さ10kg、各辺の長さ55×40×20cm以内のスーツケースまたは荷物1個まで無料、重さ20kg、各辺の長さ80×45×25cm以内のスーツケースまたは荷物1人2個まで切符1枚追加購入で持ち込み可、重さ20kg、各辺の長さサイズ80×45×25cm以上のスーツケースや荷物は持ち込み不可）

自動ドアじゃないよ

トラムが便利だね

タクシー

建物を出て右側に進むとタクシー乗り場がある。
●所要時間：約15分
●料金：€22（空港～市内中心部は一律料金。これに深夜料金、荷物の超過料金、祝祭日料金などが加算される）

ミニ単語

パスポート パッサポルト
passaporto

搭乗券
カルタ・ディンバルコ／ビリェット
carta d'imbarco／biglietto

スーツケース ヴァリージャ
valigia

機内持ち込み手荷物
バガーリョ・ア・マーノ
bagaglio a mano

預け荷物
バガーリョ・ダ・スティーヴァ
bagaglio da stiva

到着ロビー アリーヴォ
arrivo

出発ロビー パルテンツァ
partenza

入国審査（パスポートコントロール）
コントロッロ・パッサポルト
controllo passaporto

手荷物引渡所 リティーロ・バガーリ
ritiro bagagli

免税払い戻し
タックス・リファンド
tax refund

両替 カンビオ cambio

出口 ウッシータ uscita

遅延 リタールド ritardo

空港から市内への交通

フィレンツェのサンタ・マリア・ノヴェッラ駅前のトラム停留所は Alamanni。

ヴェネツィア

国際線と国内線が発着する

マルコ・ポーロ空港
Aeroporto Marco Polo

サン・マルコ
広場までGO!

どれに
乗ってく？

水路、陸路
どちらでも
行けるよ！

 バス

空港～ローマ広場までATVO社のシャトルバス35番、またはACTV社の市バス5番を利用。

ATVO社シャトルバス

空港発 6:00～翌1:10まで早朝・夜間の一部を除き約30分間隔で運行
ローマ広場発 4:20～翌0:40まで早朝・夜間の一部を除き約30分間隔で運行
●所要時間：約20分　●料金：片道€10、往復€18

ACTV社市バス5番

空港発 4:08～翌1:10まで10～60分間隔で運行
ローマ広場発 4:35～翌0:40まで10～60分間隔で運行
●所要時間：約20分　●料金：片道€10、往復€18

タクシー

空港から車両の乗り入れが可能なローマ広場までタクシーで行ける。
●所要時間：約30分　●料金：約€40

 船

空港～サン・マルコ広場までは、アリラグーナ社（Alilaguna）の乗り合いモーターボートが運航。サン・マルコ広場が終点のレッド・ライン（Linea Rossa）、サン・マルコ広場を経由してサンタ・ルチア駅前まで運航するブルー・ライン（Linea Blu）がある。URL www.alilaguna.it

ブルー・ライン

空港発 5:20～翌0:20まで30分～1時間間隔で運航
サン・マルコ広場発
3:51～21:51まで30分～1時間間隔で運航
●所要時間：約1時間20分　●料金：片道€15、往復€27

レッド・ライン

空港発 8:50～15:35まで運航
サン・マルコ広場発 7:21～14:05まで運航
●所要時間：約1時間15分　●料金：片道€15、往復€27

水上タクシー

到着ロビー前に水上タクシー乗り場がある。
●所要時間：約45分　●料金：約€135（空港～中心部）

水上タクシー
でびゅーん！

ミラノ

国際線と国内線が発着する

マルペンサ空港　Aeroporto Milano-Malpensa

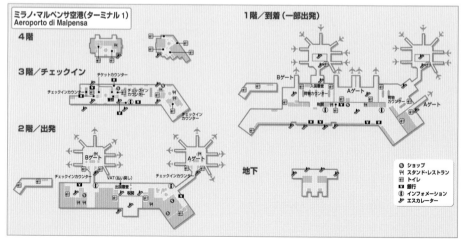

ミラノ・マルペンサ空港（ターミナル1）
Aeroporto di Malpensa

4階

3階／チェックイン

2階／出発

1階／到着（一部出発）

地下

S ショップ
スタンド・レストラン
トイレ
銀行
i インフォメーション
エスカレーター

ヴェネツィアではアルセナーレに泊まったのでマルコ・ポーロ空港からはアリラグーナの船が便利でした。（青森県・紗耶）

鉄道

空港〜ミラノ中央駅、ミラノ北駅（カドルナ駅）までは
マルペンサ・エクスプレス（Malpensa Express）を利用。
空港発 5:37〜翌0:20まで約30分間隔で運行
ミラノ中央駅発 5:25〜23:25まで約30分間隔で運行
ミラノ北駅発 4:27〜23:27まで約30分間隔で運行
●所要時間：約40〜50分　●料金：€13

北駅には
大きなオブジェ

 バス

空港から市内への交通

空港〜ミラノ中央駅

第1・2ターミナル〜ミラノ中央駅を結ぶシャトルバスの
マルペンサ・シャトル（Malpensa Shuttle）やエアポー
ト・バス・エクスプレス（Airport Bus Express）を利用
するのが便利。

ミラノ中央駅
を出てすぐ

マルペンサ・シャトル
空港発 5:20〜翌1:20まで30分間隔で運行
ミラノ中央駅発 3:40〜23:40まで30分間隔で運行
●所要時間：約50分　●料金：片道€10、往復€16

エアポート・バス・エクスプレス
空港発 5:00〜翌2:30まで早朝・夜間の一部を除き30分
間隔で運行
ミラノ中央駅発 3:20〜翌0:50まで早朝・夜間の一部を
除き30分間隔で運行
●所要時間：約50分　●料金：片道€10

🚕 タクシー

TAXI表示のあるタクシー乗り場から正規のタクシーに乗ろう。

●所要時間：約50分
●料金：€104（空港〜
市内は一律料金。これに
深夜料金、荷物の超過料
金などが追加される）

駅や空港のフリーWi-Fi
空港、テルミニ駅、ミラノ
中央駅などの大きな鉄道駅
はフリーWi-Fiがある。ただ
し、公共Wi-Fiはセキュリテ
ィリスクがあることを理解し
たうえで利用しよう。

空港内のラウンジを使おう
マルペンサ空港とリナーテ空港では有料でラウンジ
を利用することができる。イタリア製のソファに座
りながら、食事やドリンクとともに出発までの時間
をゆったりとくつろいでみてはいかが？　どちらも
WEBで予約も可能。
URL)www.milanairports-shop.com

どれで
行こう？

ココも覚えておいて！

ミラノ

おもに国内線が発着する **リナーテ空港** Aeroporto internazionale Milano-Linate

地下鉄
4号線がリナーテ・アエロポルト駅〜サン・バビラ駅を
結んでいる。
リナーテ・アエロポルト駅発／サン・バビラ駅発
6:00〜22:00（金〜日曜〜翌0:30）まで運行
●所要時間：約12分　●料金：€2.20

バス
空港〜ミラノ中央駅間を結ぶシャトルバスのエアポー
ト・バス・エクスプレスが運行している。

エアポート・バス・エクスプレス
空港発 9:00〜22:30まで一部を除き1時間間隔で運行
ミラノ中央駅発 7:30〜21:00まで一部を除き1時間間隔
で運行
●所要時間：約25分　●料金：片道€5、往復€9
タクシー　●所要時間：約30分　●料金：€30前後

フィウチミーノ空港、マルペンサ空港には有名ジェラテリアのヴェンキがあるので、旅の最後のジェラートを。

イタリアの国内交通

イタリア内の各都市を、鉄道、飛行機、バスが結んでいる。
主要都市間なら、本数も多い鉄道が便利！ 鉄道の切符は、
駅の窓口かfsマークの自動券売機で購入可能。fsホームページから
クレジットカードでの事前購入もできる。

各都市市内の交通情報は
別冊に載ってるよ！
ローマ → 別冊 P.2
フィレンツェ → 別冊 P.12
ヴェネツィア → 別冊 P.16
ミラノ → 別冊 P.22

🚃 鉄道

イタリアの主要鉄道会社はトレニタリア（fs）と高速列車イタロを
運行しているNTV社の2社。高速列車や長距離列車は全席指定制
のため予約が必要。各社のホームページおよび駅窓口で購入可能。
URL www.trenitalia.com（トレニタリア）
URL www.italotreno.it（イタロ）

鉄道アクセスMAP

ミラノ
Milano

ヴェローナ
Verona

パドヴァ
Padova

ヴェネツィア
Venezia

ボローニャ
Bologna

フィレンツェ
Firenze

ローマ
Roma

ナポリ
Napoli

FR、FB、ITAで
約2時間30分

FR、FB、ITAで
約1時間15分

FR、FB、ITAで
1時間15分

FR、ITAで
約1時間55分

FR、FA、ITAで
約2時間15分

FR、ITAで
3時間10分〜
3時間40分

FR、FA、ITAで
約1時間35分

FR、ITAで
4時間30分
〜5時間

FR、FA、ITAで
約4時間

FR、ITAで
約5時間20分

FR、
FA、ITAで
約1時間10分

FR、ITAで
約3時間

列車の種類

- ●フレッチャロッサ
  FRECCIAROSSA（FR）
- ●フレッチャルジェント
  FRECCIARGENTO（FA）
- ●イタロ .italo（ITA）

日本でいう新幹線。
FR、ITAのノンスト
ップ便ならミラノ〜
ローマ間は3時間〜
3時間40分。要予
約

- ●フレッチャビアンカ（FB）
- ●インテルシティ（IC）

日本でいう特急列車。
要予約

- ●レジョナーレ・ヴェローチェ（RV）　快速
- ●レジョナーレ（R）　普通列車

列車の乗り方

1 切符を買う

駅の窓口や自動券売機で切符を
買う。または早めにオンライン
予約をすると割引価格でチケッ
トが買える

2 ホームを確認する

列車案内板でホームを確認す
る。行き先、発車時間、列車の
種類が載っている

3 切符に刻印する

トレニタリアの快速列車（RV）、
普通列車（R）に乗車の場合は、改
札口やホームで切符に日付と時
間を刻印する。刻印がないと切
符があっても罰金を科せられる。
Rの切符をオンラインでチケット
購入した場合はオンラインチェッ
クインが必要

4 列車に乗り込む

出発ホームへ行き、再度列車番号
と行き先確認してから乗り込もう

ゆっくり走ります

ビュンビュン
走るぞ〜

私がイタロ
です！

イタリア語、英語などから言語を選択後、「BUY YOUR TICKET」を選ぶ

 降車駅、片道・往復、人数、出発日時を選択（乗車駅を変更する場合は、右上の「MODIFY DEPARTURE」を選択）

 列車を選択（日にちや時間を変更する場合には、右上の「MODIFY DATE AND TIME」を選択）

 料金設定、座席クラスを選択。「Base」は正規料金、「Economy」は割引料金、「Super Economy」は特別割引料金

 R、RV以外の特急列車は、乗客の氏名を入力後、任意でチケット送付用にSMS、もしくはEメールアドレスを入力

 切符の内容を確認。R、RVは「FORWARD」を選択後「PURCHASE」へ。特急は「CHOOSE SEATING」で座席を選択後「PURCHASE」へ

 支払い方法を選択。現金またはクレジットカードを差し込み口に入れて、切符が発券されたら終了

なるほど そうやって 買うんだね

イ
タ
リ
ア
の
国
内
交
通

切符の読み方

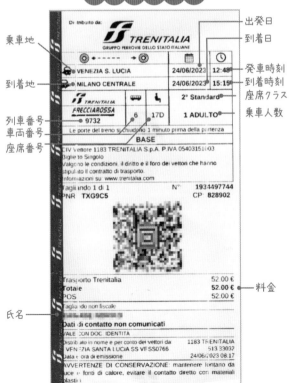

乗車地
到着地
列車番号
車両番号
座席番号
氏名

出発日
到着日
発車時刻
到着時刻
座席クラス
乗車人数
料金

飛行機

ローマ～ミラノ、ローマ～ヴェネツィアなどを結ぶのは、ITAエアウェイズ、エア・イタリー、イージージェットの3社

ITAエアウェイズ

イタリアの航空会社。ローマ～フィレンツェ、ローマ～ミラノ、ローマ～ヴェネツィア間などを運航。URL www.ita-airways.com/jp-jp

ココも 覚えておいて！

そのほかの都市を結ぶ
格安航空会社

ライアンエア URL www.ryanair.com

ブエリング航空 URL www.vueling.com

イージージェット URL www.easyjet.com

ヴォロテア航空 URL www.volotea.com

長距離バス

SENA社の長距離バスがローマ、フィレンツェ、ミラノ、ヴェネツィアをそれぞれ結んでいる。URL www.sena.it

旅の便利帳

旅に必要なノウハウをわかりやすくまとめました。
旅の基本をきっちり押さえていれば、
イザというときにあわてず対処できるよね。

困ったときは
すぐ確認！

お金・クレジットカード

お金

イタリアで使用されている通貨は、EU統一通貨のユーロ（€）とセント（Cent）。イタリア語の読みは「エウロ」と「チェンテージモ（単）／チェンテージミ（複）」。€1＝100セント＝約158円（2023年10月現在）。

クレジットカード

ホテルやレストラン、スーパー、駅の自動券売機などでは、VISAやMasterなど国際ブランドのカードならばたいてい使える。大金を持ち歩くのはリスクが高いので、両替はできるだけ最小限にとどめて、カードで支払うのが賢い方法。ICチップ付きカード利用時には暗証番号（PIN）が必要なので、事前に確認しておこう。

ATM

空港や駅、町なかなどいたるところにあり、VISAやMasterなどの国際ブランドのカードでユーロをキャッシングできる。出発前に海外利用限度額と暗証番号を確認しておこう。金利には留意を。

€5

€10

€20

€50

10セント

20セント

50セント

€100　€200

1セント

2セント

5セント

€1

€2

電話

エリア番号を
忘れずに！

イタリアの電話番号にはエリア番号はあるが、日本のように市外局番扱いではないので、同じエリア内でも必ずエリア番号から押す。公衆電話は、テレホンカード専用機が多いが、コイン式から長距離通話をする場合は、あらかじめ多めにコインを入れ、通話後返却ボタンを押す。日本からイタリアへは、マイラインの国際区別に登録してある場合は、国際電話会社の番号は不要。携帯電話からの利用方法やサービス内容は各社に問い合わせを。

日本からイタリアへ

事業者識別番号
0033/0061
携帯電話の場合は不要

＋

国際電話識別番号
010

＋

イタリアの国番号
39

＋

相手の電話番号
最初の0も入れる

※携帯電話の場合は010の代わりに「0」を長押しして「＋」を表示させると、国番号からかけられる
※NTTドコモ（携帯電話）は事前にWORLD CALLの登録が必要

イタリアから日本へ

国際電話識別番号
00

＋

日本の国番号
81

＋

相手の電話番号（固定電話・携帯とも最初の0は取る）

現地での電話のかけ方

エリア番号を含め
番号をそのままかける

チップが必要なトイレはしっかり掃除されていて清潔でした。（島根県・カプチーノ）

電源・電圧

電圧プラグは220V、50Hzだが、稀に125Vもある。プラグは丸型のCタイプ。日本国内用の電化製品をイタリアで使用する場合は、変圧器が必要。携帯電話やカメラの充電器、パソコンのバッテリーなど、変圧器内蔵の電化製品なら、プラグ交換アダプターを差せば使用できる。

郵便

ハガキ、封書の日本向けの航空郵便料金は20gまで€2.45、到着までは1週間程度。切手は、郵便局のほかタバッキでも購入できる。日本宛の手紙は、赤いポストの右側の口、またはエアメール専用の青いポストに投函する。購入したものを郵送する場合は、帰国時に税関で別送品申告書の提出が必要。

インターネット

ホテルやカフェなどでWi-Fiサービスを提供している。ホテルでは有料のことも。フィウミチーノ空港、マルペンサ空港でもWi-Fiの利用が可能（要登録、最初の30分間無料）。また、フィレンツェ・カード（別冊P.12）の無料Wi-Fiサービス、ヴェネツィア・ウニカ・シティ・パス（別冊P.17）のWi-Fiオプションなど、ツーリストカードに付帯していることもある。

マナー

イタリアで気を付けたいマナーがいくつかある。教会は観光客も訪れるが、信仰の場所なので、夏でも肌の露出は控え、帽子は脱ぎ、静かに鑑賞すること。ミサの時間の見学も控えよう。また、写真撮影可能な美術館でも、作品保護のためにフラッシュや三脚は禁止だ。そして、ブランドショップでは、勝手に商品に触れないこと。商品を見たい場合はスタッフに声をかけよう。

トイレ

公衆トイレは無料のところが多いが、場所により€0.50〜€1のチップが必要なところもある。公衆トイレはそれほど多くないので、カフェやレストラン、デパート、美術館などに行った際に済ませておきたい。また、トイレットペーパーが切れていることがよくあるので、ポケットティッシュは忘れずに持って入って。

水

イタリアの水道水は硬水で石灰分が多い。そのまま飲むこともできるが、体調が不安な人は、ミネラルウオーターを購入するのがおすすめ。ミネラルウオーターには、ガス入り（gassata／ガッサータ、またはfrizzante／フリッツァンテ）とガスなし（naturale／ナトゥラーレ）の2種類がある。

喫煙

「禁煙法」が施行され、空港内、美術館、博物館、映画館、列車、レストラン、バーなどを含めて、すべての屋内、公共の場での喫煙は禁止されている。違反すると罰金が科せられる（€27.50〜€275）。「VIETATO FUMARE（禁煙）」とイタリア語のみで表示されている場合もある。

公共の場は禁煙！

チップ

義務ではないが、こころよいサービスを受けたときには気持ちとしてチップを渡そう。高級レストランでは、サービス料込みの場合もある。

階数の表示

建物の階数の表示は日本と異なるので、ホテルやデパートでは注意しよう。日本の1階がイタリアでは0階、2階が1階にあたる。

専用切手で専用ポストに投函するタイプの民間の郵便サービスがあるが、紛失も多いので注意。

旅の安全情報

女の子同士、グループでワイワイ楽しく旅していると気もゆるみがち。
日本にいるとき以上に、警戒アンテナをピンと立てることを忘れないで！
でも、トラブルのパターンを知っておけば、予防対策もより万全に。

注意してね〜

治安

イタリアでは、体に危害を加える犯罪は多くないが、スリや置き引き、ひったくりなど観光客を狙った軽犯罪が多い。信号待ちで、一瞬の隙に死角となったバッグから財布を盗まれていたということも。荷物は決して体から離さず、レストランやカフェなど、荷物を置くときは特に注意すること。出発前に外務省海外安全ホームページで安全情報を確認しよう。
URL www.anzen.mofa.go.jp

病気・健康管理

普段は元気な人でも旅行中は、気候や環境の変化などで急に体調を崩すこともある。思わず食べ過ぎたり、買い物に熱中して歩きっぱなしだったり、疲れをためないよう充分睡眠をとって、絶対に無理しないこと。風邪薬や胃腸薬などは使い慣れたものを日本から持っていこう。湿布薬もあるといい。インフルエンザなど事前の海外感染症情報のチェックも欠かさないで。

海外旅行保険

保険に入らず海外でケガや病気をして医者に診てもらうと全額自己負担になってしまう。保険には必ず入っておこう。病気になったとき、日本語医療サービスのある海外旅行保険に加入していれば、サービスセンターに電話して対処してもらえる。提携病院なら病院側も慣れているので、スムーズに対応してもらえて安心。補償内容や連絡先は前もって確認しておくこと。

こんなことにも気をつけて！

事前に手口を知って、トラブルはできるだけ避けよう！

エピソード1 スペイン広場の階段のしつこいミサンガ売り

人でごったがえすローマのスペイン広場の階段でボーッと座っていると、次から次へとミサンガやバラの花売りが近づいてくる。特に日本人にはしつこくつきまとってくるので、はっきりNo!と言わないと、ミサンガを強引に腕に巻きつけてくることも。ご注意を！（東京都・AI姉）

エピソード2 込んでるバスでリュックは×！

ローマ・テルミニ駅からヴァティカン方面へのバスの車内で、友人がスリに遭いました。混んでいる車内で妙に体を押し付けてくる中東系のおばさんと子供がいて、直感でマズいなと思ったのですが、彼らが降りたあと友人のリュックからお財布がなくなっていることに気付きました。とほほ。（東京都・トモモ）

エピソード3 おつりはきちんと数えよう！

滞在中、レストランやみやげもの店で何度かおつりをごまかされそうになりました。その場で1枚1枚数えて、足りない場合は「Manca!マンカ」と言うといい、と友だちから聞いていたので、そのとおりにすると、悪びれることもなく正しいおつりを持ってきました。単に計算が苦手なのか悪意があるのか……。（京都府・えみ）

エピソード4 ホテルでの朝食時に置き引きに遭った！

ホテルの朝食会場で、自分の荷物を席に置いてビュッフェを取りに行って戻ってきたら、カバンごとなくなっていました！ イタリアは4回目で、これまでスリには遭わなかったのにショック!!! ハイクラスのホテルだったので安心しきってましたが、荷物で席取りは絶対NGですね。（神奈川県・遠野恭子）

エピソード5 イケメンでも怪しいナンパにはご注意を

ひとり旅の間、入ったレストランのウエイターからよくナンパされました。メールアドレスを書いた紙をもらったり、仕事終わりに会いたいなど……。しつこい人はいなかったけど、ひとり旅の場合簡単に応じるのは危険かも。ホテルまでついてきた、という話も聞くのでちょっと注意。（埼玉県・CN）

エピソード6 駅の自動券売機にいるおせっかいおじさん

ミラノ中央駅の自動券売機で鉄道の切符を買おうと並んでいるときに、前のカップルに駅員じゃないおじさんが切符の買い方を勝手に教えて、チップを請求しているのを見かけました。私たちにも話しかけてきたので「大丈夫！」と言って追い払いましたが、大きな駅ではよくあるようです。（大分県・みか）

旅行中カメラを落として壊した。海外旅行保険に入っていたから修理代が下りたけど、写真は一枚もなし……。涙（東京都・秋）

困ったときの
イエローページ
トラブル別

トラブル1 パスポートを紛失したら

**まずは警察に届け出て、
現地日本大使館にて手続きを**

すぐに最寄りの警察に届け出て「紛失・盗難届出証明書」を発行してもらうこと。それを持って日本大使館へ行き、パスポートの紛失届と新規発給または帰国のための渡航書発給の申請を行う。あらかじめ顔写真のページのコピーやパスポート規格の写真を用意しておくと手続きがスムーズ。

 **パスポートの新規発給、
帰国のための渡航書発給の申請に必要なもの**

☐ **現地警察署等が発行する紛失・盗難届出証明書**

☐ **写真2枚**（縦45mm×横35mm）

☐ **戸籍謄本**（6ヵ月以内発行のもの）

☐ **旅程が確認できる書類**（eチケットやツアー日程表など）

☐ **パスポートの「顔写真が貼られたページ」のコピー**
（※申請の手数料は、申請内容により異なります）

トラブル2 事件・事故にあったら

**すぐに警察や日本大使館で
対応してもらう**

事件に巻き込まれたり、事故にあってしまったら、すぐに最寄りの警察に届けて対応してもらう。事故の内容によっては日本大使館に連絡して状況を説明し、対処策を相談しよう。

 緊急連絡先

国家警察
（救急車要請も可） **113**
軍警察
（救急車要請も可） **112**

在イタリア日本国大使館（ローマ）
06-487991 Map 別冊P.7-C1

在ミラノ日本国総領事館
02-6241141 Map 別冊P.26-B2

トラブル3 クレジットカードを紛失したら

**カード会社に連絡して無効措置を
依頼し、警察へ届け出る**

クレジットカードを紛失したら、すぐにカード会社に連絡して無効手続きの処置をとってもらうこと。現地警察では「紛失・盗難届出証明書」を発行してもらう。

 カード会社

Visa············· **800-784-253**
アメリカン・···· **800-871-981**
エキスプレス
JCBカード··· **800-780-285**
マスター········ **800-870-866**
ダイナース···· **00-81-3-6770-2796**
（コレクトコール）

トラブル4 病気になったら

**緊急の場合は迷わず救急車を呼び、
保険会社への連絡も忘れずに**

病気になってしまったら、緊急の場合はすぐに救急車を呼ぶこと。日本語で対応してくれる病院もある。海外旅行保険に加入している場合は、保険会社のサービスセンターに連絡を。

 緊急連絡先

救急車 **118**
消防車 **115**

日本語の通じる病院
ローマ中田吉彦病院（ローマ）
06-6381924

トラブル5 荷物を忘れたら

遺失物センターに問い合わせる

国鉄やメトロなど乗り物内での忘れ物にすぐ気が付いたら、最寄り駅の窓口で対応してもらう。タクシーの場合は利用タクシー会社へ。

 遺失物取扱所

遺失物センター ···· **06-67693214**
（ローマ）
遺失物センター ···· **055-334802**
（フィレンツェ）
遺失物センター ···· **02-88453900**
（ミラノ）
遺失物センター ···· **041-2748225**
（ヴェネツィア）

その他連絡先

保険会社（日本での連絡先）

損保ジャパン········· **0120-081-572**
AIG損保··········· **0120-041-799**
東京海上日動········ **0120-789-133**

航空会社（海外の連絡先）

ITAエアウェイズ ················· **800-936-090**
観光案内
イタリア政府観光局（ローマ）··· **06-49711**

旅の安全情報

イタリア
行こうか？

行こう！
行こう！！

地球の歩き方 シリーズ一覧

★最新情報は、ホームページでもご覧いただけます。
URL www.arukikata.co.jp/guidebook/

2023年11月現在

地球の歩き方　ガイドブックシリーズ　各定価1540～3300円

A ヨーロッパ
- A01 ヨーロッパ
- A02 イギリス
- A03 ロンドン
- A04 湖水地方&スコットランド
- A05 アイルランド
- A06 フランス
- A07 パリ&近郊の町
- A08 南仏プロヴァンス コート・ダジュール&モナコ
- A09 イタリア
- A10 ローマ
- A11 ミラノ ヴェネツィアと湖水地方
- A12 フィレンツェとトスカーナ
- A13 南イタリアとシチリア
- A14 ドイツ
- A15 南ドイツ フランクフルト ミュンヘン ロマンティック街道 古城街道
- A16 ベルリンと北ドイツ ハンブルク ドレスデン ライプツィヒ
- A17 ウィーンとオーストリア
- A18 スイス
- A19 オランダ ベルギー ルクセンブルク
- A20 スペイン
- A21 マドリードとアンダルシア &鉄道とバスで行く世界遺産
- A22 バルセロナ&近郊の町 イビサ島/マヨルカ島
- A23 ポルトガル
- A24 ギリシアとエーゲ海の島々&キプロス
- A25 中欧
- A26 チェコ ポーランド スロヴァキア
- A27 ハンガリー
- A28 ブルガリア ルーマニア
- A29 北欧
- A30 バルトの国々
- A31 ロシア
- A32 極東ロシア シベリア サハリン
- A34 クロアチア スロヴェニア

B 南北アメリカ
- B01 アメリカ
- B02 アメリカ西海岸
- B03 ロスアンゼルス
- B04 サンフランシスコとシリコンバレー
- B05 シアトル ポートランド ワシントン州とオレゴン州の大自然
- B06 ニューヨーク マンハッタン&ブルックリン
- B07 ボストン
- B08 ワシントンDC
- B09 ラスベガス セドナ&グランドキャニオンと大西部
- B10 フロリダ
- B11 シカゴ
- B12 アメリカ南部
- B13 アメリカの国立公園
- B14 ダラス ヒューストン デンバー グランドサークル フェニックス サンタフェ
- B15 アラスカ
- B16 カナダ
- B17 カナダ西部
- B18 カナダ東部
- B19 メキシコ
- B20 中米
- B21 ブラジル ベネズエラ
- B22 アルゼンチン チリ パラグアイ ウルグアイ
- B23 ペルー ボリビア エクアドル コロンビア
- B24 キューバ バハマ ジャマイカ カリブの島々
- B25 アメリカ・ドライブ

C 太平洋／インド洋の島々&オセアニア
- C01 ハワイ オアフ島&ホノルル
- C02 ハワイ島
- C03 サイパン
- C04 グアム
- C05 タヒチ イースター島
- C06 フィジー
- C07 ニューカレドニア
- C08 モルディブ
- C10 ニュージーランド
- C11 オーストラリア
- C12 ゴールドコースト&ケアンズ グレートバリアリーフ ハミルトン島
- C13 シドニー&メルボルン

D アジア
- D01 中国
- D02 上海 杭州 蘇州
- D03 北京
- D04 大連 瀋陽 ハルビン 中国東北地方の自然と文化
- D05 広州 アモイ 桂林 珠江デルタと華南地方
- D06 成都 重慶 九寨溝 麗江 四川 雲南 貴州の自然と民族
- D07 西安 敦煌 ウルムチ シルクロードと中国西北部
- D08 チベット
- D09 香港 マカオ 深圳
- D10 台湾
- D12 台北
- D13 台南 高雄 屏東&南台湾の町
- D14 モンゴル
- D15 中央アジア サマルカンドとシルクロードの国々
- D16 東南アジア
- D17 タイ
- D18 バンコク
- D19 マレーシア ブルネイ
- D20 シンガポール
- D21 ベトナム
- D22 アンコール・ワットとカンボジア
- D23 ラオス
- D24 ミャンマー
- D25 インドネシア
- D26 バリ島
- D27 フィリピン
- D28 インド
- D29 ネパールとヒマラヤトレッキング
- D30 スリランカ
- D31 ブータン
- D32 パキスタン
- D33 マカオ
- D34 釜山・慶州
- D35 バングラデシュ
- D36 南インド
- D37 韓国
- D38 ソウル

E 中近東 アフリカ
- E01 ドバイとアラビア半島の国々
- E02 エジプト
- E03 イスタンブールとトルコの大地
- E04 ペトラ遺跡とヨルダン
- E05 イスラエル
- E06 イラン
- E07 モロッコ
- E08 チュニジア
- E09 東アフリカ ウガンダ エチオピア ケニア タンザニア ルワンダ
- E10 南アフリカ
- E11 リビア
- E12 マダガスカル

J 日本
- J00 日本
- J01 東京 23区
- J02 東京 多摩地域
- J03 京都
- J04 沖縄
- J05 北海道
- J07 埼玉
- J08 千葉
- J09 札幌・小樽
- J10 愛知
- J12 四国

地球の歩き方　御朱印シリーズ　各定価1430円～
神社シリーズ　御朱印でめぐる全国の神社/関東の神社/関西の神社/東京の神社/神奈川の神社/埼玉の神社/京都の神社/福岡の神社/東北の神社/茨城の神社/四国の神社、etc.

お寺シリーズ　御朱印でめぐる東京のお寺/高野山/関東の百寺/鎌倉のお寺/神奈川のお寺/埼玉のお寺/千葉のお寺/茨城のお寺/東海のお寺/奈良のお寺/東北のお寺、etc.

寺社シリーズ　御朱印でめぐる東京の七福神/中央線沿線の寺/東急線沿線の寺/関東の聖地/全国の絶景寺社図鑑、etc.

地球の歩き方　島旅シリーズ　各定価1344円～
五島列島/奄美大島/与論島/利尻礼文/天草/壱岐/種子島/隠岐/小笠原/佐渡/宮古島/久米島/小豆島/直島 豊島/伊豆大島/沖縄本島周辺離島/淡路島、etc.

地球の歩き方　旅の図鑑シリーズ
各定価1650円～　世界244の国と地域/世界の指導者図鑑/世界の魅力的な奇岩と巨石139選/世界246の首都と主要都市/世界のすごい島300/世界なんでもランキング/世界のグルメ図鑑/世界のすごい巨像、etc.

地球の歩き方　Platシリーズ
各定価1100円～
パリ/ニューヨーク/台北/ロンドン/グアム/ドイツ/ベトナム/スペイン/バンコク/シンガポール/アイスランド/マルタ/ドバイ/ウズベキスタン/台南、etc.

地球の歩き方　旅の名言&絶景シリーズ
各定価1650円　ALOHAを感じるハワイのことばと絶景100/自分らしく生きるフランスのことばと絶景100/心に寄り添う台湾のことばと絶景100、etc.

---

aruco
www.arukikata.co.jp/aruco

1. パリ
2. ソウル
3. 台北
4. トルコ
5. インド
6. ロンドン
7. 香港
8. エジプト
9. ニューヨーク
10. ホーチミン ダナン ホイアン
11. ホノルル
12. バリ島
13. 上海
14. モロッコ
15. チェコ
16. ベルギー
17. ウィーン ブダペスト
18. イタリア
19. スリランカ
20. クロアチア スロヴェニア
21. スペイン
22. シンガポール
23. バンコク
24. グアム
25. オーストラリア
26. フィンランド エストニア
27. アンコール・ワット
28. ドイツ
29. ハノイ
30. 台湾
31. カナダ
32. オランダ
33. サイパン ロタ テニアン
34. セブ ボホール エルニド
35. ロスアンゼルス
36. フランス
37. ポルトガル
38. ダナン ホイアン フエ

国内 東京
- 東京で楽しむフランス
- 東京で楽しむ韓国
- 東京で楽しむ台湾
- 東京の手みやげ
- 東京おやつさんぽ
- 東京のパン屋さん
- 東京で楽しむ北欧
- 東京のカフェめぐり
- 東京で楽しむハワイ
- nyaruco 東京ねこさんぽ
- 東京で楽しむイタリア&スペイン
- 東京で楽しむアジアの国々
- 東京ひとりさんぽ
- 東京パワースポットさんぽ
- 東京で楽しむ英国

arucoのSNSで女子旅おうえん旬ネタ発信中！

Instagram@arukikata_aruco
X@aruco_arukikata
Facebook@aruco55

arucoのLINEスタンプができました！チェックしてね♪

aruco編集部が、本誌で紹介しきれなかったこぼれネタや女子が気になる最旬情報を、発信しちゃいます！新刊や改訂版の発行予定などもチェック☆

OK!!

STAFF

Producer
由良暁世 Akiyo Yura

Editors & Writers
河部紀子、山田裕子（Editorial Team Flone）
Noriko Kawabe, Yuko Yamada（Editorial Team Flone）

Photographers
yoko tajiri、斉藤純平
yoko tajiri, Jumpei Saito

Designers
上原由莉 Yuri Uehara、竹口由希子 Yukiko Takeguchi

Coordinators
宮崎智子、坂手尋、横田昌司（株式会社バッキーノ）
Shoji Yokota, Satoko Miyazaki, Hiroshi Sakate（Bacchino Co., Ltd.）

Illustration
赤江橋洋子 Yoko Akaebashi、TAMMY

Maps
曽根拓（株式会社ジェオ）、辻野良晃、株式会社アトリエ・プラン
Hiroshi Sone (Geo), Yoshiaki Tsujino, atelier PLAN

Illustration map
みよこみよこ Miyokomiyoko

Proofreading
鎌倉オフィス Kamakura Office

Special Thanks to
イタリア政府観光局（ENIT）、Collage：wool, cube, wool!、©iStock

地球の歩き方 aruco ⑱ イタリア 2024〜2025

2023年12月5日　初版第1刷発行

著作編集	地球の歩き方編集室
発行人	新井邦弘
編集人	宮田崇
発行所	株式会社地球の歩き方 〒141-8425　東京都品川区西五反田2-11-8
発売元	株式会社Gakken 〒141-8416　東京都品川区西五反田2-11-8
印刷製本	株式会社ダイヤモンド・グラフィック社

※本書は2023年6月の取材データに基づいています。発行後に料金、営業時間、定休日などが変更になる場合がありますのでご了承ください。
更新・訂正情報 URL https://www.arukikata.co.jp/travel-support/

✉ **本書の内容について、ご意見・ご感想はこちらまで**

〒141-8425　東京都品川区西五反田2-11-8
株式会社地球の歩き方
地球の歩き方サービスデスク「arucoイタリア」投稿係
URL https://www.arukikata.co.jp/guidebook/toukou.html
地球の歩き方ホームページ（海外・国内旅行の総合情報）
URL https://www.arukikata.co.jp/
ガイドブック『地球の歩き方』公式サイト
URL https://www.arukikata.co.jp/guidebook/

- - - - - -

● **この本に関する各種お問い合わせ先**

・本の内容については、下記サイトのお問い合わせフォームよりお願いします。
URL https://www.arukikata.co.jp/guidebook/contact.html

・広告については、下記サイトのお問い合わせフォームよりお願いします。
URL https://www.arukikata.co.jp/ad_contact/

・在庫については　Tel▶03-6431-1250（販売部）
・不良品（乱丁、落丁）については　Tel▶0570-000577
学研業務センター　〒354-0045　埼玉県入間郡三芳町上富279-1
・上記以外のお問い合わせは　Tel▶0570-056-710（学研グループ総合案内）

感想教えてくださ〜い♪

🎁 **読者プレゼント**
ウェブアンケートにお答えいただいた方のなかから抽選ですてきな賞品をプレゼントします！詳しくは下記の二次元コードまたはウェブサイトをチェック☆

応募の締め切り
2024年11月30日

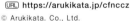

URL https://arukikata.jp/cfnccz

地球の歩き方 シリーズ一覧

球の歩き方 ガイドブックシリーズ　各定価1540～3300円

2024年1月現在

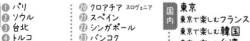

地球の歩き方 御朱印シリーズ 各定価1430円～
御朱印でめぐる全国の神社／関東の神社／関西の神社／東京の神社／神奈川の神社／埼玉の神社／京都の神社／福岡の神社／東北の神社／茨城の神社／四国の神社、etc.
御朱印でめぐる東京のお寺／高野山／関東の百寺／鎌倉のお寺／神奈川のお寺／埼玉のお寺／千葉のお寺／茨城のお寺／奈良のお寺／奈良の古寺／東京のお寺、etc.
御朱印シリーズ 御朱印でめぐる東京の七福神／中央線沿線の寺社／東急線沿線の寺社／関東の聖地／全国の絶景寺社図鑑、etc.

地球の歩き方 島旅シリーズ 各定価1344円～
五島列島／竜美大島／与論島／利尻礼文／天草／壱岐／種子島／小笠原／屋久島／佐渡／宮古島／久米島／小豆島／直島 瀬戸内の島々／伊豆大島／沖縄本島周辺離島／淡路島、etc.

地球の歩き方 旅の図鑑シリーズ
各定価1650円～ 世界244の国と地域／世界の指導者図鑑／世界の魅力的な奇岩と巨石139選／世界246の首都と主要都市／世界のすごい島300／世界なんでもランキング／世界のグルメ図鑑／世界のすごい巨像、etc.

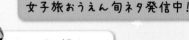

地球の歩き方 Platシリーズ 各定価1100円～
パリ／ニューヨーク／台北／ロンドン／グアム／ドイツ／ベトナム／スペイン／バンコク／シンガポール／アイスランド／マルタ／ドバイ／ウズベキスタン／台南、etc.

地球の歩き方 旅の名言＆絶景シリーズ
各定価1650円 ALOHAを感じるハワイのことばと絶景100／自分らしく生きるフランスのことばと絶景100／心に寄り添う韓国のことばと絶景100、etc.

---

aruco
www.arukikata.co.jp/aruco

arucoのSNSで 女子旅おうえん旬ネタ発信中！

Instagram@arukikata_aruco
X@aruco_arukikata
Facebook@aruco55

aruco編集部が、本誌で紹介しきれなかったこぼれネタや女子が気になる最旬情報を、発信しちゃいます！ 新刊や改訂版の発行予定などもチェック☆

arucoのLINEスタンプができました！チェックしてね♪

OK!!

STAFF

Producer
清水 裕里子 Yuriko Shimizu

Editors
松岡 宏大 Kodai Matsuoka、野瀬 奈津子 Natsuko Nose（ともにカイラス）（KAILAS）

Writers
野瀬 奈津子 Natsuko Nose、松岡 宏大 Kodai Matsuoka

Photographers
松岡 宏大 Kodai Matsuoka、©iStock

Designers
上原 由莉 Yuri Uehara、竹口 由希子 Yukiko Takeguchi

Advisor & Coordinator
伊藤 伸平（伊藤伸平事務所）Shimpei Ito（Editorial Office ITO）

Illustration
みよこみよこ Miyokomiyoko、赤江橋 洋子 Yoko Akaebashi、TAMMY

Maps
曽根 拓 Hiroshi Sone、笠木 成 Sei Kasagi、
星野 広司 Koji Hoshino（株式会社ジェオ）（Geo）、まえだ ゆかり Yukari Maeda

Illustration map
みよこみよこ Miyokomiyoko

Proofreading
株式会社東京出版サービスセンター Tokyo Shuppan Service Center Co.,Ltd.

地球の歩き方 aruco ㉕ オーストラリア 2024〜2025

2024年2月27日　初版第1刷発行

著作編集	地球の歩き方編集室
発行人	新井邦弘
編集人	由良暁世
発行所	株式会社地球の歩き方
	〒141-8425　東京都品川区西五反田2-11-8
発売元	株式会社Gakken
	〒141-8416　東京都品川区西五反田2-11-8
印刷製本	開成堂印刷株式会社

※本書は基本的に2023年9〜12月の取材データに基づいて作られています。
発行後に料金、営業時間、定休日などが変更になる場合がありますので、最新
情報は各施設のウェブサイト・SNS等でご確認ください。
更新・訂正情報（URL）https://www.arukikata.co.jp/travel-support/

✉ **本書の内容について、ご意見・ご感想はこちらまで**

〒141-8425　東京都品川区西五反田2-11-8
株式会社地球の歩き方
地球の歩き方サービスデスク「arucoオーストラリア」投稿係
（URL）https://www.arukikata.co.jp/guidebook/toukou.html
地球の歩き方ホームページ（海外・国内旅行の総合情報）
（URL）https://www.arukikata.co.jp/
ガイドブック『地球の歩き方』公式サイト
（URL）https://www.arukikata.co.jp/guidebook/

◯ **この本に関する各種お問い合わせ先**
・本の内容については、下記サイトのお問い合わせフォームよりお願いします。
（URL）https://www.arukikata.co.jp/guidebook/contact.html
・広告については、下記サイトのお問い合わせフォームよりお願いします。
（URL）https://www.arukikata.co.jp/ad_contact/

・在庫については　　Tel▶03-6431-1250（販売部）
・不良品（落丁、乱丁）については　Tel▶0570-000577
学研業務センター　〒354-0045　埼玉県入間郡三芳町上富279-1
・上記以外のお問い合わせは　Tel▶0570-056-710（学研グループ総合案内）

Lineup! **aruco シリーズ**

国内

東京
東京で楽しむフランス
東京で楽しむ韓国
東京で楽しむ台湾
東京の手みやげ
東京おやつさんぽ
東京のパン屋さん
東京で楽しむ北欧
東京のカフェめぐり
東京で楽しむハワイ
nyaruco 東京ねこさんぽ
東京で楽しむイタリア&スペイン
東京で楽しむアジアの国々
東京ひとりさんぽ
東京パワースポットさんぽ
東京で楽しむ英国

海外

ヨーロッパ
1 パリ
6 ロンドン
15 チェコ
16 ベルギー
17 ウィーン / ブダペスト
18 イタリア
20 クロアチア / スロヴェニア
21 スペイン
26 フィンランド / エストニア
32 ドイツ
35 オランダ
36 フランス
37 ポルトガル

アジア
2 ソウル
3 台北
7 インド
9 香港
10 ホーチミン/ダナン/ホイアン
12 バリ島
13 上海
19 スリランカ
22 シンガポール
23 バンコク
27 アンコール・ワット
29 ハノイ
30 台湾
34 セブ/ボホール/エルニド
38 ダナン/ホイアン/フエ

アメリカ/オセアニア
9 ニューヨーク
11 ホノルル
21 グアム
25 オーストラリア
31 カナダ
33 サイパン/テニアン/ロタ
ロスアンゼルス

中近東/アフリカ
4 トルコ
8 エジプト
14 モロッコ

感想教えて
ください〜♪

読者プレゼント
ウェブアンケートにお答え
いただいた方のなかから抽
選ですてきな賞品をプレゼ
ントします！詳しくは下記
の二次元コードまたはウェ
ブサイトをチェック☆

応募の締め切り

2025年2月28日